30 DÍAS

PARA

ENTENDER
LA BIBLIA

30 DÍAS

PARA

ENTENDER
LA BIBLIA

DESCUBRA LAS ESCRITURAS
EN 15 MINUTOS DIARIOS

MAX ANDERS

GRUPO NELSON
Desde 1798

NASHVILLE   MÉXICO DF.   RÍO DE JANEIRO

Editora en Jefe: *Graciela Lelli*
Traducción: *Miguel A. Mesías*
Adaptación del diseño al español: *Grupo Nivel Uno, Inc.*

ISBN: 978-1-40411-020-5

19 20 21 22 LSC 9 8 7 6 5 4 3 2 1

¡A buenos amigos!

Ken y Carleen Axt
Joel y Marylee Berger
David y Jane Reeves

CONTENIDO

INTRODUCCIÓN

Hagamos un trato.

Si usted me da quince minutos diarios por treinta días, yo le daré una comprensión de la Biblia, la publicación más ampliamente distribuida en la historia (¡aproximadamente cinco mil millones de ejemplares!). En un mes usted aprenderá sobre...

todos los hombres y mujeres principales,

todos los principales sucesos, y

todos los principales puntos geográficos.

Podrá concatenar a todas estas personas y hechos en su orden cronológico apropiado, y trazar el movimiento geográfico ¡al recorrer la Biblia entera!

Sin embargo, la Biblia es más que eso. Es una bodega de tesoros de enseñanzas importantes que han sido el cimiento de la civilización occidental, desde el Imperio romano hasta hoy, incluyendo ideas importantes y profundas que los cristianos han abrazado por los últimos dos mil años. Usted aprenderá acerca de los diez grandes temas de la Biblia.

Biblia	Hombre
Dios	Pecado
Jesús	Salvación
El Espíritu Santo	Iglesia
Ángeles	Cosas futuras

La información se presenta por lo que vale, y tal como se encuentra en las Sagradas Escrituras. No se da por sentado ningún conocimiento previo. Un nuevo cristiano no se verá intimidado, y el estudiante de experiencia hallará mucha ayuda para aclarar, organizar y ampliar lo que ya pueda saber. También aprenderá acerca de las cosas más enigmáticas en cuanto a la Biblia:

Por qué hay cuatro Evangelios
Cómo entender las parábolas de Jesús
La importancia de los milagros
La relación entre la Pascua y la Cena del Señor
La importancia de la resurrección de Jesús…
y mucho más.

La Biblia es un libro enorme que cubre muchos temas de profundo significado, y no es posible que usted aprenda todo al respecto en treinta días. Pero adquirirá un conocimiento inicial, un repaso, que puede usar para tener una comprensión más completa en los años venideros. En apenas quince minutos diarios durante treinta días usted puede adquirir una comprensión fundamental del libro más importante jamás escrito.

LA HISTORIA DEL
ANTIGUO
TESTAMENTO

CAPÍTULO I

LA ESTRUCTURA DE LA BIBLIA

Charles Steinmetz era un ingeniero eléctrico con un intelecto gigantesco. Después de jubilarse, un fabricante de artefactos electrodomésticos le pidió que ubicara lo que funcionaba mal en su equipo eléctrico. Ninguno de los expertos del fabricante había podido localizar el problema. Steinmetz pasó un tiempo dando vueltas, y haciendo pruebas en las diferentes piezas del complejo de la maquinaria. Finalmente sacó de su bolsillo un pedazo de tiza y dibujó una X en un sitio en particular de una máquina. Los empleados del fabricante desarmaron la maquinaria, descubriendo para su sorpresa que el defecto residía precisamente en donde Steinmetz había colocado la marca de tiza.

Algunos días más tarde el fabricante recibió una factura de Steinmetz por diez mil dólares. Protestaron por la cantidad, y le pidieron que la desglosara. Steinmetz envió de nuevo la factura desglosada:

Dibujar una marca con tiza $1,00
Saber dónde dibujarla $9.999,00

Si usted sabe en dónde dibujar las marcas, las tareas más apabullantes pueden resolverse fácilmente. Si no, incluso las más simples pueden ser imposibles.

Aprender acerca de la Biblia puede ser algo similar. Si no sabe mucho al respecto puede ser como tratar de cruzar el desierto del Sahara con una venda sobre los ojos. Sin embargo, si usted aprende en donde colocar unas cuantas de las principales marcas con tiza, la Biblia se abrirá a sí misma para usted, permitiéndole que empiece a entenderla.

Mi propia experiencia ha sido así. Hace muchos años decidí dominar el conocimiento de la Biblia. Iba a empezar con Génesis, leer hasta Apocalipsis, y no la iba a dejar hasta que la comprendiera. Pronto llegué a enredarme desesperadamente en una selva de relatos fantásticos, nombres impronunciables, tramas inconclusas, preguntas sin respuestas, y genealogías interminables. Me di un tropezón con Levítico, me torcí el tobillo en Job, me di de cabeza en Eclesiastés y me caí de bruces en Habacuc.

Estaba derrotado. Tiré mi Biblia. Una cosa parecía clara: ¡La Biblia era una serie de historias sin relación, compiladas al azar!

Entonces un día descubrí una clave. Con ella la niebla que envolvía mi comprensión de la Biblia empezó a levantarse. No que las cosas se enfocaron agudamente, sino que empecé a ver formas en el horizonte.

La clave: *Aprender la estructura de la Biblia*. Si usted quiere aprender arquitectura debe primero aprender cómo se construyen los edificios. Si desea aprender a navegar, debe primero aprender cómo se construyen las naves. Y si anhela comprender la Biblia, debe primero aprender cómo está conformada.

EL ANTIGUO Y NUEVO TESTAMENTOS

La Biblia tiene dos divisiones principales: el Antiguo Testamento y el Nuevo Testamento. El Antiguo empieza con la creación, y relata la historia del pueblo judío hasta el tiempo de Cristo. Está compuesto de *treinta y nueve* «libros» individuales (el libro de Génesis, el libro de Éxodo, etc.) escritos por veintiocho autores diferentes, y cubre un período de dos mil años.

El Nuevo Testamento es el registro del nacimiento de Jesús, su vida y ministerio, además del de sus discípulos, que fue realizado después que el Maestro fue crucificado. El Nuevo Testamento se compone de *veintisiete* libros escritos por nueve autores diferentes y cubre un período de menos de cien años. El total de libros en la Biblia entera es de *sesenta y seis*.

AUTOEVALUACIÓN

¡Lo que usted puede aprender mañana se edifica sobre lo que aprende hoy!

Conforme usted avanza por estos capítulos, se le pedirá que llene muchos espacios en blanco. Esto no es por accidente ni por capricho. *La repetición es la clave para la apropiación mental.*

Cada vez que usted repasa esta información, impulsos eléctricos recorren por su cerebro, produciendo senderos neurológicos para la memoria. Al completar estos ejercicios, usted construirá supercarreteras de memoria en su cerebro y empezará a «poseer» esta información a un nivel que sería imposible de otra manera.

Además, lo que usted puede aprender hoy se edifica sobre lo que aprendió ayer, y **lo que usted puede aprender mañana se edifica sobre lo que aprende hoy.** Así que, al ser constante para completar los ejercicios de repaso y autoevaluaciones, usted no solamente está adquiriendo hoy dominio de información importante, sino que también está formando un cimiento poderoso de conocimiento que le permitirá un aprendizaje multiplicado mañana.

Así que, con una mente lista y un corazón expectante, ¡adelante!

¿Cuántos libros tiene?

El Antiguo Testamento _____

El Nuevo Testamento _____

La Biblia entera _____

LIBROS DEL ANTIGUO TESTAMENTO

Génesis	2 Crónicas	Daniel
Éxodo	Esdras	Oseas
Levítico	Nehemías	Joel
Números	Ester	Amós
Deuteronomio	Job	Abdías
Josué	Salmos	Jonás
Jueces	Proverbios	Miqueas
Rut	Eclesiastés	Nahum
1 Samuel	Cantar de los	Habacuc
	Cantares	
2 Samuel	Isaías	Sofonías
1 Reyes	Jeremías	Hageo
2 Reyes	Lamentaciones	Zacarías
1 Crónicas	Ezequiel	Malaquías

LIBROS DEL NUEVO TESTAMENTO

Mateo	Efesios	Hebreos
Marcos	Filipenses	Santiago
Lucas	Colosenses	1 Pedro

Juan	1 Tesalonicenses	2 Pedro
Hechos	2 Tesalonicenses	1 Juan
Romanos	1 Timoteo	2 Juan
1 Corintios	2 Timoteo	3 Juan
2 Corintios	Tito	Judas
Gálatas	Filemón	Apocalipsis

EL ANTIGUO TESTAMENTO

La siguiente es la clave para comprender el Antiguo Testamento. En sus treinta y nueve libros *hay tres clases diferentes:* libros históricos, libros poéticos y libros proféticos.

¿Qué clase de información esperaría usted encontrar en los libros históricos?.................................**¡historia!**

¿Qué clase de información esperaría usted encontrar en los libros poéticos?....................................**¡poesía!**

¿Qué clase de información esperaría usted encontrar en los libros proféticos?..................................**¡profecía!**

Si usted sabe qué clase de libro está leyendo, entonces sabe qué clase de información esperar, y ¡puede seguir fácilmente el flujo lógico del Antiguo Testamento!

En el Antiguo Testamento:

. . . los primeros diecisiete libros son históricos,

. . . los cinco siguientes son poéticos, y

. . . los siguientes diecisiete son proféticos.

LAS TRES CLASES DE LIBROS EN EL ANTIGUO TESTAMENTO

Históricos	Poéticos	Proféticos
Génesis	Job	Isaías
Éxodo	Salmos	Jeremías
Levítico	Proverbios	Lamentaciones
Números	Eclesiastés	Ezequiel
Deuteronomio	Cantar de los Cantares	Daniel
Josué		Oseas
Jueces		Joel
Rut		Amós
1 Samuel		Abdías
2 Samuel		Jonás
1 Reyes		Miqueas
2 Reyes		Nahum
1 Crónicas		Habacuc
2 Crónicas		Sofonías
Esdras		Hageo
Nehemías		Zacarías
Ester		Malaquías

Si usted quiere leer la historia de la nación hebrea en el Antiguo Testamento debe estudiar los primeros diecisiete libros. Estos componen una línea cronológico–histórica para la nación de Israel.

Si quiere leer la poesía de Israel, debe ver los siguientes cinco libros del Antiguo Testamento.

Si desea leer acerca de la profecía de Israel, debe ver los diecisiete libros finales.

Esto es hasta cierto punto una simplificación amplia, porque hay algo de poesía en los libros históricos, y algo de historia en los libros proféticos, etc. El punto es, sin embargo, que cada uno de los libros encaja en una categoría primaria. Si usted mantiene esta estructura en mente, el Antiguo Testamento empezará a tomar forma ante sus ojos.

Mi error fue creer que todo el Antiguo Testamento era un solo relato ininterrumpido, y que la historia fluiría rauda y consistentemente de un libro al siguiente hasta que todo estuviera terminado. Ahora sé que la línea histórica pasa por los primeros diecisiete libros.

De los diecisiete libros históricos, once son *primarios* y seis son *secundarios*. La historia de Israel avanza en los once libros primarios, y se repite o amplifica en los seis secundarios. Los libros poéticos y proféticos fueron escritos durante el período de tiempo que es cubierto en los primeros diecisiete libros.

Demos un vistazo a la línea cronológico–histórica del Antiguo Testamento, en forma de tabla:

CRONOLOGIA DEL ANTIGUO TESTAMENTO

Libros poéticos

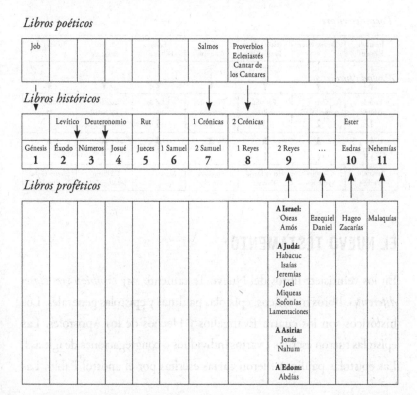

Libros poéticos											
Job					Salmos	Proverbios Eclesiastés Cantar de los Cantares					

Libros históricos											
	Levítico	Deuteronomio	Rut		1 Crónicas	2 Crónicas			Ester		
Génesis 1	Éxodo 2	Números 3	Josué 4	Jueces 5	1 Samuel 6	2 Samuel 7	1 Reyes 8	2 Reyes 9	...	Esdras 10	Nehemías 11

Libros proféticos

A Israel: Oseas, Amós — Ezequiel, Daniel — Hageo, Zacarías — Malaquías

A Judá: Habacuc, Isaías, Jeremías, Joel, Miqueas, Sofonías, Lamentaciones

A Asiria: Jonás, Nahum

A Edom: Abdías

Como usted puede ver, Job fue escrito durante el tiempo del libro de Génesis, y Salmos durante el de 2 Samuel, mientras que Proverbios, Eclesiastés y Cantar de los Cantares fueron escritos durante el tiempo de 1 de Reyes, y así por el estilo.

Para usar una analogía hemos preparado una tabla similar de la historia de Estados Unidos. Imagínese que lee un libro de historia estadounidense en busca de su principal hilo histórico. Él le dará los principales períodos en la historia de este país. Algunos de ellos pueden estar asociados con un poeta o escritor destacado o un filósofo de renombre. Los poetas corresponderían a los poetas de Israel, y los filósofos corresponderían a los profetas bíblicos.

CRONOLOGÍA DE LA HISTORIA DE EE. UU.

Poetas/escritores

Jonathan Edwards	Thomas Paine	Henry W. Longfellow	Walt Whitman	Emily Dickinson	F. Scott Fitzgerald	Robert Frost

Período histórico

Período colonial 1	Guerra revolucionaria 2	Período federal 3	Guerra de secesión 4	Edad de oro 5	Expansión industrial 6	Era moderna 7

Filósofos

Benjamin Franklin	Thomas Jefferson	Henry David Thoreau	Abraham Lincoln	Mark Twain	William Jennings Bryan	Martin Luther King Jr.

EL NUEVO TESTAMENTO

En los veintisiete libros del Nuevo Testamento *hay también tres clases diferentes:* libros históricos, epístolas paulinas y epístolas generales. Los históricos son los cuatro Evangelios y Hechos de los Apóstoles. Las epístolas fueron escritas a varios individuos o congregaciones de iglesias. Las epístolas paulinas fueron cartas escritas por el apóstol Pablo. Las epístolas generales fueron cartas escritas a individuos o congregaciones por varias personas, de aquí su nombre más bien genérico de epístolas generales. El contenido principal de todas las epístolas es la instrucción acerca de la doctrina y el estilo de vida cristianos.

¿Qué clase de información esperaría usted encontrar en los libros históricos?...............................¡historia!

¿Qué tipo de información esperaría usted encontrar en las epístolas paulinas?...............................¡instrucción!

¿Qué clase de información esperaría usted encontrar en las epístolas generales?...............................¡instrucción!

En el Nuevo Testamento:

... los cinco primeros libros son libros históricos,
... los trece siguientes son epístolas paulinas, y
... los nueve restantes son epístolas generales.

LAS TRES CLASES DE LIBROS EN EL NUEVO TESTAMENTO

Históricos	Epístolas paulinas	Epístolas generales
Mateo	*A iglesias:*	Hebreos
Marcos	Romanos	Santiago
Lucas	1 Corintios	1 Pedro
Juan	2 Corintios	2 Pedro
Hechos	Gálatas	1 Juan
	Efesios	2 Juan
	Filipenses	3 Juan

Históricos	Epístolas paulinas	Epístolas generales
	Colosenses	Judas
	1 Tesalonicenses	Apocalipsis
	2 Tesalonicenses	

A individuos:
1 Timoteo
2 Timoteo
Tito
Filemón

Si usted quiere leer la historia de Jesús y de la iglesia que Él estableció, debe leer los primeros cinco libros del Nuevo Testamento. Estos cinco libros forman el marco histórico para la comprensión del Nuevo Testamento entero.

Si desea leer sobre la instrucción del apóstol Pablo a iglesias e individuos, debe leer los siguientes trece libros.

Si quiere leer sobre la instrucción a las iglesias e individuos por parte de hombres como los apóstoles Pedro y Juan, debe leer los nueve libros finales del Nuevo Testamento.

REFERENCIAS

Para hallar algo en la Biblia usted debe usar un sistema normal de referencias. Este consiste en el nombre del libro de la Biblia, el número del capítulo seguido por un punto, y luego el número del versículo (cada capítulo está dividido en versículos numerados). Por ejemplo:

Génesis 1.1 =	Génesis	1.	1
	(libro)	(capítulo)	(versículo)

Cuando vea una referencia tal como Josué 1.21, o bien tendrá que memorizar los libros de la Biblia para saber dónde está Josué, o puede mirar en la tabla de contenido. Vale la pena memorizar los libros; si lo hace, es más fácil lograrlo de acuerdo a sus categorías.

Por ejemplo, usted sabe que hay tres tipos de libros tanto en el Antiguo Testamento (históricos, poéticos y proféticos) como en el Nuevo Testamento (históricos, epístolas paulinas y epístolas generales), y cuántos hay en cada sección. Memorice los primeros diecisiete libros históricos. Luego, cuando ya los haya memorizado, aprenda los cinco libros poéticos, y así sucesivamente. Este sistema es mucho más fácil que intentar memorizar una lista ininterrumpida de sesenta y seis libros.

Nada sustituye el que uno mismo lea todo el libro, por supuesto, pero es posible ofrecer un vistazo rápido. Para leer «La historia de la Biblia», pase al apéndice.

RESUMEN

1. Hay 39 libros en el Antiguo Testamento. Hay 27 libros en el Nuevo Testamento. Hay 66 libros en toda la Biblia.

2. El Antiguo Testamento es la historia de Dios y del pueblo hebreo, sus poetas y sus profetas.

   Hay tres clases de libros en el Antiguo Testamento:

   17 libros históricos
   5 libros poéticos
   17 libros proféticos

3. El Nuevo Testamento es la historia de Jesús de Nazaret, la iglesia que Él fundó y de su crecimiento bajo el liderazgo de sus apóstoles después de su muerte.

Hay tres clases de libros en el Nuevo Testamento:

5 libros históricos
13 epístolas paulinas
9 epístolas generales

AUTOEVALUACIÓN

¡Lo que usted puede aprender mañana se edifica sobre lo que aprende hoy!

La Biblia:

¿Cuántos libros tiene?

El Antiguo Testamento _____
El Nuevo Testamento _____
La Biblia entera _____

El Antiguo Testamento:

El Antiguo Testamento es la historia de D_____ y del pueblo h_____, sus poetas y sus profetas.

Hay tres clases de libros en el Antiguo Testamento:

Libros h_____,

Libros p_____ y

Libros p_____.

Hay _____ libros históricos.

Hay _____ libros poéticos.

Hay _____ libros proféticos.

El Nuevo Testamento:

El Nuevo Testamento es la historia de J_____, la
i_____ que Él fundó, y su crecimiento bajo el liderazgo
de sus a_____s después de su muerte y resurrección.

Hay tres clases de libros en el Nuevo Testamento:

Libros h_____,

Epístolas p_____ y

Epístolas g_____.

Hay _____ libros históricos.

Hay _____ epístolas paulinas.

Hay _____ epístolas generales.

¡Felicitaciones! Ha comenzado bien. Al pasar de lo general a lo
específico usted puede edificar su conocimiento de la Biblia como
hileras de ladrillos en una casa, y en veinte y nueve días más su edificio
quedará terminado.

CAPÍTULO 2

LA GEOGRAFÍA DEL ANTIGUO TESTAMENTO

El tamaño de nuestro sistema solar es algo que está más allá de nuestra comprensión. Para tener alguna perspectiva, imagínese que está en medio de las Llanuras de Sal de Bonneville, sin que se vea nada, sino una mesa plana y lisa en kilómetros y kilómetros a la redonda. Allí usted coloca una pelota playera de cincuenta centímetros de diámetro para representar al sol. A fin de tener una idea de la inmensidad de nuestro sistema solar, camine una distancia como de una calle a otra y coloque en el suelo una semilla de mostaza para el primer planeta, Mercurio. Avance la misma distancia y coloque un guisante pequeño para Venus. Recorra la misma distancia y coloque un guisante mediano para representar la Tierra. A otra distancia igual, coloque otra semilla de mostaza para representar a Marte. Luego aviente un poco de semillas de hierba alrededor, para formar el cinturón de asteroides.

Ahora hemos recorrido la distancia de cuatro calles, tenemos una pelota playera (el sol), una semilla de mostaza (Mercurio), un guisante pequeño (Venus), un guisante mediano (la Tierra), otra semilla de mostaza (Marte), y las semillas de hierba (el cinturón de asteroides). Ahora las cosas empiezan a extenderse.

Recorra ahora la distancia de otras cuatro calles más. Coloque una naranja en el suelo, por Júpiter. Avance medio kilómetro y coloque una pelota de golf, para Saturno.

Ahora ajústese sus zapatos deportivos y verifique su comodidad. Luego camine un kilómetro y medio, y deje caer una bolita de cristal para Urano. Avance otro kilómetro y medio y coloque allí una cereza para Neptuno. Después camine por otros tres kilómetros y ponga en el suelo otra bolita de cristal, para Plutón.

Finalmente, súbase en un aeroplano y mire hacia abajo. En una superficie plana de unos quince kilómetros de diámetro aproximadamente tenemos una pelota de playa, una semilla de mostaza, un guisante pequeño, un guisante mediano, otra semilla de mostaza, un poco de semilla de hierba, una naranja, una pelota de golf, una bolita de cristal, una cereza y otra bolita de cristal.

Para comprender aún mejor nuestra réplica del sistema solar, use otra pelota playera para representar a Alfa Centauro, la estrella más cercana a nuestro sol. Usted tendría que avanzar otros 10,000 kilómetros, ¡y colocarla en Japón!

Comprender el tamaño y la ubicación de las cosas, así como su relación y la distancia entre ellas, nos brinda una perspectiva. Al igual que este ejemplo nos da una perspectiva del sistema solar, el conocimiento de la geografía puede darnos una perspectiva de los sucesos de la Biblia. Esto es provechoso para saber los nombres, lugares y distancias entre los importantes lugares geográficos. En el caso de la Biblia examinamos la superficie de la información sin comprensión o visualización, de modo que se hace menos interesante y poco entendible.

El que ignora la geografía no puede conocer la historia. La Biblia es mayormente historia. De modo que para empezar a dominar la historia de la Biblia, debemos empezar con su geografía.

CUERPOS DE AGUA

Los puntos principales de anclaje para dominar la geografía de la Biblia son las masas de agua. *(Cuando lea cada descripción, vaya al mapa de trabajo e inserte el nombre del cuerpo de agua junto al número correspondiente).*

1. El mar Mediterráneo

La tierra del Antiguo Testamento yace al oriente de este hermoso cuerpo de agua.

2. El mar de Galilea

Dar el nombre de mar a este cuerpo de agua parece ser una exageración. Es un lago de agua dulce que mide diez kilómetros de ancho y veinte de largo. Está tierra adentro, como a cincuenta kilómetros del Mediterráneo.

3. El río Jordán

Corriendo al sur y partiendo del mar de Galilea, el río Jordán recorre como noventa kilómetros, a vuelo de pájaro, para desembocar en el mar Muerto. Muchos se sorprenden por la cantidad de historia que ha girado en torno a un río tan pequeño (en muchos sentidos).

4. El mar Muerto

El mar Muerto yace en «el fondo del mundo» como una gigantesca salchicha con un mordisco en su tercio inferior. Es el punto más bajo de la tierra, casi cien metros por debajo del nivel del mar en su punto más bajo de modo que las aguas fluyen hacia él, pero no las deja salir. Como resultado el agua ha desarrollado depósitos de alto contenido mineral, por lo que no sustenta ninguna forma de vida, ni animal ni vegetal. De ahí el nombre de mar Muerto.

5. El río Nilo

Tal vez el más famoso del mundo, el Nilo atraviesa el corazón de Egipto, esparciéndose como muchos dedos y desembocando en los brazos abiertos del Mediterráneo.

6. Los ríos Tigris y (7.) Éufrates

Estos ríos gemelos fluyen por casi mil quinientos kilómetros cada uno antes de unirse y depositan su tesoro en el Golfo Pérsico.

8. El Golfo Pérsico

Estos tres cuerpos de agua, el Tigris, el Éufrates y el Golfo Pérsico, forman el límite más oriental de las tierras del Antiguo Testamento. El Tigris y el Éufrates fluyen a través de Irak en la actualidad, mientras que el Golfo Pérsico separa a Irán de Arabia Saudita.

MAPA DE TRABAJO

CUERPOS DE AGUA DEL ANTIGUO TESTAMENTO

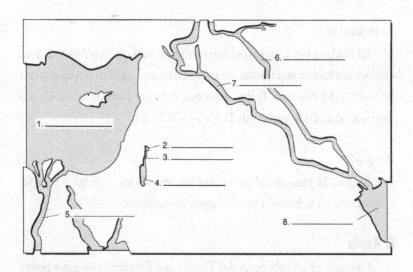

LUGARES

Con el recuadro geográfico ofrecido por los cuerpos de agua, podemos ubicar los lugares que son relevantes en el Antiguo Testamento. *(Cuando lea la descripción de cada lugar, inserte su nombre junto a la letra correspondiente en el «Mapa de trabajo para lugares» que sigue).*

A. EL HUERTO DEL EDÉN

Es imposible determinar la ubicación exacta del huerto del Edén, donde todo empezó. Sin embargo, estaba cerca de la confluencia de cuatro ríos, dos de los cuales eran el Tigris y el Éufrates.

B. Canaán/Israel

Este diminuto pedazo de tierra, que yace entre la costa del Mediterráneo y el mar de Galilea, el río Jordán y el mar Muerto, cambia de nombre a través del Antiguo Testamento. En Génesis se le llama *Canaán*. Después que los hebreos se establecieron en la tierra, en el libro de Josué, se le llegó a conocer como *Israel*. Mil trescientos años más tarde, al principio del Nuevo Testamento, a la tierra se le conoce por sus regiones (de sur a norte): Judea, Samaria y Galilea.

C. Jerusalén

Ubicada al borde del espaldón noroccidental del mar Muerto, esta ciudad, enclavada en las montañas centrales de Israel, es tan central en la historia del Antiguo Testamento que debe ser considerada e identificada aparte. Es la capital de la nación de Israel.

D. Egipto

Egipto, la *gran dama* de la civilización antigua, juega un papel importante en la historia del Antiguo Testamento.

E. Asiria

Ubicada en las cabeceras del Tigris y del Éufrates, este gran poder mundial es notable en el Antiguo Testamento por conquistar el reino del norte de Israel, y por esparcir su gente a los cuatro vientos.

F. Babilonia

Otro poder mundial, gigantesco e histórico; esta nación fabulosa, aunque de corta existencia, conquistó a Asiria. También subyugó al reino del sur, Judá, ciento treinta y seis años después de que Asiria conquistó el reino del norte, Israel. Se halla en Mesopotamia, entre el Tigris y el Éufrates. (*Mesopotamia* significa «en medio de» [*meso*], «ríos» [*potamos*]).

G. Persia

La última superpotencia histórica del Antiguo Testamento se ubica en la orilla norte del Golfo Pérsico. Persia entra en juego al conquistar a Babilonia, y al permitir a los hebreos regresar del cautiverio, reconstruir la ciudad de Jerusalén y restaurar la adoración en el templo.

Si estas notas históricas son extrañas para usted, no se preocupe mucho por ahora. En lugar de eso, conténtese con aprender estos lugares de modo que, conforme se desenvuelve la historia, sus nombres puedan tener algún significado para usted.

MAPA DE TRABAJO PARA LUGARES

LUGARES DEL ANTIGUO TESTAMENTO

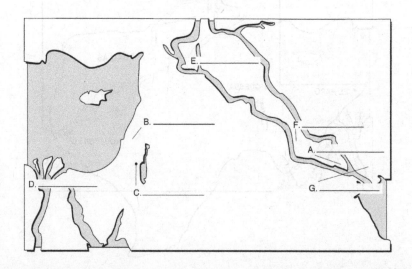

Ahora compare el mapa antiguo que acaba de completar con el siguiente mapa actualizado de la misma región.

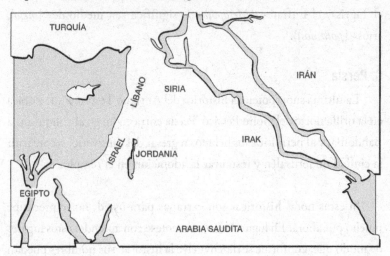

También será de provecho colocar en perspectiva esta información respecto al Antiguo Testamento, observando cómo el mapa del Antiguo Testamento se compara con uno superpuesto del estado de Texas.

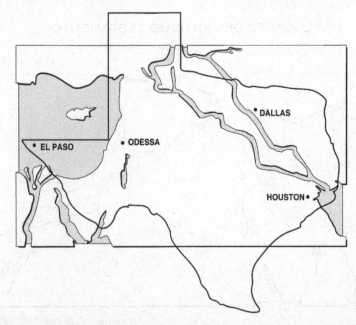

Toda la tierra del Antiguo Testamento tiene aproximadamente el mismo tamaño que el estado de Texas. Viajar desde el Golfo Pérsico hasta Israel sería lo mismo que ir de Houston a Odessa. Viajar de Israel a Egipto es como ir desde Odessa hasta El Paso. Si tiene esto presente conforme se desenvuelva la historia bíblica, esto le ayudará a tener la perspectiva geográfica.

REPASO

¡La repetición es la clave para la apropiación mental!

LA GEOGRAFÍA DEL ANTIGUO TESTAMENTO

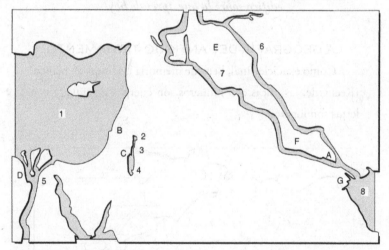

Repase tanto los ocho cuerpos de agua como los siete lugares escribiendo los números o letras junto a los nombres correspondientes a continuación.

Cuerpos de agua	Lugares
_____ Mar Mediterráneo	_____ Edén
_____ Mar de Galilea	_____ Israel

_____ Río Jordán	_____ Jerusalén
_____ Mar Muerto	_____ Egipto
_____ Río Nilo	_____ Asiria
_____ Río Tigris	_____ Babilonia
_____ Río Éufrates	_____ Persia
_____ Golfo Pérsico	

AUTOEVALUACIÓN

¡Lo que usted puede aprender mañana se edifica sobre lo que aprende hoy!

LA GEOGRAFÍA DEL ANTIGUO TESTAMENTO

Como ejercicio final, llene de memoria las líneas en blanco. (Recuerde, las líneas con números son cuerpos de agua, y con letras son lugares).

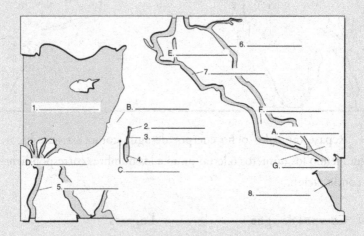

¡Excelente! Su conocimiento de la geografía del Antiguo Testamento le capacitará para comprender y visualizar la historia que se desarrolla en ellos. Usted acaba de dominar una sección importante.

RESPUESTAS

LA GEOGRAFÍA DEL ANTIGUO TESTAMENTO

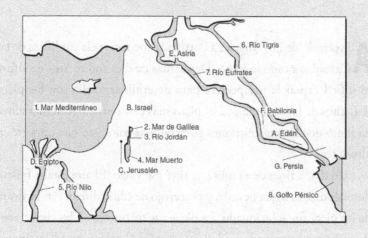

CAPÍTULO 3

LOS LIBROS HISTÓRICOS

Al volar desde Los Ángeles a Portland, uno recorre la cordillera de las Cascadas a todo lo largo. Desde más de diez mil metros de altura es difícil captar la perspectiva para determinar cuáles son los picos más altos de las montañas. Los picos más cercanos parecen más altos, en tanto que los más distantes parecen más bajos, sin que importe su altura real.

Un día, a fines de octubre, realicé ese vuelo. El aire estaba fresco, después de una ligera nevada, y el acertijo de cómo diferenciar la altura de los picos fue solucionado. La nieve cae solamente en las elevaciones de aproximadamente dos mil metros o más. Al volar sobre ellas, sin que importara cuán cerca o cuán lejos estaba, fue fácil determinar cuáles eran los picos más altos. Eran los que tenían nieve.

Al empezar a mirar las historias del Antiguo Testamento veremos solamente los picos más altos, aquellos que tienen la nieve encima.

Para hacerlo será útil continuar con la analogía de la historia de Estados Unidos. Si la condensara omitiendo los poetas y los filósofos, usted tomaría los principales períodos de la historia, vinculándolos con la figura central de cada era y añadiría la ubicación principal. En forma de tabla, se vería algo así como lo que sigue:

CRONOLOGÍA DE LA HISTORIA DE ESTADOS UNIDOS

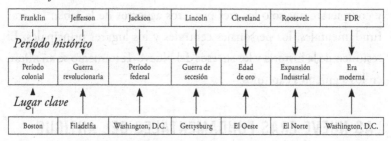

Personaje clave

Franklin	Jefferson	Jackson	Lincoln	Cleveland	Roosevelt	FDR

Período histórico

Período colonial	Guerra revolucionaria	Período federal	Guerra de secesión	Edad de oro	Expansión Industrial	Era moderna

Lugar clave

Boston	Filadelfia	Washington, D.C.	Gettysburg	El Oeste	El Norte	Washington, D.C.

Incluya un breve resumen de la historia de la era, y la historia de Estados Unidos podría verse en una tabla, tal como la que sigue:

LA HISTORIA DE ESTADOS UNIDOS

Era	Personaje clave	Lugar	Hecho histórico
Colonial	Franklin	Boston	Como las trece colonias deseaban la independencia, Franklin dirige la formulación de la estrategia necesaria.
Revolución	Jefferson	Filadelfia	Jefferson redacta la «Declaración de Independencia».
Etc.	Etc.	Etc.	Etc.

El mismo método puede usarse para condensar la historia de la Biblia, colocando en una tabla los períodos (o eras) principales, los personajes centrales, los lugares más importantes y un resumen de la historia. Los hechos históricos de la Biblia pueden ser divididos en doce eras fundamentales, con un personaje central y un lugar principal para cada una de ellas. Nueve se hallan en el Antiguo Testamento y tres en el Nuevo Testamento.

En este capítulo trataremos solamente con el Antiguo Testamento, y completaremos solo los tres primeros aspectos de la tabla: las eras fundamentales, los personajes centrales y los lugares principales. El resumen de la historia y los sucesos del Nuevo Testamento se añadirán en los siguientes capítulos.

LAS NUEVE ERAS FUNDAMENTALES DEL ANTIGUO TESTAMENTO

1. Creación

La *creación* del mundo y del hombre, y los sucesos más tempranos.

2. Patriarcas

El nacimiento del pueblo hebreo por medio de una familia de *patriarcas,* que cubre un período de doscientos años.

3. Éxodo

El *éxodo* del pueblo hebreo al ser librado de los cuatrocientos años de esclavitud en Egipto, para volver a su Tierra Prometida.

4. Conquista

La *conquista* de la Tierra Prometida por parte del pueblo hebreo a su regreso de Egipto.

5. Jueces

Un período de cuatrocientos años durante los cuales Israel está bajo el gobierno de líderes llamados *jueces.*

6. Reino

Otro período de cuatrocientos años durante los cuales Israel llega a ser una nación con todas las de la ley, gobernada por una *monarquía*.

7. Exilio

Un período de setenta años durante los cuales los líderes de Israel vivieron en el *exilio*, habiendo sido conquistados por naciones extranjeras.

8. Regreso

El *regreso* de los judíos exiliados a Jerusalén para reconstruir la ciudad y el templo.

9. Silencio

Un período final de cuatrocientos años entre la conclusión del Antiguo Testamento (cuando se escribió el último libro del Antiguo Testamento) y la apertura del Nuevo Testamento (cuando se escribió el primer libro del Nuevo Testamento).

Siguiendo el modelo de la tabla de la historia de Estados Unidos, empecemos a hacer la tabla de la historia del Antiguo Testamento.

LA HISTORIA DEL ANTIGUO TESTAMENTO

Era	Persona	Lugar	Hecho histórico
Creación	Se dará más	Se dará más	Se dará más
Patriarcas	adelante	adelante	adelante
Éxodo			
Conquista			
Jueces			
Reino			
Exilio			
Regreso			
Silencio			

Otra manera de ayudarnos a recordar la secuencia histórica de la Biblia es visualizar las eras fundamentales con símbolos, como en el arco de la historia bíblica.

ARCO DE LA HISTORIA BÍBLICA

1. Creación	5. Jueces	9. Silencio
2. Patriarca	6. Reino	*Se dará más adelante*
3. Éxodo	7. Exilio	
4. Conquista	8. Regreso	

REPASO

¡La repetición es la clave para la apropiación mental!
Escriba, en la línea en blanco, la era que corresponde a cada descripción.

Opciones:	Era:	Descripción:
Exilio	_____	1. La *creación* del mundo y del hombre, y los sucesos más tempranos.
Jueces	_____	2. El nacimiento del pueblo hebreo por medio de una familia de *patriarcas,* que cubre un período de doscientos años.

Opciones:	Era:	Descripción:

Creación _____ 3. El *éxodo* del pueblo hebreo al ser librado de los cuatrocientos años de esclavitud en Egipto.

Reino _____ 4. La *conquista* de la Tierra Prometida por parte del pueblo hebreo a su regreso de Egipto.

Patriarcas _____ 5. Un período de cuatrocientos años durante los cuales Israel está bajo el gobierno de líderes llamados *jueces*.

Conquista _____ 6. Otro período de cuatrocientos años durante los cuales Israel llega a ser una nación con todas las de la ley, gobernada por una *monarquía*.

Regreso _____ 7. Un período de setenta años durante los cuales los líderes de Israel vivieron en el *exilio*, habiendo sido conquistados por naciones extranjeras.

Silencio _____ 8. El *regreso* de los judíos exiliados a Jerusalén para reconstruir la ciudad y el templo.

Éxodo _____ 9. Un período final de cuatrocientos años entre la conclusión del Antiguo Testamento y la apertura del Nuevo Testamento.

LOS NUEVE PERSONAJES CENTRALES DEL ANTIGUO TESTAMENTO

Era:	Personaje:	Descripción:
Creación	Adán	El primer *hombre*
Patriarcas	Abraham	El primer *patriarca*

Era:	Personaje:	Descripción:
Éxodo	Moisés	El líder del *éxodo*
Conquista	Josué	El líder del *ejército* de Israel
Jueces	Sansón	El *juez* más famoso
Reino	David	El *rey* israelita más conocido
Exilio	Daniel	El principal *profeta* en el exilio
Regreso	Esdras	El líder central del *regreso*
Silencio	Fariseos	Los líderes *religiosos*

REPASO

¡La repetición es la clave para la apropiación mental!
(Llene la línea en blanco).

Era:	Personaje:	Descripción:
Creación	Adán	El primer _____
Patriarcas	Abraham	El primer _____
Éxodo	Moisés	El líder del _____
Conquista	Josué	El líder del _____ de Israel
Jueces	Sansón	El _____ más famoso
Reino	David	El _____ israelita más conocido
Exilio	Daniel	El principal _____ en el exilio
Regreso	Esdras	El líder central del _____
Silencio	Fariseos	Los líderes _____

(Combine la era con el personaje clave).

Era:	Personaje:	Opciones:
Creación	_____	*Moisés*
Patriarcas	_____	*Daniel*
Éxodo	_____	*Abraham*
Conquista	_____	*Josué*
Jueces	_____	*Fariseos*
Reino	_____	*Esdras*
Exilio	_____	*David*
Regreso	_____	*Sansón*
Silencio	_____	*Adán*

Ahora añadiremos el personaje central a nuestra tabla de historia.

LA HISTORIA DEL ANTIGUO TESTAMENTO

Era	Persona	Lugar	Hecho histórico
Creación	Adán	Se dará má adelante	Se dará má adelante
Patriarcas	Abraham		
Éxodo	Moisés		
Conquista	Josué		
Jueces	Sansón		
Reino	David		
Exilio	Daniel		
Regreso	Esdras		
Silencio	Fariseos		

Nuestra tarea final es identificar el lugar geográfico general o específico de los sucesos de las principales eras del Antiguo Testamento. Empezando con la Creación y Adán, como ejercicio para memorizar, lea la descripción del lugar de cada una de las eras y escriba en cada una de ellas la era principal y la figura histórica central.

LOS NUEVE LUGARES PRINCIPALES
DEL ANTIGUO TESTAMENTO

Era:	Personaje:	Lugar:	Descripción:
1._____ _____		Edén	El jardín del Edén, en donde Adán es creado. Cerca de la confluencia de los ríos Tigris y Éufrates.
2._____ _____		Canaán	Abraham emigra desde Ur, cerca del Edén, a Canaán, en donde él y otros patriarcas vivieron hasta el tiempo de la esclavitud en Egipto.
3._____ _____		Egipto	Durante una severa hambruna los israelitas emigran a Egipto y son esclavizados por cuatrocientos años antes de su éxodo a la libertad.
4._____ _____		Canaán	Josué dirige la conquista de la Tierra Prometida en Canaán.
5._____ _____		Canaán	Los israelitas viven en Canaán bajo un sistema tribal informal, gobernados por jueces los cuatrocientos años siguientes.
6._____ _____		Israel	Con la formación de una monarquía formal, se designa a la tierra con el nombre nacional de *Israel*.
7._____ _____		Babilonia	En razón del juicio debido a la corrupción moral nacional, Israel es conquistada por naciones extranjeras, obligando finalmente a sus líderes a setenta años de exilio en Babilonia.

Era:	Personaje:	Lugar:	Descripción:
8. _____	_____	Jerusalén	A los israelitas exiliados se les permite regresar a Jerusalén para reconstruir la ciudad y el templo, aun cuando permanecen bajo el dominio de Persia.
9. _____	_____	Jerusalén	Aun cuando el dominio de la tierra cambia de Persia a Grecia y a Roma, a Israel se le permite adorar en Jerusalén sin interrupción por los siguientes cuatrocientos años de «silencio».

Junto con la era fundamental y el personaje central, ahora podemos añadir el lugar principal a nuestra tabla.

LA HISTORIA DEL ANTIGUO TESTAMENTO

Era	Persona	Lugar	Hecho histórico
Creación	Adán	Edén	Se dará más adelante
Patriarcas	Abraham	Canaán	
Éxodo	Moisés	Egipto	
Conquista	Josué	Canaán	
Jueces	Sansón	Canaán	
Reino	David	Israel	
Exilio	Daniel	Babilonia	
Regreso	Esdras	Jerusalén	
Silencio	Fariseos	Jerusalén	

ARCO DE LA HISTORIA BÍBLICA

(Escriba los nombres de las eras. Para verificar sus respuestas, ver el Apéndice).

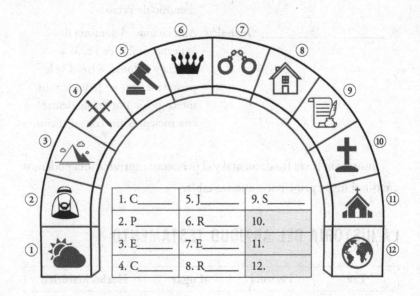

1. C_____	5. J_____	9. S_____
2. P_____	6. R_____	10.
3. E_____	7. E_____	11.
4. C_____	8. R_____	12.

REPASO

¡La repetición es la clave para la apropiación mental!

En el mapa que sigue dibuje flechas para mostrar el movimiento durante las eras fundamentales del Antiguo Testamento que acaba de aprender. Empiece en Edén y trace una flecha al siguiente lugar, según cambie: Edén a Canaán, a Egipto, a Canaán, a Babilonia, a Jerusalén.

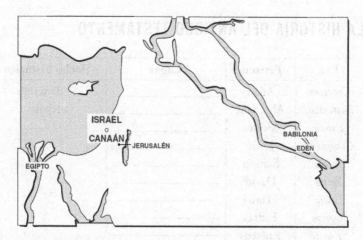

Su mapa debe verse, básicamente, como el siguiente:

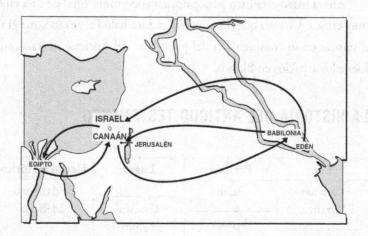

De las opciones dadas, llene las líneas en blanco en la tabla que sigue, combinando el lugar con la era y el personaje central. *(Un lugar puede usarse más de una vez).*

Babilonia   Edén   Israel   Canaán   Egipto   Jerusalén

LA HISTORIA DEL ANTIGUO TESTAMENTO

Era	Persona	Lugar	Hecho histórico
Creación	Adán	_____	Se dará más
Patriarcas	Abraham	_____	adelante
Éxodo	Moisés	_____	
Conquista	Josué	_____	
Jueces	Sansón	_____	
Reino	David	_____	
Exilio	Daniel	_____	
Regreso	Esdras	_____	
Silencio	Fariseos	_____	

Ahora usted está listo para empezar el dominio final de una tabla muy crítica. Una vez que domine este cuadro habrá avanzado una gran distancia en su comprensión del panorama del Antiguo Testamento. Llene los espacios en blanco.

LA HISTORIA DEL ANTIGUO TESTAMENTO

Era	Persona	Lugar	Hecho histórico
Creación	Adán	_____	Se dará más
Patriarcas	_____	Canaán	adelante
_____	Moisés	Egipto	
Conquista	Josué	_____	
Jueces	_____	Canaán	
_____	David	Israel	
Exilio	Daniel	_____	
Regreso	_____	Jerusalén	
_____	Fariseos	Jerusalén	

AUTOEVALUACIÓN

*¡Lo que usted puede aprender mañana se
edifica sobre lo que aprende hoy!*

Por último, llene la siguiente tabla de memoria. Sería más
fácil si comienza con las eras, luego las figuras centrales y después los lugares. *(Para revisar sus respuestas, ver el apéndice para
completar la tabla de la historia de la Biblia).*

LA HISTORIA DEL ANTIGUO TESTAMENTO

Era	Persona	Lugar	Hecho histórico
____	____	____	Se dará más adelante
____	____	____	
____	____	____	
____	____	____	
____	____	____	
____	____	____	
____	____	____	
____	____	____	

¡Felicitaciones! Acaba de dar un gran paso para dominar un vistazo
del Antiguo Testamento. De ahora en adelante seremos más y más
específicos, pero usted ha colocado un buen cimiento sobre el cual
edificar en los capítulos sucesivos.

CAPÍTULO 4

LA ERA DE LA CREACIÓN

(Génesis 1-11)

Muy lejos de la tierra de siempre, en las distantes curvas del universo, yacen campos extraños y fantásticos, que no se parecen en nada, ni siquiera, a nuestros sueños más extravagantes. Ocultos en las barreras del tiempo y del espacio, han vivido para siempre fuera del alcance del hombre, desconocidos e inexplorados.

Pero ahora, justo ahora, los velos cósmicos han empezado a descorrerse un ápice. El hombre ha tenido sus primeras vislumbres de los dominios una vez secretos, y sus extrañas conductas le han dejado estupefacto. Desafían sus conceptos básicos de materia y energía. Junto con Alicia en el país de las maravillas, él dice: «Uno no puede creer en cosas imposibles».

E imposible, en verdad, parecen ser. En aquellos parajes del universo, en aquellos mundos asombrosos, hay lugares distantes...

en donde una cucharadita de materia pesa tanto como doscientos millones de elefantes...

En donde una diminuta estrella que gira se enciende y se apaga treinta veces por segundo...

en donde un diminuto objeto misterioso brilla con el
resplandor de diez mil billones de soles...
en donde la materia y la luz son continuamente absorbidas
por voraces agujeros negros, para nunca ser vistas de
nuevo.

No es menuda sorpresa que el finado científico británico J.
B. S. Haldane haya podido decir: «El universo es no solo más
extraño de lo que suponemos, sino más extraño de lo que podemos suponer».

Solíamos pensar que el universo era simplemente nuestra
galaxia de la Vía Láctea. Hoy sabemos que las galaxias son tan
comunes como las hojas de hierba en una pradera. Su número
asciende tal vez a cien mil millones.

¿Cómo comprende uno el increíble tamaño de este universo
lleno de galaxias? Para distancias tan asombrosas los científicos y
astrónomos piensan en términos de tiempo, y usan el telescopio como
una máquina de tiempo. Miden el espacio con una unidad llamada
el año luz, la distancia que la luz viaja en un año, a una velocidad
de 300,000 kilómetros por segundo; es decir, alrededor de seis mil
billones de kilómetros. (De *National Geographic,* mayo de 1974).

Si usted pudiera disparar un rifle cuya bala viajara alrededor del
mundo a la velocidad de la luz, daría la vuelta y pasaría a través de
usted ¡siete veces por segundo!

El misterio y la enormidad de nuestro universo, tal vez más que
cualquier otra cosa, capta nuestra imaginación e incita en nosotros
una fascinación respecto al tema de la creación. Hay incontables cosas
desconocidas, e igual número de «increíbles». Al empezar a explorar la
era de la creación adoptaremos un modelo que seguiremos por todo lo
que resta de esta sección:

I. Usted revisará la era principal, el personaje central y el lugar principal que aprendió en el último capítulo.

II. Leerá un breve sumario de la historia de los acontecimientos de esa era, girando alrededor del personaje central, con un tema en tres palabras de cada sumario en cursivas. Luego se le pedirá que repase esas tres palabras para llenar las líneas en blanco.

III. Leerá una ampliación del resumen de sucesos de esa era.

I. REPASO

¡La repetición es la clave para la apropiación mental!
Llene las líneas en blanco para esta era.

LA HISTORIA DEL ANTIGUO TESTAMENTO

Era	Personaje	Lugar	Resumen histórico
_____	_____	_____	A completarse en este capítulo.

II. RESUMEN HISTÓRICO

Adán es creado por Dios, pero *peca* y *destruye* el *plan* original de Dios para el hombre.

Era	Resumen
Creación	Adán es creado por Dios, pero _____ y _____ el _____ original de Dios para el hombre.

III. AMPLIACIÓN

Hay cuatro sucesos principales dentro de la era de la creación. Son los relatos de:

1. La creación
2. La caída
3. El diluvio
4. La Torre de Babel

1. La creación: El hombre creado a imagen de Dios (Génesis 1-2)

Después de una dramática exhibición de poder al crear los cielos y la tierra, Dios crea al hombre. Cuando en el capítulo 1 de Génesis se usa la palabra *hombre*, incluye al hombre y a la mujer. La palabra *hombre*, en este contexto, tiene el sentido de «humanidad». Adán y Eva son creados a imagen de Dios, en perfecta comunión y armonía con Él. Viviendo en un escenario idílico en el huerto del Edén, son individuos de gran belleza e inteligencia. La «imagen» no es una semejanza física, sino personal y espiritual. El hombre es espíritu y vivirá para siempre. El hombre tiene intelecto, emoción y voluntad. Tiene comprensión de un ser divino (Dios), con un sentido moral del bien y del mal. Es un ser creativo. Estas son algunas de las características de Dios de las cuales el hombre es partícipe, y en este sentido, *el hombre es creado a imagen de Dios*.

2. La caída: El pecado entró en el mundo (Génesis 3)

Satanás, apareciendo en forma de serpiente, seduce a Adán y Eva a rebelarse contra Dios y violar la única prohibición que les había impuesto: no comer del árbol de la ciencia del bien y del mal. Son arrojados fuera del huerto del Edén, y se impone una maldición sobre la tierra. Cuando Adán y Eva se rebelan *el pecado entra en el mundo.* Todo el dolor, todo el mal, todo el sufrimiento que azota a la humanidad en todo el tiempo puede ser trazado a partir de ese acto singular, que es, por consiguiente, apropiadamente llamado la «caída» del hombre.

3. El diluvio: Juicio por el pecado (Génesis 6-10)

Por los siguientes varios siglos, conforme el hombre se multiplica en número, así se multiplica su tendencia a pecar, hasta que llega el tiempo cuando Dios solo puede hallar ocho personas que estén dispuestas a vivir en una relación recta con Él: Noé, su esposa, sus tres hijos y sus esposas. Así que, en *juicio por el pecado,* Dios realiza una cirugía en la raza humana, extirpando el tejido canceroso, por así decirlo, y dejando el tejido sano para que se recuperara. Lo hace enviando un diluvio por todo el mundo que destruye a la humanidad, con la excepción de Noé y su familia, quienes se salvan en el arca.

4. La torre: Principio de las naciones (Génesis 11)

El mandato de Dios al hombre después del diluvio fue que se esparciera, que poblara y subyugara a toda la tierra. En directa desobediencia a ese mandamiento el hombre se queda en un solo lugar y empieza a construir un monumento a sí mismo, la Torre de Babel. Dios hace que esta numerosa congregación de personas empiece a hablar diferentes idiomas. La falta de comunicación les impide continuar progresando en la torre, y la gente de cada lengua se dispersa a los cuatro puntos cardinales de la tierra, dando forma *al principio de las naciones* del mundo como las conocemos hoy.

AUTOEVALUACIÓN

*¡Lo que usted puede aprender mañana se
edifica sobre lo que aprende hoy!*

A. Los cuatro sucesos principales de la era de la creación

(Seleccione el suceso correcto de las opciones dadas a la izquierda y escríbalo en la línea en blanco).

Evento:	Número:	Descripción:
Creación	_____	1. Juicio por el pecado
Caída	_____	2. Principio de las naciones
Diluvio	_____	3. El pecado entró en el mundo
Torre	_____	4. El hombre a imagen de Dios.

B. Resumen histórico

(Llene los espacios en blanco de memoria).

Era	Resumen
Creación	Adán es creado por Dios, pero _____ y _____ el _____ original de Dios para el hombre.

C. Arco de la historia bíblica

(Escriba el nombre de la era. Para verificar su respuesta, ver el Apéndice).

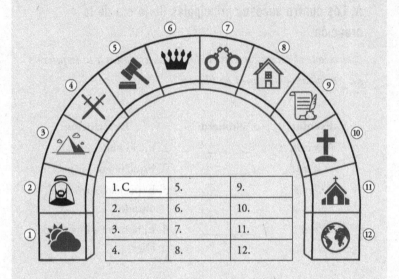

1. C_____	5.	9.
2.	6.	10.
3.	7.	11.
4.	8.	12.

D. La geografía de la era de la creación

(Trace un círculo indicando la posible ubicación del Edén).

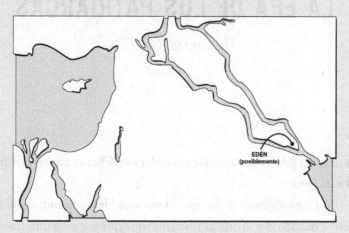

EDÉN
(posiblemente)

E. La historia del Antiguo Testamento

(Llene los espacios en blanco. Para verificar su respuesta, ver el Apéndice).

Era	Resumen
Creación	Adán es creado por Dios, pero _____ y _____ el _____ original de Dios para el hombre.

CAPÍTULO 5

LA ERA DE LOS PATRIARCAS

(Génesis 12-50)

Cualquier padre reconoce que controlar a los hijos es una tarea difícil e incierta.

En *Cómo disfrutar de los hijos,* el sicólogo Henry Brandt cuenta la ocasión cuando él y su esposa invitaron al presidente de la universidad a que fuera a su casa para cenar. Estaban nerviosos, y habían invertido considerable tiempo preparando la casa y la comida para dar una buena impresión. Cuando el presidente llegó se tropezaban entre sí tratando de hacer que se sintiera en casa. Al momento de comer lo hicieron sentar junto a su hija de dos años. Fue un error. Durante la comida la pequeña le dijo al presidente, en su vocecita como de pájaro: «Por favor, páseme la sal». Nadie le prestó atención; estaban escuchando al presidente. De modo que lo intentó de nuevo: «¿Me haría el favor de pasarme la sal?». Era fácil que los adultos ignoraran su vocecita, ya que se esforzaban por atender cada palabra del presidente. Finalmente, golpeó al distinguido huésped en el brazo, mientras gritaba: «¡Pásame la sal, o te daré una bofetada!».

Incluso un presidente de Estados Unidos se quedó perplejo por las travesuras de su hija. Alicia Roosevelt, hija de Teodoro Roosevelt, era una niña indómita cuyas travesuras escandalizaron a la almidonada «sociedad» de Washington durante el mando de su padre en la Casa Blanca.

Cuando un visitante objetó que la niña entrara y saliera a su antojo de la oficina del presidente mientras estaba tratando un importante asunto con su padre, Roosevelt dijo: «Puedo ser presidente de Estados Unidos, o puedo controlar a Alicia. No me es posible hacer ambas cosas».

La era de los patriarcas fue un tiempo de hombres piadosos presidiendo una familia que crecía. Abraham, Isaac, Jacob y José, generaciones sucesivas de la misma familia, gobernaron al pueblo hebreo en los primeros días de su existencia.

En más de una ocasión Abraham debe haberse sentido un poco como Brandt o Roosevelt. Sus descendientes no se comportaban de la manera que él quería. La pasión por Dios y lo que Él deseaba hacer en y por intermedio del pueblo hebreo ardía como una llamarada en el corazón de Abraham. Pero la llama menguó en sucesivas generaciones. Sin embargo, el tiempo de esclavitud en Egipto aguzó el hambre espiritual del pueblo hebreo, y emergió así una gran familia, que llegó a ser una gran nación.

I. REPASO

¡La repetición es la clave para la apropiación mental!
Llene los espacios en blanco para actualizar la tabla con esta era. (Para verificar sus respuestas, ver el Apéndice).

LA HISTORIA DEL ANTIGUO TESTAMENTO

Era	Personaje	Lugar	Resumen histórico
_____	_____	_____	Adán es creado por Dios, pero _____ y _____ el _____ original de Dios para el hombre.
_____	_____	_____	A completarse en este capítulo.

II. RESUMEN HISTÓRICO

Abraham es *escogido* por Dios para ser el «padre» de un *pueblo* que *represente* a Dios ante el mundo.

Era	Resumen
Patriarcas	Abraham es _____ por Dios para ser el «padre» de un _____ que _____ a Dios ante el mundo.

III. AMPLIACIÓN

Hay cuatro hombres principales en la era de los patriarcas:

1. Abraham
2. Isaac
3. Jacob
4. José

1. Abraham: Padre del pueblo hebreo (Génesis 12-23)

Debido al pecado de Adán y la caída del hombre, la atención de Dios ahora se enfoca en un plan de redención para la humanidad. Él quiere un pueblo por medio del cual pueda obrar para producir un reflejo de sí mismo, y a través del cual pueda esparcir su mensaje de redención al mundo. Escoge a Abraham, quien llega a ser el *padre del pueblo hebreo,* y le promete una nación (tierra), incontables descendientes (simiente), y un impacto mundial e interminable (bendición). En este tiempo Abraham está viviendo en Ur, cerca de la confluencia de los ríos Tigres y Éufrates. Dios le dirige a la tierra de Canaán, en donde se establece y tiene dos hijos, Ismael e Isaac.

2. Isaac: Segundo padre de la promesa (Génesis 24-26)

Isaac llega a ser el *segundo padre de la promesa* como cumplimiento de las promesas dadas a Abraham. Presencia varios milagros importantes en su vida. Vive en la tierra de Abraham, prospera, y muere de vejez después de haber procreado dos hijos, Esaú y Jacob.

3. Jacob: Padre de la nación de Israel (Génesis 27-35)

Las promesas dadas a Abraham pasan por Isaac a Jacob, el hijo menor de Isaac. Jacob empieza su vida como un pícaro engañador. Sin embargo, por medio de una serie de milagros y otros encuentros con Dios, vuelve sobre sus pasos y enmienda sus caminos. Jacob tiene doce hijos, y las promesas dadas a Abraham pasan a ellos como familia. Aunque Abraham es el padre del pueblo hebreo, Jacob es *el padre de la nación de Israel,* ya que cada uno de sus hijos llega a ser el padre de una de las doce tribus que componen la nación de Israel.

4. José: Líder en Egipto (Génesis 37-50)

Los hijos de Jacob, en su mayoría, demuestran tener muy poco compromiso al llamado de Dios como nación. Venden a José como esclavo, quien es llevado a Egipto. Debido a la rectitud de José y la fidelidad de Dios, asciende hasta ser un gran *líder en Egipto.* Durante una severa hambruna su familia viene a Egipto en busca de alimentos, se reúne nuevamente con José, y como resultado, disfrutan de paz y comodidad. Cuando José muere, sin embargo, su pueblo es esclavizado por los siguientes cuatrocientos años. Este tiempo de prueba aguza el hambre espiritual del pueblo hebreo, y clama a Dios por liberación.

AUTOEVALUACIÓN

*¡Lo que usted puede aprender mañana se
edifica sobre lo que aprende hoy!*

A. Hombres principales de la era de los patriarcas

*(Llene los espacios en blanco, escogiendo de las opciones dadas a
la derecha).*

Personaje:	Número:	Descripción:
Abraham	_____	1. Padre de la nación de Israel
Isaac	_____	2. Líder en Egipto
Jacob	_____	3. Padre del pueblo hebreo
José	_____	4. Segundo padre de la promesa

B. Resumen histórico

(Llene los espacios en blanco de memoria).

Era	Resumen
Patriarcas:	Abraham es _____ por Dios para ser el «padre» de un _____ que _____ a Dios ante el mundo.

C. Arco de la historia bíblica

*(Escriba los nombres de las eras. Para verificar sus respuestas,
ver el Apéndice).*

1. C_____	5.	9.
2. P_____	6.	10.
3.	7.	11.
4.	8.	12.

D. La geografía de la era de los patriarcas

(Trace una flecha desde Ur, en donde vivía Abraham, a Canaán, y de Canaán a Egipto, para representar los movimientos geográficos de la era de los patriarcas).

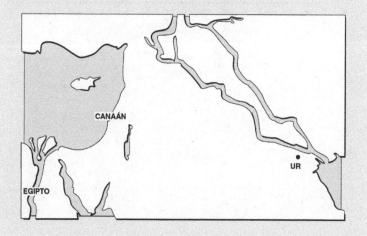

E. La historia del Antiguo Testamento

(Llene los espacios en blanco).

Era	Personaje	Lugar	Resumen histórico
_____	_____	_____	Adán es creado por Dios, pero _____ y _____ el _____ original de Dios para el hombre.
_____	_____	_____	Abraham es _____ por Dios para ser el «padre» de un _____ que _____ a Dios ante el mundo.

CAPÍTULO 6

LA ERA DEL ÉXODO

(Éxodo-Deuteronomio)

El éxodo fue un movimiento masivo de los israelitas al salir de la esclavitud en Egipto y regresar a la Tierra Prometida de Canaán. No fue un movimiento fácil. El faraón de Egipto no quería dejarlos ir, y los amenazó con represalias militares. Los milagros que Dios realizó durante este tiempo se hallan entre los más espectaculares de los registrados en la Biblia: el río Nilo se convirtió en sangre, cayados de pastores se convirtieron en serpientes, el primogénito de toda familia egipcia murió, y el mar Rojo se dividió para permitir que los israelitas cruzaran por tierra seca, escapando del ejército egipcio.

Algunas veces las películas han mostrado ese acontecimiento como una minúscula pandilla de nómadas vagando por el desierto, acampando bajo palmeras y cantando cantos folclóricos hebreos alrededor de una fogata. Este cuadro difícilmente podría estar cerca de la verdad. El libro de Números nos dice que cuando los israelitas salieron de Egipto había seiscientos mil hombres de guerra, también había seiscientas mil mujeres que podían tomar armas. Eso hace 1.200.000. Cada una de esas familias tendría por lo menos dos hijos. Eso hace otros 1.200.000. Estaban, además, los hombres que eran demasiado viejos como para empuñar las armas, y sus esposas. Había, hablando conservadoramente, entre dos y medio y tres millones de personas que salieron de Egipto durante este «éxodo».

Esta no fue una minúscula tribu de nómadas deambulando por el desierto. Esta fue una nación en movimiento. Mire al estado de Texas en un mapa, e imagínese la ciudad de Dallas empezando a avanzar sobre el mapa, y usted tendrá una idea de la magnitud del éxodo. Cuando usted añade todos los animales que llevaron con ellos para alimento y leche, tanto como para sacrificios, ¡esto adquiere el carácter de una horda! En lugar de buscar un sitio bajo una palmera para acampar, tenían que buscar un valle de treinta kilómetros cuadrados. Cuando se alinearon para cruzar el mar Rojo, lo que se requirió fue mucho más que un pequeño sendero. Si cruzaron el mar Rojo en escuadras de cien, contando los animales, la columna se hubiera extendido tal vez más de ochenta kilómetros a lo largo del desierto.

Dejando a un lado las creencias personales, esto se cuenta como uno de los hechos históricos del mundo antiguo, y fue un acontecimiento que Moisés presidió. Para tener un mejor concepto de los detalles específicos del éxodo, revisaremos ahora nuestros capítulos previos y luego veremos los cuatro sucesos principales de esta era.

I. REPASO

¡La repetición es la clave para la apropiación mental!
Llene los espacios en blanco para actualizar la tabla con esta era.
(Para verificar sus respuestas, ver el Apéndice).

LA HISTORIA DEL ANTIGUO TESTAMENTO

Era	Personaje	Lugar	Resumen histórico
			Adán es creado por Dios, pero _____ y _____ el _____ original de Dios para el hombre.
_____	_____	_____	

Era	Personaje	Lugar	Resumen histórico
			Abraham es _____ por Dios para ser el «padre» de un _____ que _____ a Dios ante el mundo.
			A completarse en este capítulo.

II. RESUMEN HISTÓRICO

Por medio de Moisés, Dios *liberta* al pueblo hebreo de la *esclavitud* en Egipto y les da la *Ley*.

Era	Resumen
Éxodo	Por medio de Moisés, Dios _____ al pueblo hebreo de la _____ en Egipto y les da la _____.

III. AMPLIACIÓN

Hay cuatro sucesos principales en la era del éxodo:

1. Liberación
2. La Ley
3. Cades-barnea
4. Cuarenta años de peregrinaje

1. Liberación: Libertad de la esclavitud en Egipto (Éxodo 1-18)

Los hebreos habían languidecido bajo la esclavitud en Egipto, durante cuatrocientos años, cuando clamaron a Dios pidiendo liberación. Dios levantó a Moisés como su portavoz ante Faraón, el gobernador de Egipto, pidiendo la libertad espiritual para el pueblo hebreo. Faraón rehusó, y una serie de diez plagas es impuesta sobre Egipto para hacer que deje ir al pueblo. Las plagas van de mal en peor: desde ranas, piojos, agua convertida en sangre, hasta la muerte del primogénito de toda familia en Egipto. Finalmente, Faraón consiente en dejar que los hebreos salgan de allí. Después que se fueron, cambia su parecer e intenta recapturarlos. Ya han llegado al mar Rojo cuando Dios lo abre y el pueblo hebreo cruza al otro lado. Las aguas vuelven a juntarse, protegiéndolos del ejército egipcio, y *libertándolos de la esclavitud en Egipto*. Dios, por supuesto, tenía solo un destino para ellos: la Tierra Prometida de Canaán... la tierra «que fluye leche y miel». La tierra en donde su padre Abraham se había establecido la primera vez sería de nuevo su hogar.

2. La Ley: Los mandamientos de Dios en el Monte Sinaí (Éxodo 19-40)

El pueblo hebreo ahora empieza a tomar una identidad nacional como Israel. Del mar Rojo los israelitas viajaron hacia el sur, hacia el extremo de la península del Sinaí, y acamparon en el Monte Sinaí. Allí recibieron *los mandamientos de Dios*. Moisés se encontró a solas con Dios en la cumbre del monte, en donde recibió los Diez Mandamientos escritos en tablas de piedra por el dedo de Dios. Moisés también recibió una completa revelación de la Ley que gobernaría la vida nacional de Israel tanto como su relación con Dios. Dios promete bendecirlos abundantemente por la obediencia, y maldecirlos rigurosamente por la desobediencia.

3. Cades-barnea: El lugar de rebelión contra Dios (Números 10-14)

Israel deja el Monte Sinaí y avanza hacia el norte, a un oasis, Cades-barnea, que es la entrada sur a la Tierra Prometida. Desde este punto estratégico se envían doce espías a la Tierra Prometida, uno por cada una de las doce tribus de Israel. La tierra está habitada por los cananeos, quienes no mirarán con buenos ojos a la horda israelita regresando a la tierra. Cuando los espías regresan tienen buenas y malas noticias. Las buenas noticias son que la tierra es hermosa y exuberante: «que fluye leche y miel». Las malas son que hay gigantes y ejércitos hostiles por toda la tierra. Diez espías informan que es inconquistable (a pesar del hecho de que Dios les había prometido darles la victoria sobre cualquier fuerza que se les opusiera). Dos espías, Josué y Caleb, exhortan al pueblo a creer en Dios y a entrar en la tierra. El pueblo cree el informe de la mayoría y rehúsa seguir a Moisés para entrar en la tierra. Así, esto llega a conocerse como *el lugar de rebelión contra Dios*.

4. Cuarenta años de peregrinaje: Consecuencias de la rebelión contra Dios (Números 20-36)

Como *consecuencia de rebelarse contra Dios* en Cades-barnea, la generación del «éxodo» es condenada a deambular en el desierto hasta que muera toda persona que en ese momento tenía veinte años o más. En los cuarenta años que siguieron subió al liderazgo una nueva generación, dispuesta a seguir a sus líderes entrando a la tierra. Moisés los guía hacia el norte del mar Muerto, cerca de Jericó, la entrada oriental a la Tierra Prometida. Anima al pueblo, les da la instrucción adicional que se halla en el libro de Deuteronomio, y luego muere.

AUTOEVALUACIÓN

*¡Lo que usted puede aprender mañana se
edifica sobre lo que aprende hoy!*

A. Cuatro sucesos principales en la era del éxodo

*(Escriba el número correcto escogiendo entre las opciones que se
dan a la derecha).*

Acontecimiento:	Número:	Descripción:
Liberación	_____	1. Los mandamientos de Dios en el Monte Sinaí
La Ley	_____	2. Lugar de rebelión contra Dios
Cades-barnea	_____	3. Consecuencias de la rebelión contra Dios
Cuarenta años de peregrinaje	_____	4. La libertad de la esclavitud en Egipto

B. Resumen histórico

(Llene los espacios en blanco de memoria).

Era	Resumen
Éxodo	Por medio de Moisés, Dios _____ al pueblo hebreo de la _____ en Egipto y les da la _____.

C. Arco de la historia bíblica

*(Escriba los nombres de las eras. Para verificar sus respuestas,
ver el Apéndice).*

1. C_____	5.	9.
2. P_____	6.	10.
3. E_____	7.	11.
4.	8.	12.

D. La geografía de la era del éxodo

(Trace una flecha desde Egipto, a través del mar Rojo, al Monte Sinaí, a Cades-barnea, y luego hasta el extremo norte del mar Muerto, en el lado oriental del río Jordán. Esto representa el movimiento geográfico de la era del Éxodo).

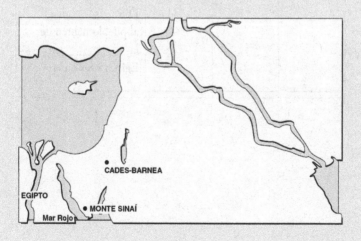

E. La historia del Antiguo Testamento

(Llene los espacios en blanco. Para verificar sus respuestas, ver el Apéndice).

Era	Personaje	Lugar	Resumen histórico
_____	_____	_____	Adán es creado por Dios, pero _____ y _____ el _____ original de Dios para el hombre.
_____	_____	_____	Abraham es _____ por Dios para ser el «padre» de un _____ que _____ a Dios ante el mundo.
_____	_____	_____	Por medio de Moisés, Dios _____ al pueblo hebreo de la _____ en Egipto y les da la _____.

CAPÍTULO 7

LA ERA DE LA CONQUISTA

(Josué)

Los días eran lúgubres en verdad para la Gran Bretaña en 1940. El pueblo británico estaba en guerra contra Alemania, y de todos lados los presionaba la maquinaria de guerra nazi. Las provisiones escaseaban y la moral andaba por el suelo. Su destino nacional colgaba de un hilo. Entonces entró en escena un nuevo primer ministro: Winston Churchill, a quien la historia juzga como uno de los más grandes líderes de los tiempos modernos. Era un hombre de intensa convicción, profunda resolución y optimismo inextinguible. Sus discursos, en los primeros meses de su mandato, irrumpieron en el mundo con poder repentino y magnífico. En uno de ellos leemos:

Formar una administración a esta escala y complejidad es una tarea muy seria en sí misma, pero debe recordarse que estamos en la etapa preliminar de una de las más grandes batallas de la historia, que estamos en acción en muchos puntos de Noruega y Holanda, que tenemos que estar preparados en el Mediterráneo, que la batalla aérea es continua, y que muchas preparaciones han de hacerse aquí en casa. Le diría a la casa, como les he dicho a los que se han unido a este gobierno: no tengo nada que ofrecer, a no ser sangre, trabajo, lágrimas y sudor.

¿Me preguntan por nuestra política? Les diré: librar la guerra por mar, tierra y aire con todas nuestras fuerzas y con toda la fuerza que Dios pueda darnos: librar la guerra contra un tirano monstruoso, jamás sobrepasado en el tétrico y lamentable catálogo del crimen humano. Esta es nuestra política. Me preguntan: ¿cuál es nuestra meta? Puedo responder con una sola palabra: victoria; victoria a cualquier costo, victoria a pesar del terror; victoria por largo y arduo que sea el camino; porque sin victoria no hay supervivencia.

Tengo, yo mismo, plena confianza de que si todos cumplen con su deber, si nada queda al descuido, y si se hacen los mejores arreglos, como se los está haciendo, demostraremos una vez más que somos capaces de defender nuestra isla... de capear la tormenta de la guerra, y de vivir más que la amenaza de la tiranía. Incluso cuando grandes sectores de Europa y muchos otros estados antiguos y famosos han caído y tal vez caerán en las garras de la Gestapo y de todo el odioso aparato del gobierno nazi, no claudicaremos ni fallaremos. Iremos hasta el fin, lucharemos en Francia, lucharemos en los mares y océanos, lucharemos con confianza y poderío creciente en el aire, defenderemos nuestra isla, cueste lo que cueste, lucharemos en las playas, lucharemos en la tierra de desembarco, lucharemos en los campos y en las calles, lucharemos en los montes; jamás nos rendiremos.

En tanto que las circunstancias de Churchill e Inglaterra eran diferentes de las de los israelitas después del éxodo, en ambas situaciones la situación era peligrosa para sus respectivas naciones. Los israelitas habían deambulado por el desierto por cuarenta años debido a la rebelión e incredulidad en Cades-barnea. Ahora estaban en Jericó, y la prueba era la misma como en Cades-barnea: ¿resolverían avanzar, o se achicarían ante las circunstancias como lo habían hecho sus padres?

La tarea de reunir y dirigir al pueblo recayó sobre Josué. Moisés, el gran líder de los últimos cuarenta años, ya había muerto. ¿Seguiría el pueblo a Josué? ¿O rechazaría su liderazgo? Así como Inglaterra enfrentaba una encrucijada cuando Churchill llegó a ser su líder, así también los israelitas enfrentaban una bifurcación crítica en su camino.

I. REPASO

¡La repetición es la clave para la apropiación mental!
Llene los espacios en blanco para actualizar la tabla con esta era.
(Para verificar sus respuestas, ver el Apéndice).

HISTORIA DEL ANTIGUO TESTAMENTO

Era	Personaje	Lugar	Resumen histórico
_____	_____	_____	Adán es creado por Dios, pero _____ y _____ el _____ original de Dios para el hombre.
_____	_____	_____	Abraham es _____ por Dios para ser el «padre» de un _____ que _____ a Dios ante el mundo.
_____	_____	_____	Por medio de Moisés, Dios _____ al pueblo hebreo de la _____ en Egipto y les da la _____.
_____	_____	_____	A completarse en este capítulo.

II. RESUMEN HISTÓRICO

Josué dirige la *conquista* de la *Tierra Prometida*.

Era	Resumen
Conquista	Josué dirige _____ de la _____ _____.

III. AMPLIACIÓN: HAY CUATRO SUCESOS PRINCIPALES EN LA ERA DE LA CONQUISTA

1. Jordán
2. Jericó
3. Conquista
4. Dominio

1. Jordán: Una división milagrosa del agua (Josué 1-5)

Moisés muere, y Dios selecciona personalmente a Josué para sucederle. El primer reto a Josué es el cruce del río Jordán, en la era de desborde. Dios le ordena que prepare a la nación para una procesión ceremonial, y que empiecen a andar, los sacerdotes primero, hacia el río Jordán. Cuando los sacerdotes toquen el agua, Dios abriría las aguas para ellos. (Esta es la segunda *división milagrosa de las aguas* que Dios realizó para Israel. La primera fue la división del mar Rojo). El pueblo responde, y Dios abre el río Jordán por una distancia de aproximadamente treinta kilómetros. Cruzan sin incidente, y las aguas vuelven a fluir.

2. Jericó: La conquista milagrosa de una ciudad (Josué 6)

La ciudad de Jericó, un pequeño oasis en la orilla oeste del río Jordán, cerca del mar Muerto, no solo es la única entrada a la Tierra Prometida, sino que también es una ciudad fortificada y presenta una amenaza al bienestar de Israel. Al hallarse frente a la ciudad, contemplando cómo conquistarla, a Josué se le aparece el ángel del Señor y le instruye a que marche alrededor de la ciudad una vez diariamente por siete días. En el séptimo día debe marchar alrededor de ella por siete veces, y gritar. La muralla de la ciudad caerá. Lo hicieron, y así ocurrió... *¡la conquista milagrosa de una ciudad!*

3. Conquista: La derrota de Canaán (Josué 7-12)

Los cananeos se unieron en su aborrecimiento de los israelitas, pero no en su oposición militar a ellos. Principalmente la región se caracterizaba por reyes individuales, cada uno con su propia ciudad y tierra aledaña. Josué entra por el medio, hacia el Mediterráneo. Habiendo dividido la tierra, luego empieza a conquistar, de sur a norte. En aproximadamente siete años *la derrota de Canaán* es total.

4. Dominio: Completar el dominio (Josué 13-20)

A cada una de las doce tribus de Israel se les da un espacio de la tierra, por suerte, y es responsable por *finalizar el dominio* de esa área. Todas las tribus habitan en su área y establecen una relación federal informal con las demás.

AUTOEVALUACIÓN

¡Lo que usted puede aprender mañana se edifica sobre lo que aprende hoy!

A. CUATRO SUCESOS PRINCIPALES DE LA ERA DE LA CONQUISTA

(Escriba el número correcto de las opciones que se dan a la derecha).

Acontecimiento:	Número:	Descripción:
Jordán	_____	1. Derrota de Canaán
Jericó	_____	2. El agua dividida milagrosamente
Conquista	_____	3. Completar el dominio
Dominio	_____	4. La conquista milagrosa de una ciudad

B. Resumen histórico

(Llene los espacios en blanco de memoria).

Era	Resumen
Conquista	*Josué* dirige _____ de la _____ _____.

C. Arco de la historia bíblica

(Escriba los nombres de las eras. Para verificar sus respuestas, ver el Apéndice).

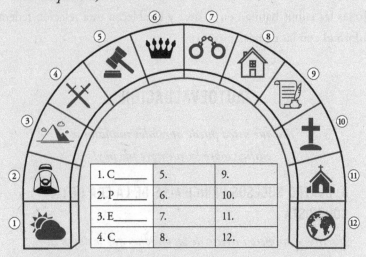

1. C_____	5.	9.
2. P_____	6.	10.
3. E_____	7.	11.
4. C_____	8.	12.

D. La geografía de la era de la conquista

(Trace una flecha desde Jericó hasta el mar Mediterráneo. Luego otra hacia la mitad sur de la tierra. Ahora dibuje una hacia la mitad norte de la tierra. Esto representa el movimiento geográfico en la era de la conquista). (Ver la parte superior de la página siguiente).

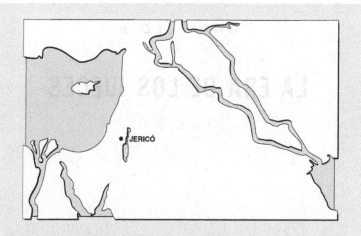

E. La historia del Antiguo Testamento

(Llene los espacios en blanco).

Era	Personaje	Lugar	Resumen histórico
_____	_____	_____	Adán es creado por Dios, pero _____ y _____ el _____ original de Dios para el hombre.
_____	_____	_____	Abraham es _____ por Dios para ser el «padre» de un _____ que _____ a Dios ante el mundo.
_____	_____	_____	Por medio de Moisés, Dios _____ al pueblo hebreo de la _____ en Egipto y les da la _____.
_____	_____	_____	Josué dirige _____ de la _____.

CAPÍTULO 8

LA ERA DE LOS JUECES

(Jueces-Rut)

MUJER EN HARAPOS, BASURA, REVELADA COMO HEREDERA

Así se leía el titular del *San Francisco Chronicle* respecto a una mujer conocida como «María Basura» que fue recogida en un centro comercial en la playa Delray, Florida. Daba la apariencia de ser simplemente una pordiosera más, cuya mente se había trastornado. Los vecinos contaban historias de cómo rebuscaba alimento en las latas de basura, y lo almacenaba en su automóvil y en su apartamento de dos piezas. Había montones de basura en su apartamento, atiborrada en el refrigerador, la estufa, el fregadero, los anaqueles y la tina del baño. Había senderos por entre la basura. Aparte de la única en la cocina, no había ninguna otra silla en donde sentarse, debido a que la basura estaba apilada en ellas.

La policía finalmente la identificó como la hija de un abogado bien acomodado y director de un banco en Illinois, que había fallecido varios años atrás. Además de la basura, la policía encontró acciones de la compañía petrolera Mobil, por valor de más de cuatrocientos mil dólares, documentos que indicaban que era propietaria de campos petroleros en Kansas, papeles fiduciarios de algunas de las más valiosas compañías *Fortune* 500, así como libretas de ocho jugosas cuentas de ahorros.

María Basura era una millonaria que le encantaba vivir como una pordiosera. Riqueza indecible estaba a su alcance, y, sin embargo, ella rebuscaba los recipientes de basura antes que tomar posesión de lo que le pertenecía por derecho.

El paralelo entre María Basura e Israel durante el tiempo de los jueces es asombroso. Fue un período oscuro, en verdad, en la historia del pueblo judío. Había perdido sus anclajes espirituales y, como se registra en el versículo final del libro de los Jueces: «cada uno hacía lo que bien le parecía». El resultado fue de bancarrota moral, social y espiritual por casi cuatrocientos años. El pueblo de Israel tenía a su disposición toda la riqueza de las promesas de Dios. Sin embargo, andaban rebuscando en la basura de la vida, arañando una existencia lamentable. Pudieran haber sido reyes, pero vivían como pordioseros.

I. REPASO

¡La repetición es la clave para la apropiación mental!
Llene los espacios en blanco para actualizar la tabla con esta era.
(Para verificar sus respuestas, ver el Apéndice).

LA HISTORIA DEL ANTIGUO TESTAMENTO

Era	Personaje	Lugar	Resumen histórico
			Adán es creado por Dios, pero _____ y _____ el _____ original de Dios para el hombre.
_____	_____	_____	
_____	_____	_____	Abraham es _____ por Dios para ser el «padre» de un _____ que _____ a Dios ante el mundo.

Era	Personaje	Lugar	Resumen histórico
_____	_____	_____	Por medio de Moisés, Dios _____ al pueblo hebreo de la _____ en Egipto y les da la _____.
_____	_____	_____	Josué dirige _____ de la _____.
_____	_____	_____	A completarse en este capítulo.

II. RESUMEN HISTÓRICO

Sansón y otros fueron escogidos como *jueces* para *gobernar* al pueblo por *cuatrocientos años* de rebelión.

Era	Resumen
Jueces	Sansón y otros fueron escogidos como _____ para _____ al pueblo por _____ años de rebelión.

III. AMPLIACIÓN

Hay cuatro temas principales en la era de los jueces:
1. Jueces
2. Rebelión
3. Ciclos
4. Rut

1. Jueces: Los líderes de Israel (Jueces)

Como se ve en el libro de los Jueces, estos no son hombres que vestían largas togas negras, sentados en curules elevadas, y tomando decisiones legales. Más bien son *líderes* políticos y militares *de Israel* que ejercieron poder casi absoluto debido a su posición y capacidades. Los cuatro jueces principales son:

- Débora, asignada al principio de la era de los jueces
- Gedeón, que derrotó a un ejército de miles con solamente trescientos hombres
- Sansón, el juez más famoso, cuya fuerza fabulosa ha captado nuestra imaginación por miles de años
- Samuel, un personaje transicional tenido en alta estima en las Escrituras, que fue tanto el último juez como el primer profeta

2. Rebelión: Quebrantamiento de la Ley de Dios (Jueces)

El libro de los Jueces registra el período más oscuro de la historia de Israel, que siguió a una de las eras más brillantes: la era de la conquista bajo Josué. Justo antes de morir Moisés instruye a Israel (en Deuteronomio 7.1-5) a hacer tres cosas para evitar que la futura nación de Israel sea corrompida por el cáncer moral de los cananeos:

1. Destruir a todos los habitantes de Canaán.
2. Evitar casarse con los cananeos.
3. Huir de la adoración a los dioses cananeos.

Israel falló en los tres aspectos. *El quebrantamiento de la Ley de Dios* y el registro de la subsecuente degradación moral de Israel es en verdad triste.

3. Ciclos: Repetición de las desventuras de Israel (Jueces)

Mucho de la era de los jueces incluye una serie de siete ciclos que se registran en el libro de los Jueces. Cada ciclo tiene cinco componentes: (1) los «pecados» de Israel, (2) Dios los disciplina mediante la «conquista» militar por parte de una nación vecina, (3) Israel «se arrepiente» y clama a Dios liberación, (4) Dios levanta un juez que los «liberta» de la opresión, y (5) Dios «libra» a la tierra de la opresión militar mientras aquel juez vive. Ese es un ciclo: pecado, conquista, arrepentimiento, liberación y libertad. Entonces, cuando el juez muere, *la repetición de las desventuras de Israel* empieza de nuevo. Los israelitas vuelven a caer en el pecado, seguido de la conquista, seguido de arrepentimiento, etc. En el libro de los Jueces se registran siete de estos ciclos.

4. Rut: Una mujer modelo (Rut)

Destacándose en refrescante contraste al trasfondo general de la era de los jueces está Rut, a quien se describe en el libro que lleva su nombre. Esta *mujer modelo* que vive durante la era de los jueces es un ejemplo de fortaleza moral y espiritual. Su historia es de amor, pureza y consagración. Es una ilustración viviente de las bendiciones que Dios derrama sobre los que viven en fiel obediencia a Él. Un ejemplo de las bendiciones de Dios sobre Rut es que ella, una persona que no es hebrea, es incluida en el linaje de Abraham a Jesús.

AUTOEVALUACIÓN

*¡Lo que usted puede aprender mañana se
edifica sobre lo que aprende hoy!*

A. Cuatro temas principales en la era de los jueces

(Escriba el número correcto en el espacio en blanco, escogiendo entre las opciones que se dan a la derecha).

Tema:	Número:	Descripción:
Jueces	_____	1. Una mujer modelo
Rebelión	_____	2. Líderes de Israel
Ciclos	_____	3. Quebrantamiento de la Ley de Dios
Rut	_____	4. Repetición de las desventuras de Israel

B. Resumen histórico

(Llene los espacios en blanco de memoria).

Era	Resumen
Jueces	*Sansón* y otros fueron escogidos como _____ para _____ al pueblo por _____ años de rebelión.

C. Arco de la historia bíblica

(Escriba los nombres de las eras. Para verificar sus respuestas, ver el Apéndice).

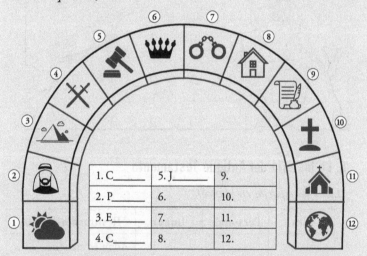

1. C_____	5. J_____	9.
2. P_____	6.	10.
3. E_____	7.	11.
4. C_____	8.	12.

D. La geografía de la era de los jueces

(Compagine los números a continuación con los espacios en blanco en el mapa, para ver las naciones conquistadas por Israel en la era de los jueces).

1. Filistea	3. Mesopotamia	5. Amón
2. Moab	4. Canaán	6. Madián

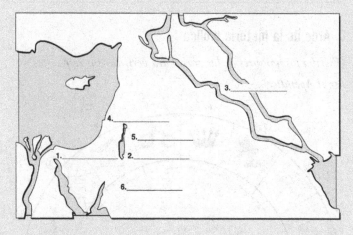

E. La historia del Antiguo Testamento

(Llene los espacios en blanco).

Era	Personaje	Lugar	Resumen histórico
			Adán es creado por Dios, pero _____ y _____ el _____ original de Dios para el hombre.
_____	_____	_____	

Era	Personaje	Lugar	Resumen histórico
_____	_____	_____	Abraham es _____ por Dios para ser el «padre» de un _____ que _____ a Dios ante el mundo.
_____	_____	_____	Por medio de Moisés, Dios _____ al pueblo hebreo de la _____ en Egipto y les da la _____.
_____	_____	_____	Josué dirige _____ de la _____.
_____	_____	_____	Sansón y otros fueron escogidos como _____ para _____ al pueblo por _____ años de rebelión.

CAPÍTULO 9

LA ERA DEL REINO

(1 Samuel-2 Crónicas)

Por naturaleza el hombre desea algo que no puede tener: libertad total. Hay ciertas libertades que podemos tener, pero tienen su esclavitud correspondiente. Y hay ciertas esclavitudes que podemos tener que nos otorgan ciertas libertades. Por ejemplo, usted puede ser libre del cepillo de dientes y esclavo de las caries, o puede esclavizarse al cepillo de dientes y estar libre de caries. No puede ser libre del cepillo de dientes *y* de las caries. Esa clase de libertad, libertad total, no existe.

Durante toda la vida constantemente estamos tomando decisiones, y por cada decisión, enfrentamos ciertas consecuencias ineludibles. La libertad tiene su precio.

Los reyes de Israel querían libertad total. Querían la libertad de ignorar las instrucciones que Dios les había dado respecto a cómo gobernar o librar la guerra. Pero al mismo tiempo querían la libertad de tener prosperidad económica y militar. Esto no era posible. Como resultado la era del reino fue un tiempo muy turbulento con muchos altibajos. Cuando reinaba un rey justo, la nación prosperaba. Cuando un rey malo llegaba al trono, la nación retrocedía.

Los percebes de la injusticia empezaron a incrustarse en la nave del estado de Israel, e incluso antes de que los libros de la historia quedaran completos, la nación había caído en el colapso, y sufrido a manos de los vecinos que le hacían la guerra.

I. REPASO

¡La repetición es la clave para la apropiación mental!
Llene los espacios en blanco para actualizar la tabla con esta era.
(Para verificar sus respuestas, ver el Apéndice).

LA HISTORIA DEL ANTIGUO TESTAMENTO

Era	Personaje	Lugar	Resumen histórico
_____		_____	Adán es creado por Dios, pero _____ y _____ el _____ original de Dios para el hombre.
_____		_____	Abraham es _____ por Dios para ser el «padre» de un _____ que _____ a Dios ante el mundo.
_____		_____	Por medio de Moisés, Dios _____ al pueblo hebreo de la _____ en Egipto y les da la _____.
_____		_____	Josué dirige _____ de la _____.
_____		_____	Sansón y otros fueron escogidos como _____ para _____ al pueblo por _____ años de rebelión.
_____		_____	A completarse en este capítulo.

II. RESUMEN HISTÓRICO

David, el más grande rey en la nueva *monarquía*, es seguido por una sucesión de reyes mayormente *impíos*, y Dios a la larga *juzga* a Israel por su pecado, enviándolos al exilio.

Era	Resumen
Reino:	David, el más grande rey en la nueva _____, es seguido por una sucesión de reyes mayormente _____ y Dios a la larga _____ a Israel por su pecado, enviándolos al exilio.

III. AMPLIACIÓN

Hay cuatro periodos principales en la era del reino:

1. Reino unido
2. División del reino
3. Reino del norte
4. Reino del sur

1. Reino unido: Una nueva monarquía (1 y 2 Samuel)

Las doce tribus de Israel, celosas de otras naciones a su alrededor, se unen para exigirle a Dios un rey. Dios permite que Samuel, el último juez, unja a Saúl como el primer rey, empezando *una nueva monarquía*. Debido a que Saúl no es un rey justo, Dios no honra su reino ni establece a su familia en el trono de Israel. Su sucesor, David, aun cuando tiene sus defectos, es un rey justo, e Israel prospera bajo su mandato. El hijo de David, Salomón, llega a ser el rey a la muerte de David. Salomón gobierna justamente al principio, pero luego se aleja del Señor.

2. División del reino: Guerra civil (1 Reyes)

Como resultado del alejamiento espiritual de Salomón, a su muerte estalla *una guerra civil*, y el reino se divide. Hay ahora un reino del norte, compuesto por diez tribus, y un reino del sur, que son las tribus de Judá y Benjamín. Las diez tribus del norte retienen el nombre de «Israel», y las dos tribus del sur adoptan el nombre de «Judá», por el nombre de la tribu más numerosa.

3. Reino del norte: El reino injusto (2 Reyes)

En la guerra civil divisoria Jeroboam comanda el reino del norte de Israel. Jeroboam es impío, como los demás que le sucedieron (diecinueve en total) durante los doscientos cincuenta años de vida del reino del norte. Debido a esa injusticia Dios levantó a Asiria para que conquistara el reino del norte, y esparciera su pueblo a los cuatro vientos. *El reino injusto* nunca es restaurado.

4. Reino del sur: El reino inconsistente (2 Reyes)

Roboam, el hijo de Salomón, impera en el reino del sur, Judá. También es injusto e impío. A este reino le va un poco mejor que al del norte. Ocho reyes justos, de un total de veinte, prolongaron su vida cuatrocientos años. Sin embargo, los pecados de Judá finalmente lo alcanzaron y Dios envía juicio sobre *el reino inconsistente* levantando a Babilonia (que había conquistado a Asiria) para que lo conquiste. Babilonia reúne a todos los líderes, artesanos, músicos y jóvenes prometedores, y los lleva cautivos.

AUTOEVALUACIÓN

*¡Lo que usted puede aprender mañana se
edifica sobre lo que aprende hoy!*

A. Cuatro temas principales en la era del reino

*(Escriba el número correcto en el espacio en blanco, escogiendo
de las opciones que se indican a la derecha).*

Tema:	Número:	Descripción:
Reino unido	_____	1. Reino injusto
Reino dividido	_____	2. Nueva monarquía
Reino del norte	_____	3. Reino inconsistente
Reino del sur	_____	4. Guerra civil

B. Resumen histórico

(Llene los espacios en blanco de memoria).

Era	Resumen
Reino	David, el más grande rey en la nueva _____, es seguido por una sucesión de reyes mayormente _____ y Dios a la larga _____ a Israel por su pecado, enviándolos al exilio.

C. Arco de la historia bíblica

*(Escriba los nombres de las eras. Para verificar sus respuestas,
ver el Apéndice).*

1. C_____	5. J_____	9.
2. P_____	6. R_____	10.
3. E_____	7.	11.
4. C_____	8.	12.

D. La geografía de la era del reino

(Trace una flecha desde Israel hasta Asiria. Dibuje otra desde Judá a Babilonia. Esto representa el movimiento geográfico durante la era del reino).

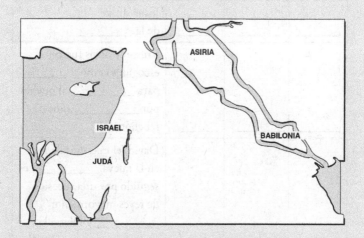

E. Historia del Antiguo Testamento

(Llene los espacios en blanco).

Era	Personaje	Lugar	Resumen histórico
_____	_____	_____	Adán es creado por Dios, pero _____ y _____ el _____ original de Dios para el hombre.
_____	_____	_____	Abraham es _____ por Dios para ser el «padre» de un _____ que _____ a Dios ante el mundo.
_____	_____	_____	Por medio de Moisés, Dios _____ al pueblo hebreo de la _____ en Egipto y les da la _____.
_____	_____	_____	Josué dirige _____ de la _____.
_____	_____	_____	Sansón y otros fueron escogidos como _____ para _____ al pueblo por _____ años de rebelión.
_____	_____	_____	David, el más grande rey en la nueva _____, es seguido por una sucesión de reyes mayormente _____ y Dios a la larga _____ a Israel por su pecado, enviándolos al exilio.

CAPÍTULO 10

LA ERA DEL EXILIO

(Ezequiel-Daniel)

U n hombre atribulado estaba en la cúspide del Empire State Building en Nueva York, finalmente decidió saltar al vacío, y acabar con su vida. Después de haber caído un poco y estando apenas a cien pisos del suelo, se dio cuenta de que había cometido una equivocación. No estaba bien suicidarse, y lo sabía. Dijo: «Oh, Dios, si me puedes oír... lamento el necio error que cometí al saltar de este edificio. Me arrepiento, y quisiera saber si me puedes perdonar». Una voz replicó: «Por supuesto que te perdono. No vuelvas a pensar en eso. Jamás volveré a echártelo en cara. Y, a propósito, te veo en un instante».

El pecado es un hecho en la existencia humana. Y Dios perdona a todo el que se acerca a Él en arrepentimiento. Pero eso no cambia el hecho de que el pecado tiene consecuencias. Dios perdona al hombre por haber saltado del edificio, pero igual caerá al suelo.

Israel saboreó esta amarga realidad. Su relación con el Señor se deterioró. Vivieron en una montaña rusa de rebelión contra Él por cuatrocientos años durante la era del reino, continuamente pagando el precio. Al fin la deuda llegó a ser tan grande que el juicio llegó en forma de conquista militar. Durante el tiempo del exilio hubo algunos grandes líderes espirituales, y también arrepentimiento de parte de un segmento del pueblo judío. Sin embargo, esto no eliminó la pena por los años de rebelión y se cobró el precio completo del exilio.

I. REPASO

¡La repetición es la clave para la apropiación mental!
Llene los espacios en blanco para actualizar la tabla con esta era.
(Para verificar sus respuestas, ver el Apéndice).

LA HISTORIA DEL ANTIGUO TESTAMENTO

Era	Personaje	Lugar	Resumen histórico
_____	_____	_____	Adán es creado por Dios, pero _____ y _____ el _____ original de Dios para el hombre.
_____	_____	_____	Abraham es _____ por Dios para ser el «padre» de un _____ que _____ a Dios ante el mundo.
_____	_____	_____	Por medio de Moisés, Dios _____ al pueblo hebreo de la _____ en Egipto y les da la _____.
_____	_____	_____	Josué dirige _____ de la _____.
_____	_____	_____	Sansón y otros fueron escogidos como _____ para _____ al pueblo por _____ años de rebelión.

Era	Personaje	Lugar	Resumen histórico
			David, el más grande rey en la nueva _____, es seguido por una sucesión de reyes mayormente _____ y Dios a la larga _____ a Israel por su pecado, enviándolos al exilio.
_____	_____	_____	A completarse en este capítulo.

II. RESUMEN HISTÓRICO

Daniel, por los siguientes setenta años, provee *liderazgo* y estimula a la *fidelidad* entre los *exiliados*.

Era	Resumen
Exilio	Daniel por los siguientes setenta años, provee _____ y estimula a la _____ entre los _____.

III. AMPLIACIÓN

Como se mencionó en el capítulo 1, los libros principalmente proféticos contienen una parte de la historia, y este es el caso de la era del exilio. Usted notará que las referencias bíblicas para las cuatro divisiones principales de esta era incluirán a algunos de los libros proféticos. Hay cuatro divisiones principales en la era del exilio:

1. Profecía
2. Profetas
3. Exilios
4. Cambio de poder

1. Profecía: Advertencia del cautiverio que se avecina (Jeremías)

El reino del norte, Israel, había sido conquistado por Asiria, y dispersado, en el año 722 a.c. Durante el tiempo de los sucesos descritos en 2 Reyes el reino del Sur, Judá, recibe una *advertencia del cautiverio que se avecina*, por intermedio de Jeremías (llamado «el profeta llorón»), quien profetiza que la nación será llevada cautiva por mano de los babilonios. Esto ocurre en el año 586 a.c. También profetiza acertadamente que el cautiverio durará setenta años.

2. Profetas: Estimulan la fidelidad de los exiliados (Ezequiel y Daniel)

Hay dos profetas que escriben libros de la Biblia durante el exilio: Ezequiel y Daniel. No se sabe mucho respecto al profeta Ezequiel, puesto que su libro es más profético y no autobiográfico. Predice la restauración nacional y *estimula la fidelidad entre los exiliados*. El libro de Daniel, aun cuando es de profecía, es más biográfico. Él es un prominente líder del gobierno, así como José en Egipto. Aunque la vida personal de Daniel es un ejemplo para su pueblo, sus profecías tienden a centrarse en la futura destrucción del mundo.

3. Exilios: Asimilados en la cultura (Daniel)

El libro de Daniel también nos da una vislumbre de la vida entre los exiliados. Evidentemente los judíos son *asimilados a la cultura* a la cual fueron desterrados. Experimentaron discriminación, lo cual siempre ha sido verdad en los judíos dispersos. Sin embargo, a pesar de eso, parecen integrarse bastante bien a la sociedad, y algunos de ellos alcanzan posiciones de prominencia.

4. Cambio de poder: El Imperio persa se extiende (Daniel)

Mientras los judíos están en el exilio en Babilonia, Persia llega a ser el poder militar dominante de la región. Persia conquista a Babilonia (que había conquistado a Asiria), y así gobierna no solo su propia tierra, sino la que una vez fue dominada por Asiria y Babilonia. El *Imperio persa se extiende* desde el río Tigris hasta el mar Mediterráneo.

AUTOEVALUACIÓN

¡Lo que usted puede aprender mañana se edifica sobre lo que aprende hoy!

A. Cuatro temas principales en la era del exilio

(Escriba el número correcto en el espacio en blanco, escogiendo entre las opciones que se dan a la derecha).

Tema:	Número:	Descripción:
Profecía	_____	1. El Imperio persa se extiende
Profetas	_____	2. Asimilados a la cultura
Exiliados	_____	3. Advertencia del cautiverio que se avecina
Cambio de poder	_____	4. Estimula la fidelidad de los exiliados

B. Resumen histórico

(Llene los espacios en blanco de memoria).

Era	Resumen
Exilio	Daniel, por los siguientes setenta años, provee _____ y estimula a la _____ entre los _____.

C. Arco de la historia bíblica

(Escriba los nombres de las eras. Para verificar sus respuestas, ver el Apéndice).

1. C_____	5. J_____	9.
2. P_____	6. R_____	10.
3. E_____	7. E_____	11.
4. C_____	8.	12.

D. La geografía de la era del exilio

(Trace una línea desde Babilonia hasta Asiria y un círculo alrededor de esta. Dibuje otra desde Persia hasta Babilonia, encerrando en un círculo tanto Babilonia como Asiria. Esto representa el cambio de poder durante la era del exilio. Asiria había conquistado a Israel. Luego Babilonia conquistó a Asiria y Judá. Finalmente, Persia conquistó a Babilonia y acabó gobernando a todas las demás naciones).

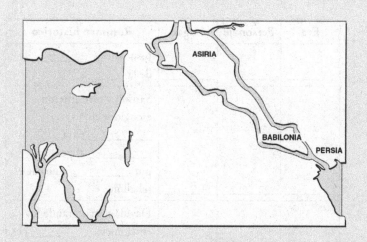

E. La historia del Antiguo Testamento

(Llene los espacios en blanco. Para verificar sus respuestas, ver el Apéndice).

Era	Personaje	Lugar	Resumen histórico
_____	_____	_____	Adán es creado por Dios, pero _____ y _____ el _____ original de Dios para el hombre.
_____	_____	_____	Abraham es _____ por Dios para ser el «padre» de un _____ que _____ a Dios ante el mundo.
_____	_____	_____	Por medio de Moisés, Dios _____ al pueblo hebreo de la _____ en Egipto y les da la _____.

Era	Personaje	Lugar	Resumen histórico
_____	_____	_____	Josué dirige _____ de la _____.
_____	_____	_____	Sansón y otros fueron escogidos como _____ para _____ al pueblo por _____ años de rebelión.
_____	_____	_____	David, el más grande rey en la nueva _____, es seguido por una sucesión de reyes mayormente _____ y Dios a la larga _____ a Israel por su pecado, enviándolos al exilio.
_____	_____	_____	Daniel, por los siguientes setenta años, provee _____ y estimula a la _____ entre los _____.

CAPÍTULO 11

LA ERA DEL REGRESO

Esdras-Ester

Cuando era un hombre joven, Peter Jenkins atravesó caminando todo Estados Unidos. Él había crecido en la década de 1960 y fue consumido por el desencanto de su generación, entonces se propuso hallar su país y hallarse a sí mismo.

Su asombrosa historia es una de largas horas, días y semanas de soledad y penurias salpicadas con ocasionales sorpresas que pusieron en peligro su vida. Enfrentó el peligro del clima, accidentes, animales salvajes y la gente. Casi se muere en una tormenta de nieve, fue atacado por animales, y perseguido por hombres crueles que pudieron haberlo matado si lo hubieran alcanzado.

Muchas veces quiso cejar en su empeño. Cada vez, hizo amistad con personas que restauraron su cuerpo, su alma y su fe en Estados Unidos. Perdió su perro, pero encontró una esposa, una nueva perspectiva del mundo, y un profundo aprecio por la grandiosidad de su país y su gente.

Finalmente, después de cinco largos y duros años de caminar, plantó sus pies en el océano Pacífico. Su viaje había concluido. Cuando Peter Jenkins entró en las aguas de Oregón, era una persona muy diferente a la que salió de su hogar en Alfred, Nueva York. Las pruebas, el tiempo, la soledad, la gente, y el desafío físico y mental le habían transformado.

A su partida era poco más que un muchacho confundido. A su regreso, era un hombre.

El regreso de la nación de Israel después de los setenta años del cautiverio en Babilonia, en muchas maneras, es paralela a la historia de Peter Jenkins. Los israelitas fueron al exilio como un pueblo descarriado y confundido. Pasaron agonizantes años en soledad, y en tormento físico y mental. Inesperadamente fueron ministrados por hombres enviados por Dios. Ellos hicieron que Israel volviera a sus sentidos. Cuando regresaron, volvieron a enfocar su vista en su propósito como nación, listos para empezar de nuevo a adorar a Jehová: el Dios de la creación, y el Dios de Israel.

I. REPASO

¡La repetición es la clave para la apropiación mental!
Llene los espacios en blanco para actualizar la tabla con esta era.
(Para verificar sus respuestas, ver el Apéndice).

LA HISTORIA DEL ANTIGUO TESTAMENTO

Era	Personaje	Lugar	Resumen histórico
_____	_____	_____	Adán es creado por Dios, pero _____ y _____ el _____ original de Dios para el hombre.
_____	_____	_____	Abraham es _____ por Dios para ser el «padre» de un _____ que _____ a Dios ante el mundo.

Era	Personaje	Lugar	Resumen histórico
_____	_____	_____	Por medio de Moisés, Dios _____ al pueblo hebreo de la _____ en Egipto y les da la _____.
_____	_____	_____	Josué dirige _____ de la _____.
_____	_____	_____	Sansón y otros fueron escogidos como _____ para _____ al pueblo por _____ años de rebelión.
_____	_____	_____	David, el más grande rey en la nueva _____, es seguido por una sucesión de reyes mayormente _____ y Dios a la larga _____ a Israel por su pecado, enviándolos al exilio.
_____	_____	_____	Daniel, por los siguientes setenta años, provee _____ y estimula a la _____ entre los _____.
_____	_____	_____	A completarse en este capítulo.

II. RESUMEN HISTÓRICO

Esdras guía al pueblo de regreso del _exilio_ para reedificar a _Jerusalén_.

Era	Resumen
Regreso	Esdras _____ al pueblo de regreso del _____ para reedificar a _____.

III. AMPLIACIÓN

Hay cuatro temas principales en la era del regreso:

1. Ruina
2. Templo
3. Pueblo
4. Murallas

1. Ruina: Destrucción por la guerra y el descuido (Nehemías 1.1-3)

Durante los setenta años de cautiverio, el liderazgo de Judá había sido llevado al exilio, y la ciudad de Jerusalén estaba en ruinas. No solo la ciudad había sufrido la devastación de la campaña militar durante la conquista inicial, sino que también había caído víctima de la erosión y el descuido. La *destrucción de la guerra y el descuido* había dejado a Jerusalén en un estado de ruina abyecta.

2. Templo: Reedificación del templo (Esdras 1-6)

Dios estimuló a Ciro, rey de Persia, a que iniciara la financiación y reconstrucción del templo judío en Jerusalén. Bajo la dirección de Zorobabel, un personaje notorio judío en Persia, se empieza *la reconstrucción del templo*. Los gentiles, alrededor de Jerusalén, se opusieron considerablemente. A instancias de Hageo y Zacarías, dos profetas judíos que vivían en Jerusalén, se completa la restauración del templo.

3. Pueblo: Reedificación espiritual (Esdras 7-10)

La reconstrucción del templo es un paralelo directo de la *reconstrucción espiritual* del pueblo judío. La adoración en el templo se había interrumpido por setenta años. La mayoría de los judíos nunca habían visto u oído la Ley de Moisés. Tenían que ser instruidos en un programa de reeducación nacional. Esdras dedicó su corazón a estudiar la Ley del Señor, practicarla, y enseñar los estatutos y ordenanzas de Dios en Israel, para reedificar al pueblo a su regreso del exilio.

4. Murallas: Restauración completa (Nehemías)

Aun cuando no todos los judíos volvieron cuando pudieron (ver el libro de Ester, cuyos sucesos tienen lugar durante esta era) muchos están ahora de regreso en Jerusalén. El templo ya se yergue restaurado como la estructura dominante sobre la ciudad, pero las murallas de ella todavía están derribadas. Esto es una amenaza a la seguridad, tanto como una fuente de humillación nacional. Nehemías, otro judío destacado servidor de Artajerjes, rey de Persia, siente el peso de reconstruir las murallas. El rey de Persia le da permiso y lo solventa para hacerlo así. Poco tiempo después las murallas encierran a la noble ciudad de Jerusalén, sede del templo de Dios. *La restauración es completa* al ser reedificados el templo, el pueblo y las murallas.

AUTOEVALUACIÓN

¡Lo que usted puede aprender mañana se edifica sobre lo que aprende hoy!

A. Cuatro temas principales en la era del regreso

(Escriba el número correcto en el espacio blanco, escogiendo entre las opciones que se dan a la derecha).

Tema:	Número:	Descripción:
Ruina	_____	1. Reedificación espiritual
Templo	_____	2. Reconstrucción del templo
Pueblo	_____	3. Destrucción por la guerra y el descuido
Murallas	_____	4. Restauración completa

B. Resumen histórico

(Llene los espacios en blanco de memoria).

Era	Resumen
Regreso	*Esdras* _____ al pueblo de regreso del _____ para reedificar a _____.

C. Arco de la historia bíblica

(Escriba los nombres de las eras. Para verificar sus respuestas, ver el Apéndice).

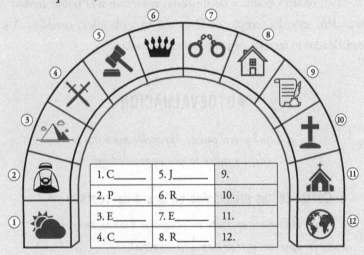

1. C_____	5. J_____	9.
2. P_____	6. R_____	10.
3. E_____	7. E_____	11.
4. C_____	8. R_____	12.

D. La geografía de la era del regreso

(Trace una flecha de Persia a Jerusalén, en el mapa que se halla a continuación para representar los movimientos geográficos durante la era del regreso).

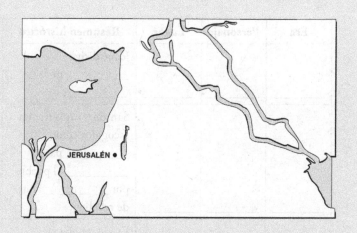

JERUSALÉN •

E. La historia del Antiguo Testamento

(Llene los espacios en blanco. Para verificar sus respuestas, ver el Apéndice).

Era	Personaje	Lugar	Resumen histórico
_____	_____	_____	Adán es creado por Dios, pero _____ y _____ el _____ original de Dios para el hombre.
_____	_____	_____	Abraham es _____ por Dios para ser el «padre» de un _____ que _____ a Dios ante el mundo.
_____	_____	_____	Por medio de Moisés, Dios _____ al pueblo hebreo de la _____ en Egipto y les da la _____.

Era	Personaje	Lugar	Resumen histórico
_____	_____	_____	Josué dirige _____ de la _____.
_____	_____	_____	Sansón y otros fueron escogidos como _____ para _____ al pueblo por _____ años de rebelión.
_____	_____	_____	David, el más grande rey en la nueva _____, es seguido por una sucesión de reyes mayormente _____ y Dios a la larga _____ a Israel por su pecado, enviándolos al exilio.
_____	_____	_____	Daniel, por los siguientes setenta años, provee _____ y estimula a la _____ entre los _____.
_____	_____	_____	Esdras _____ al pueblo de regreso del _____ para reedificar a _____.

CAPÍTULO 12

LA ERA DEL SILENCIO

(Entre el Antiguo y el Nuevo Testamentos)

Un león, al cual se le subió a la cabeza su dominio de la selva, decidió cerciorarse de que todos los demás animales supieran que él era el rey de la selva. Tenía tal confianza que pasó de largo a los animales más pequeños y se fue directo a ver al oso. «¿Quién es el rey de la selva?», inquirió el león. El oso replicó: «¿Y eso, a qué viene? Tú, por supuesto». El león dio un poderoso rugido de aprobación.

Luego se dirigió al tigre. «¿Quién es el rey de la selva?», rugió. El tigre rápidamente respondió: «Todo el mundo sabe que tú lo eres, oh poderoso león». El león se hinchó de orgullo.

El siguiente en la lista era el elefante. El león se enfrentó al elefante, y le planteó la pregunta: «¿Quién es el rey de la selva?», dijo desafiante. El elefante agarró al león con su trompa, le hizo dar cinco o seis volteretas en el aire, y luego lo arrojó contra un árbol. Lo pisoteó varias veces en el suelo, se sentó sobre él, lo sumergió en un lago y al fin lo tiró en la orilla.

El león, molido y lastimado, se puso de pie trabajosamente, miró, con el rabillo del ojo que le quedaba bueno al elefante, y le dijo: «Mira, solo porque no sabes la respuesta no hay razón para que te enojes».

Los líderes religiosos de la era del silencio eran muy semejantes al león. Pretendían tener poder, y se ensoberbecieron en sí mismos. Se ha dicho que algunas personas beben de la fuente del conocimiento, mientras que otras solamente hacen gárgaras. Todo este orgullo resultó en un patrón de hipocresía religiosa que estaba conduciendo a la auto-destrucción e hizo de este período uno de los más decepcionantes de la historia de la nación.

I. REPASO

¡La repetición es la clave para la apropiación mental!
Llene los espacios en blanco para actualizar la tabla con esta era.
(Para verificar sus respuestas, ver el Apéndice).

LA HISTORIA DEL ANTIGUO TESTAMENTO

Era	Personaje	Lugar	Resumen histórico
_____	_____	_____	Adán es creado por Dios, pero _____ y _____ el _____ original de Dios para el hombre.
_____	_____	_____	Abraham es _____ por Dios para ser el «padre» de un _____ que _____ a Dios ante el mundo.
_____	_____	_____	Por medio de Moisés, Dios _____ al pueblo hebreo de la _____ en Egipto y les da la _____.
_____	_____	_____	Josué dirige _____ de la _____.

Era	Personaje	Lugar	Resumen histórico
_____	_____	_____	Sansón y otros fueron escogidos como _____ para _____ al pueblo por _____ años de rebelión.
_____	_____	_____	David, el más grande rey en la nueva _____, es seguido por una sucesión de reyes mayormente _____ y Dios a la larga _____ a Israel por su pecado, enviándolos al exilio.
_____	_____	_____	Daniel, por los siguientes setenta años, provee _____ y estimula a la _____ entre los _____.
_____	_____	_____	Esdras _____ al pueblo de regreso del _____ para reedificar a _____.
_____	_____	_____	A completarse en este capítulo.

II. RESUMEN HISTÓRICO

Los fariseos y otros *sepultan* a *los israelitas* en el *legalismo* por los siguientes *cuatrocientos años*.

Era	Resumen
Silencio	Los fariseos y otros _____ a los _____ en el _____ por los siguientes _____ años.

III. AMPLIACIÓN

Hay cuatro temas principales en la era del silencio:

1. Cambio de guardia
2. Sectas políticas
3. Sectas religiosas
4. Esperanza mesiánica

1. Cambio de guardia: La marcha de las naciones

Al cerrar el Antiguo Testamento Jerusalén está bajo el gobierno de Persia. Alejandro Magno derrota a los persas en 333 A.C., y establece la cultura y el idioma griegos como la fuerza unificadora para esa parte del mundo. Cuando muere, su reino se divide en cuatro partes, pero la cultura helénica (griega) es todavía promovida y continúa dominando. Cuando Roma conquista esa parte del mundo, sus costumbres son introducidas, pero por ahora la influencia griega todavía es fuerte. *La marcha de las naciones* pasa de Persia a Grecia y a Roma.

2. Sectas políticas: Los macabeos y los zelotes

En los cuatrocientos años de silencio hay judíos militantes que intentan rebelarse contra el gobierno foráneo y hacer de Jerusalén y el área aledaña de Judea una nación independiente. Entre ellos están los *macabeos* y los *zelotes*.

3. Sectas religiosas: Fariseos y saduceos

Hay dos «partidos» religiosos principales en Jerusalén durante este tiempo. Desafortunadamente ninguno ofrece mucha orientación en la verdadera espiritualidad, puesto que están atrapados en promover un «legalismo» religioso de adherencia externa a reglas mientras se soslayan las actitudes y los motivos internos. Los fariseos son ortodoxos y conservadores, y promueven la separación entre sí mismos y la sociedad «secular». Los saduceos son más liberales. Son el partido de la aristocracia de Jerusalén, y usan su riqueza e influencia para mantener en calma las aguas políticas. Una junta de gobierno, llamada el sanedrín, está compuesta tanto de representantes de los *fariseos* como de los *saduceos,* pero los dos grupos tienen muy poco en común, excepto su deseo de libertad religiosa y, más tarde, su antagonismo contra Jesús de Nazaret.

4. Esperanza mesiánica: Expectación de un salvador

El «Mesías» o «Salvador» es uno de quien se profetiza por todo el Antiguo Testamento que vendrá a salvar a los judíos. Algunos piensan que necesitan salvación espiritual, y otros están buscando solamente salvación política. Por ambas razones la expectación y esperanza de la venida del Mesías es fuerte durante los cuatrocientos años de silencio. Sucesos de la era del silencio parecen preparar especialmente al mundo para la venida del Mesías: (1) Esta parte del mundo tiene un lenguaje y una cultura comunes, lo cual facilita la difusión del mensaje mesiánico. (2) El Imperio romano ha traído a esta región paz militar, un extenso sistema de carreteras y rutas marítimas, así como un gobierno común de modo que la gente puede viajar extensamente sin interferencias. (3) Los judíos están sufriendo tal persecución religiosa y humillación política que existe una esperanza ampliamente extendida y *la expectación de un salvador.* Estos hechos hacen de la venida de Jesús de Nazaret, quien afirma ser el Mesías, un suceso que capta la atención de todo el mundo judío.

AUTOEVALUACIÓN

*¡Lo que usted puede aprender mañana se
edifica sobre lo que aprende hoy!*

A. Cuatro temas principales en la era del silencio

*(Escriba el número correcto en el espacio en blanco, escogiendo
entre las opciones indicadas que se dan a la derecha).*

Tema:	Número:	Descripción:
Cambio de guardia	_____	1. Fariseos y saduceos
Sectas políticas	_____	2. Marcha de las naciones
Sectas religiosas	_____	3. Expectación de un salvador
Esperanza mesiánica	_____	4. Macabeos y zelotes

B. Resumen histórico

(Llene los espacios en blanco de memoria).

Era	Resumen
Silencio	Los fariseos y otros _____ a los _____ en el _____ por los siguientes _____ años.

C. Arco de la historia bíblica

*(Escriba los nombres de las eras. Para verificar sus respuestas,
ver el Apéndice).*

1. C_____	5. J_____	9. S_____
2. P_____	6. R_____	10.
3. E_____	7. E_____	11.
4. C_____	8. R_____	12.

D. La geografía de la era del silencio

(Escriba un 1 junto a Persia, un 2 junto a Grecia, y un 3 junto a Roma. Luego trace una flecha de Persia a Grecia y a Roma, para representar los movimientos geográficos durante la era del silencio).

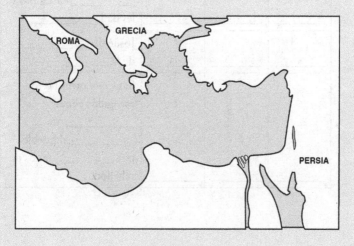

E. La historia del Antiguo Testamento

(Llene los espacios en blanco).

Era	Personaje	Lugar	Resumen histórico
_____	_____	_____	Adán es creado por Dios, pero _____ y _____ el _____ original de Dios para el hombre.
_____	_____	_____	Abraham es _____ por Dios para ser el «padre» de un _____ que _____ a Dios ante el mundo.
_____	_____	_____	Por medio de Moisés, Dios _____ al pueblo hebreo de la _____ en Egipto y les da la _____.
_____	_____	_____	Josué dirige _____ de la _____.
_____	_____	_____	Sansón y otros fueron escogidos como _____ para _____ al pueblo por _____ años de rebelión.

Era	Personaje	Lugar	Resumen histórico
_____	_____	_____	David, el más grande rey en la nueva _____ , es seguido por una sucesión de reyes mayormente _____ y Dios a la larga _____ a Israel por su pecado, enviándolos al exilio.
_____	_____	_____	Daniel, por los siguientes setenta años, provee _____ y estimula a la _____ entre los _____.
_____	_____	_____	Esdras _____ al pueblo de regreso del _____ para reedificar a _____.
_____	_____	_____	Los fariseos y otros sepultan a los israelitas en el legalismo por los siguientes cuatrocientos años.

¡Felicitaciones! ¡Acaba de pasar otro hito! Ha completado un vistazo de los libros históricos del Antiguo Testamento. Ahora veremos los libros poéticos y proféticos en los próximos dos capítulos.

CAPÍTULO 13

LOS LIBROS POÉTICOS

(Job-Cantar de los Cantares)

No es ningún secreto que, históricamente hablando, los poetas «marcharon al ritmo de un tambor diferente», y no todo el mundo ha apreciado su poesía. Charles Babbage, un matemático británico, objetó una frase de «La visión del pecado» de Alfred Lord Tennyson: «Cada momento muere un hombre, cada momento nace otro», diciendo como si fuera verdad que «la población del mundo sigue igual». En interés a la precisión, le escribió a Tennyson, que los versos debían ser enmendados para que dijeran: «Cada momento muere un hombre, cada momento nace otro y un dieciseisavo».

Aquellos a quienes les gusta la poesía o bien piensan que pueden escribirla o desean poder hacerlo. Escribir poesía perdurable es mucho más difícil de lo que uno se imagina, sin embargo, los intentos de los aficionados rara vez son apreciados ampliamente. Eurípides una vez confesó que le había tomado tres días escribir tres versos. Su perplejo amigo, un poeta con menos capacidad, exclamó: «¡Yo podría haber escrito un ciento en ese tiempo!». «Lo creo», replicó Eurípides, «pero habrían durado solo tres días».

El rey Luis XIV le mostró a Nicolás Beaulieu, un poeta francés, algunos poemas que había escrito, y le pidió su opinión sobre ellos. El gran poeta, que era también un experimentado diplomático, le dijo:

«Señor, nada es imposible para su majestad. Su majestad se propuso escribir malos versos, y lo logró».

La poesía es un canto del alma. Dondequiera que han existido grandes civilizaciones, se ha escrito poesía, y la poesía de Israel está entre las mejores. Los salmos de David y los proverbios de Salomón sobresalen al comparárselos con cualquier cuerpo de poesía jamás escrita.

I. REPASO

¡La repetición es la clave para la apropiación mental!

Nos recordamos a nosotros mismos que hay tres clases de libros en el Antiguo Testamento: históricos, poéticos y proféticos. Hay cinco poéticos que siguen a los primeros diecisiete históricos, como se ve a continuación:

LAS TRES CLASES DE LIBROS EN EL ANTIGUO TESTAMENTO

Históricos	Poéticos	Proféticos
Génesis	Job	Isaías
Éxodo	Salmos	Jeremías
Levítico	Proverbios	Lamentaciones
Números	Eclesiastés	Ezequiel
Deuteronomio	Cantar de los Cantares	Daniel
Josué		Oseas
Jueces		Joel
Rut		Amós
1 Samuel		Abdías
2 Samuel		Jonás
1 Reyes		Miqueas
2 Reyes		Nahum

Históricos	Poéticos	Proféticos
1 Crónicas		Habacuc
2 Crónicas		Sofonías
Esdras		Hageo
Nehemías		Zacarías
Ester		Malaquías

Para repasar, la historia ha llegado a su fin. Los libros históricos están completos, y comienzan los de poesía hebrea. Estos cinco, en la mitad del Antiguo Testamento, pueden ubicarse en la secuencia cronológica construida por los libros históricos. Job fue escrito durante el tiempo de los acontecimientos del libro de Génesis; Salmos, durante la vida de David, en 2 Samuel; y Proverbios, Eclesiastés y Cantares se escribieron durante la vida de Salomón, en el tiempo cubierto en 1 Reyes. Ver en el siguiente cuadro una representación visual.

Libros poéticos

Job					Salmos	Proverbios Eclesiastés Cantar de los Cantares				

Libros históricos

	Levítico	Deuteronomio	Rut		1 Crónicas	2 Crónicas			Ester	
Génesis	Éxodo	Números	Josué	Jueces	1 Samuel	2 Samuel	1 Reyes	2 Reyes	...	Esdras	Nehemías
1	**2**	**3**	**4**	**5**	**6**	**7**	**8**	**9**		**10**	**11**

II. RESUMEN GENERAL

Los libros poéticos caen en tres *tipos* principales dentro de los cuales los poetas usan una serie de diferentes *técnicas* literarias para comunicar el mensaje de Dios.

REPASO

Los libros poéticos caen en tres _____ principales dentro de los cuales los poetas usan una serie de diferentes _____ literarias para comunicar el mensaje de Dios.

Los tres principales tipos de poesía hebrea son:

1. *Poesía lírica:* para ser *acompañada con música,* como un canto.
2. *Poesía instructiva:* para *enseñar principios para la vida* mediante máximas enérgicas.
3. *Poesía dramática:* una narrativa que *cuenta una historia* en forma poética.

REPASO

Los tres principales tipos de poesía hebrea son:

1. *Poesía lírica:* para ser _____ _____ _____, como un canto.
2. *Poesía instructiva:* para _____ _____ _____ _____ mediante máximas sucintas.
3. *Poesía dramática:* una narrativa que _____ ___ _____ en forma poética.

Las dos principales técnicas son

1. *Paralelismo*
2. *Figuras de dicción*

1. Paralelismo: Igualar las ideas

Definición sumaria: Más que igualar los sonidos, el poeta hebreo se preocupaba por *nivelar las ideas,* una técnica llamada «paralelismo».

REPASO

Más que igualar los sonidos, el poeta hebreo se preocupaba por _____ ____ _____, una técnica llamada «paralelismo».

Seis de las formas más comunes de paralelismo son:

1. *Paralelismo sinónimo:* Las ideas que se presentan son similares.

   Muéstrame, oh Jehová, tus caminos;
   Enséñame tus sendas. (Salmos 25.4)

2. *Paralelismo sintético:* El segundo pensamiento completa al primero.

   Jehová es mi pastor;
   Nada me faltará. (Salmos 23.1)

3. *Paralelismo antitético:* El segundo pensamiento contrasta con el primero.

   Porque Jehová conoce el camino de los justos;
   Mas la senda de los malos perecerá. (Salmos 1.6)

4. *Paralelismo emblemático:* El primer verso usa una figura del lenguaje para ilustrar la idea que se indica en el segundo.

   Como el ciervo brama por las corrientes de las aguas,
   Así clama por ti, oh Dios, el alma mía. (Salmos 42.1)

5. *Paralelismo climático:* La segunda frase repite la primera con la excepción de la(s) última(s) palabra(s).

> No es de los reyes, oh Lemuel, no es de los reyes beber vino. (Proverbios 31.4)

6. *Paralelismo formal:* Ambas frases poéticas deben existir para completar el pensamiento.

> Pero yo he puesto mi rey
> Sobre Sion, mi santo monte. (Salmos 2.6)

REPASO

(Llene los espacios en blanco seleccionando las opciones que se incluyen).

1. En el paralelismo sinónimo las ideas son _____.
   a) ridículas.
   b) similares.
   c) deletreadas en la misma manera.

2. En el paralelismo sintético _____.
   a) el segundo pensamiento está hecho de nylon.
   b) el segundo pensamiento completa al primero.
   c) el segundo pensamiento no existe.

3. En el paralelismo antitético _____.
   a) el segundo pensamiento está escrito al revés.
   b) el segundo pensamiento contrasta con el primero.
   c) el primer pensamiento no tiene contrapartida en el universo.

4. En el paralelismo emblemático _____.

    a) un pequeño emblema metálico está pegado sobre la primera línea.

    b) una figura del lenguaje en la primera frase ilustra la idea de la segunda.

    c) las ideas son trazadas en una forma de arte primitiva.

5. En el paralelismo climático _____.

    a) el segundo pensamiento es muy antiguo.

    b) la segunda frase repite la primera con la excepción de la(s) última(s) palabra(s).

    c) el pensamiento queda completo en el tercer acto.

6. En el paralelismo formal _____.

    a) el primer versículo aparece de corbata de lazo.

    b) ambas frases poéticas deben existir para que haya un pensamiento completo.

    c) la segunda línea no sorbe su sopa.

(La respuesta a todas las preguntas que anteceden es la primera letra de la palabra baloncesto).

2. Figuras de dicción: Creación de imágenes visuales

Definición sumaria: Puesto que los poetas hebreos querían que ciertos cuadros surgieran en la mente del lector, una consideración principal era la *creación de imágenes visuales,* las que acompañaban con vívidas «figuras de dicción».

REPASO

Puesto que los poetas hebreos querían que ciertos cuadros surgieran en la mente del lector, una consideración principal era la _____ _____ _____, las que acompañaban con vívidas «figuras de dicción».

Cinco de las más comunes figuras de dicción son:

1. *Símil:* una comparación entre dos cosas no parecidas.
   Guárdame como a la niña de tus ojos. (Salmos 17.8)
2. *Metáfora:* una comparación en la cual se dice que una cosa es otra.
   Jehová es mi pastor. (Salmo 23.1)
3. *Hipérbole:* deliberada exageración por cuestión de énfasis.
   Todas las noches inundo de llanto mi lecho,
   Riego mi cama con mis lágrimas. (Salmos 6.6)
4. *Pregunta retórica:* formular una interrogante con el propósito de plantear una declaración.
   ¿Quién expresará las poderosas obras de Jehová?
   ¿Quién contará sus alabanzas? (Salmos 106.2)
5. *Personificación:* asignar a algún objeto las características de un ser humano.
   El sol conoce su ocaso. (Salmos 104.19)

Aun cuando hay otras figuras de dicción, estas son las más notables. Las que se mencionan aquí, en particular, expresan la imaginación visual a la que los poetas hebreos estaban comprometidos.

Si puede alejarse de la necesidad de oír rima y ritmo, podrá aprender a apreciar la poesía hebrea. Estos hombres fueron «artesanos de la palabra y del pensamiento» que bregaron con palabras e ideas, contrastándolas, comparándolas, completándolas en maneras que las elevaron por encima de la mera prosa.

III. EXPANSIÓN: LOS CINCO LIBROS POÉTICOS

1. Job
2. Salmos
3. Proverbios
4. Eclesiastés
5. Cantar de los Cantares

1. Job: El sufrimiento y la soberanía de Dios

Job es un hombre muy rico y justo, cuya fortuna cambió de súbito y dramáticamente. Pierde su salud, su riqueza y su familia, y se hunde en profundo sufrimiento. El libro presenta, en «poesía dramática», el conflicto interno de Job, y una serie de debates con tres amigos, tratando de lograr una perspectiva apropiada del *sufrimiento y la soberanía de Dios*. Al final, Dios revela su majestad y poder. Aun cuando las preguntas de Job nunca reciben respuesta, con buena disposición se somete a la soberanía de Dios, y sus fortunas le son restauradas y dobladas.

2. Salmos: Alabanza en la adoración pública

Salmo originalmente, en griego, significa «tocar las cuerdas de un instrumento». Por lo tanto, la palabra se convirtió en sinónimo de «alabanza». El Libro de los Salmos es una colección de 150 salmos que se divide en tres «libros» más pequeños. Salmos se usaban como un libro de oración y de *alabanza en la adoración pública*, en el tabernáculo, el templo y las sinagogas. Hay tres tipos principales de salmos: alabanza, acción de gracias y lamento. El rey David escribe como la mitad de ellos, en tanto que diferentes autores completan el resto.

3. Proverbios: Sabiduría, habilidad para vivir

El propósito de los proverbios es impartir *sabiduría* o *habilidad para vivir*. Más específicamente, destacan la sabiduría práctica, el discernimiento, la autodisciplina y la intrepidez moral. Esta «poesía instructiva» está escrita en máximas cortas, incisivas, que se enfocan en la relación de uno con Dios y con otros, con el dinero, la moral, el habla, la industria, la honradez, etc. El mensaje es que una vida de sabiduría y rectitud debe prevalecer sobre una de necedad e injusticia.

4. Eclesiastés: La futilidad de los afanes temporales

Salomón, con sus ilimitados recursos y oportunidades, trata de hallar significado en la vida mediante la industria, el placer, la riqueza, la sabiduría y el poder; y encuentra que todo esto no satisface. Después de que repasa estos esfuerzos y la *futilidad de los afanes temporales*, concluye en esta «poesía instructiva», que hay solo una cosa que puede satisfacer al hombre: «temer a Dios y guardar sus mandamientos» (12.13).

5. Cantar de los Cantares: El manual de Dios para el matrimonio

El Cantar de los Cantares es *el manual de Dios para el matrimonio*. Esta «poesía dramática» pinta la relación íntima de amor entre Salomón y su novia sulamita. Al hacerlo presenta la perspectiva de Dios respecto al amor matrimonial.

AUTOEVALUACIÓN

*¡Lo que usted puede aprender mañana se
edifica sobre lo que aprende hoy!*

Los cinco libros poéticos

*(Escriba el número correcto en el espacio en blanco, escogiendo
entre las opciones que se dan a la derecha).*

Libro:	Número:	Descripción:
Job	_____	1. Futilidad de los afanes temporales
Salmos	_____	2. El sufrimiento y la soberanía de Dios
Proverbios	_____	3. El manual de Dios para el matrimonio
Eclesiastés	_____	4. Alabanza en la adoración pública
Cantar de los Cantares	_____	5. Sabiduría: habilidad para vivir

LOS LIBROS PROFÉTICOS

(Isaías-Malaquías)

La profecía nos atrae como ninguna otra cosa. Nos quedamos pasmados y estupefactos con ella. ¿Qué guarda el futuro? Algunos miran en bolas de cristal, leen las hojas del té, estudian gráficos astrológicos y consultan a profetas, buscando una vislumbre de lo desconocido. Desde «¿Cuándo se va a acabar el mundo?» a «¿Qué debo ponerme mañana?», anhelan fervientemente hurgar en las profundidades de lo que todavía no ha sucedido.

Hay un sentido intuitivo de que un velo cuelga entre lo humano y lo divino, y que los profetas ayudan a echar un vistazo más allá del velo. Fuera de la Biblia, sin embargo, los profetas han tenido un expediente desigual de aciertos. Creso vivió en el siglo sexto A.C. y era rey de Lidia, en Asia Menor. Deliberando si atacar al Imperio persa le preguntó al oráculo de Delfos si la empresa prosperaría. El oráculo replicó que si iba a la guerra, destruiría un gran imperio. Estimulado Creso invadió el territorio persa. Fue vencido por completo, y entonces los persas invadieron Lidia, capturaron su capital y encadenaron al mismo Creso. Este envió de nuevo un embajador a Delfos, esta vez con la pregunta: «¿Por qué me engañaste?». La sacerdotisa del oráculo replicó que ella no lo había engañado: Creso en verdad destruyó un gran imperio.

Girolamo Cardano, un matemático italiano del siglo dieciséis, era conocido en toda Europa como astrólogo, incluso visitando Inglaterra para pronunciar su horóscopo respecto al joven rey Eduardo VI. Firme creyente en lo acertado de su llamada ciencia, Cardano fabricó un horóscopo prediciendo la hora de su propia muerte. Cuando el día llegó, se hallaba en perfecta salud y seguro de todo daño. Antes de ver fallar su predicción, Cardano se mató.

Sin embargo, los profetas bíblicos pertenecen a otra clase completamente diferente a la de los profetas corrientes. Si un hombre era un verdadero profeta de Dios, ninguna de sus predicciones fallaría jamás. Si un profeta alguna vez pronunciaba una profecía que fallaba, debía ser apedreado hasta la muerte. Esto desanimaba a los impostores e hizo que los profetas bíblicos fueran altamente confiables. Hubo muchos verdaderos profetas en el Antiguo Testamento, pero no todos ellos escribieron sus mensajes para que fueran preservados. En la Biblia tenemos dieciséis hombres que escribieron sus mensajes. Estos escritos se llaman los libros proféticos, y comprenden los diecisiete libros finales del Antiguo Testamento, como se ve en el repaso que sigue.

I. REPASO

¡La repetición es la clave para la apropiación mental!

LA ESTRUCTURA DEL ANTIGUO TESTAMENTO

Históricos	Poéticos	Proféticos
Génesis	Job	Isaías
Éxodo	Salmos	Jeremías
Levítico	Proverbios	Lamentaciones
Números	Eclesiastés	Ezequiel
Deuteronomio	Cantar de los Cantares	Daniel
Josué		Oseas

Históricos	Poéticos	Proféticos
Jueces		Joel
Rut		Amós
1 Samuel		Abdías
2 Samuel		Jonás
1 Reyes		Miqueas
2 Reyes		Nahum
1 Crónicas		Habacuc
2 Crónicas		Sofonías
Esdras		Hageo
Nehemías		Zacarías
Ester		Malaquías

Nuestra historia está completa. De Génesis, el primer libro histórico, a Nehemías, el último de ellos, trazamos una línea cronológica que relata la historia del Israel antiguo. Luego colocamos los libros poéticos en su lugar apropiado. Ahora hacemos lo mismo con los libros proféticos, como se ve a continuación.

Libros históricos

	Levítico	Deuteronomio		Rut		1 Crónicas	2 Crónicas			Ester	
Génesis	Éxodo	Números	Josué	Jueces	1 Samuel	2 Samuel	1 Reyes	2 Reyes	...	Esdras	Nehemías
1	2	3	4	5	6	7	8	9		10	11

Libros proféticos

| | | | | | | | | A Israel:
Oseas
Amós

A Judá:
Habacuc
Isaías
Jeremías
Joel
Miqueas
Sofonías
Lamentaciones

A Asiria:
Jonás
Nahum

A Edom:
Abdías | Ezequiel
Daniel | Hageo
Zacarías | Malaquías |

Doce de los libros proféticos (Isaías a Sofonías) fueron escritos durante el tiempo que cubre el segundo libro de Reyes, que registra la declinación de la nación. Esto es debido a que el mensaje principal de los profetas fue que la nación dejara de pecar y se volviera al Señor. Predijeron lo que ocurriría con la nación si el pueblo no prestaba atención a la advertencia. De los libros restantes, dos profetas (Ezequiel y Daniel) ministraron durante el exilio, y tres (Hageo, Zacarías y Malaquías) durante el regreso.

II. RESUMEN GENERAL

La profecía es *proclamar* la Palabra de Dios, tanto para el *futuro* como para el *presente*.

REPASO

La profecía es _____ la Palabra de Dios, tanto para el _____ como para el _____.

III. AMPLIACIÓN

Hay cuatro principales rasgos de los escritos proféticos:

1. Designación
2. Época
3. Predicción
4. Proclamación

1. Designación: Profetas mayores y menores

En tiempos recientes a los libros proféticos se les ha dado dos designaciones principales: *profetas mayores* y *profetas menores*. Los profetas mayores son los primeros cinco libros proféticos: Isaías, Jeremías, Lamentaciones, Ezequiel y Daniel. Los profetas menores son los doce restantes. A los primeros se les llama «mayores» porque son libros más largos, en tanto que a los otros se les llama «menores» porque son escritos más cortos que los de los profetas mayores.

2. Época: Preexilio, del exilio o postexilio

Los libros proféticos se dividen en tres períodos cronológicos: *exilio, del exilio y postexilio*. La mayoría de los ministerios y libros proféticos ocurren antes del exilio. Tres profetas, Hageo, Zacarías y Malaquías, profetizan durante el regreso. De los que profetizan antes del exilio dos lo hacen principalmente a Israel (el reino del norte), siete a Judá (el reino del sur), y tres a otras naciones, como se ve en las siguientes listas.

LA ESTRUCTURA DE LOS LIBROS PROFÉTICOS

Preexilio			
A Israel:	*A Judá:*	*A Asiria:*	*A Edom:*
Oseas	Habacuc	Jonás	Abdías
Amós	Isaías	Nahum	
	Jeremías		
	Joel		
	Miqueas		
	Sofonías		
	Lamentaciones		

Exilio	Postexilio		
Desde Babilonia:	*A Jerusalén:*		
Ezequiel	Hageo		
Daniel	Zacarías		
	Malaquías		

3. Predicción: Predecir el futuro

La más famosa característica de un profeta del Antiguo Testamento es que ocasionalmente puede *predecir el futuro*. Esta no es una capacidad inherente en el mismo profeta, sino más bien esta información le es dada por Dios. En Israel la prueba de un verdadero profeta es que debe acertar el ciento por ciento. Si un profeta alguna vez dice algo que no se cumple, no es profeta de Dios. Y el castigo por dar una profecía que no se cumple es la muerte por lapidación. Esto conservaba puras las filas de los profetas (aunque bajo los auspicios de reyes injustos, ocasionalmente surgieron profetas falsos).

4. Proclamación: Proclamar las enseñanzas de Dios

Aunque el ministerio de «predecir» (decir el futuro) es más dramático, el de «proclamar» es mucho más común en la vida del profeta. Proclamar simplemente significa *anunciar las enseñanzas de Dios* al pueblo. Sobre todo se relaciona con la vida recta. Hay tres características de esta parte del ministerio de un profeta.

1. Exponer el pecado y llamar al pueblo a un estilo de vida más alto moralmente
2. Advertir el juicio si el pueblo no se reforma
3. Proclamar al Mesías que viene

Los profetas casi siempre advirtieron, respecto a los juicios relativos a la nación de Israel o de Judá, que serían conquistados militarmente y llevados cautivos lejos de su tierra.

AUTOEVALUACIÓN

¡Lo que usted puede aprender mañana se edifica sobre lo que aprende hoy!

A. Cuatro rasgos principales de los libros proféticos

(Escriba el número correcto, seleccionando de las opciones que se indican a la derecha).

Rasgo:	Número:	Descripción:
Designación	_____	1. Predecir el futuro
Época	_____	2. Proclamar las enseñanzas de Dios
Predicción	_____	3. Preexilio, del exilio y postexilio
Proclamación	_____	4. Profetas mayores y menores

B. Geografía de los libros proféticos

Los principales lugares en donde ministraron los profetas se hallan en el mapa que sigue. Compagine el país con la ubicación escribiendo en la línea en blanco el número correspondiente.

1. Israel
2. Judá
3. Edom
4. Asiria
5. Babilonia
6. Jerusalén

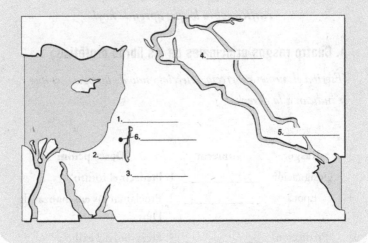

¡Maravilloso! Usted ha completado la Sección 1, la historia del Antiguo Testamento. Este es un hito muy significativo en la comprensión de la Biblia. Las tres secciones restantes han sido estructuradas de manera que le presenten un reto, pero que no lo apabullen. Si terminó el Antiguo Testamento, puede completar el libro entero, ¡y usted está casi a mitad del camino!

Ahora, habiendo dado un ligero vistazo a los libros poéticos y proféticos del Antiguo Testamento, y después de haber visto cómo encajan en la historia de la Biblia, estamos listos para continuar esa historia al empezar la Sección 2, la historia del Nuevo Testamento.

LA HISTORIA DEL NUEVO TESTAMENTO

CAPÍTULO 15

LA GEOGRAFÍA Y LA ESTRUCTURA DEL NUEVO TESTAMENTO

Escondido entre las gigantescas montañas de los Andes, en el país sudamericano del Perú, yace un valle de aproximadamente sesenta kilómetros de largo, aislado del resto del mundo. Caminos y senderos cruzan este valle en todo sentido, entretejido como si árboles delgados y muy altos hubieran caído al azar. Por años los arqueólogos han especulado que se trata de una red de carreteras olvidadas, residuos de una civilización muy antigua.

La perspectiva cambió radicalmente, sin embargo, cuando alguien se aventuró a estudiar el valle desde el aire. Desde este punto aventajado lo que parecía ser al azar y a la ventura se aclaró radicalmente. No eran caminos y senderos de ninguna manera, sino un monumental mural desértico, mostrando objetos que medían muchos kilómetros de altura. Qué son los murales, lo que significan, cómo fueron hechos, quién los hizo, y para quién, son cosas perdidas en la niebla del tiempo.

Sin embargo, el monumental mural tiene un mensaje simbólico para todos nosotros. A menudo el cuadro completo de algo no puede verse si estamos demasiado cerca del objeto. Debemos retroceder alejándonos de los detalles de lo que estamos estudiando, para dar un vistazo al todo.

Esto es cierto en la geografía del Nuevo Testamento. Cuando en los Evangelios usted lee que se viajó de la ciudad de Jericó a Jerusalén, y a Caná, esos nombres son simplemente palabras en una página, sin significado hasta que dé una ojeada a la geografía. Usted no se percata de que alguien acaba de caminar cien kilómetros, a vuelo de pájaro, la distancia entre Baltimore y Filadelfia, o que eso también incluye subir unos cuatrocientos metros en altitud, y luego bajar otros trescientos.

Es más, adquirir una perspectiva de la geografía del Nuevo Testamento es en sí mismo un estudio fascinante. Israel es un país diminuto comparado con Estados Unidos. Trace una línea de ochenta kilómetros de ancho de Nueva York a Boston, o colóquese al estado de Massachusetts derecho sobre su extremo, o reduzca al estado de Nueva Hampshire un diez por ciento, y tendrá aproximadamente el área del territorio de Israel.

Sin embargo, es una tierra asombrosamente diversa. Desde un bajo desierto hasta altas montañas, con ubérrimos valles y colinas ondulantes entre ellos, hay toda una gama de topografía. Cualquier cuerpo de agua que usted no puede cruzar a nado es un «mar», y toda colina más alta que su cabeza es un «monte». El mar de Galilea mide diez kilómetros de ancho por veinte de largo, casi un charco de lodo comparado con los Grandes Lagos. El mar Muerto mide quince kilómetros de ancho por ochenta de largo, más pequeño que algunos de los virtualmente desconocidos reservorios en Estados Unidos. El «poderoso» Jordán no es más que un arroyo rocoso comparado con los verdaderamente majestuosos ríos del mundo como el Amazonas o el Mississippi. Tal vez debido a que es un país tan pequeño, todo se exagera.

Crear un cuadro mental al leer los sucesos del Nuevo Testamento es contribuir para que la narración cobre vida. Así que, al empezar a mirar el Nuevo Testamento, empecemos con la geografía.

LA GEOGRAFÍA DE LOS EVANGELIOS Y HECHOS DE LOS APÓSTOLES

La diferencia entre la geografía de los Evangelios y la del Libro de los Hechos es lo suficientemente significativa como para que merezca un tratamiento separado.

CUERPOS DE AGUA EN LOS EVANGELIOS

Una vez que usted ha dominado la geografía del Antiguo Testamento, la del Nuevo Testamento es relativamente sencilla. Los cuerpos de agua están entre los del Antiguo Testamento que estudiamos en el capítulo 2. (Para repasar, vaya al mapa a continuación y escriba los nombres de los cuerpos de agua compaginando los números).

1. Mar Mediterráneo
2. Mar de Galilea
3. Río Jordán
4. Mar Muerto

CUERPOS DE AGUA EN LOS EVANGELIOS
(Llene las líneas en blanco en el mapa que sigue. Los nombres y números deben coordinarse con la lista en la lista precedente).

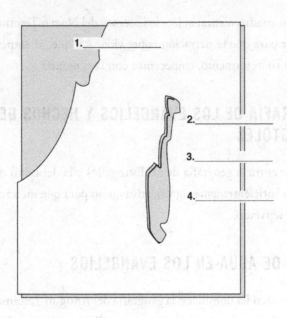

PROVINCIAS Y CIUDADES EN LOS EVANGELIOS

El área geográfica principal de los Evangelios es la misma que fue gobernada por la nación de Israel en el Antiguo Testamento. Sin embargo, la tierra, ahora conocida como Palestina, está bajo el gobierno de Roma, y está dividida en secciones o provincias.

(Conforme lee estas descripciones, escriba el nombre del lugar en el mapa que aparece más adelante, pareando las letras).

A. La provincia de Galilea

Ubicada entre el mar Mediterráneo y el mar que lleva su nombre, Galilea es la provincia que Jesús consideraba su lugar natal. Tanto Nazaret, su hogar de la infancia, como Capernaúm, su hogar más tarde, están en Galilea. De aquí la frase «el hombre de Galileo».

B. La provincia de Samaria

Ubicada entre el mar Mediterráneo y el río Jordán, Samaria es el lugar natal de los samaritanos. Parte judíos y parte gentil, es un pueblo que vive en constante animosidad con los judíos.

C. La provincia de Judea

Ubicada entre el Mediterráneo y el mar Muerto, Judea mide aproximadamente lo mismo que la tribu sureña de Judá en el Antiguo Testamento. Incluyendo a la ciudad de Jerusalén, es el lugar donde residen la mayoría de los judíos en el Nuevo Testamento.

D. La provincia de Perea

Una provincia larga y angosta en la orilla oriental del río Jordán. Jesús pasó un tiempo concentrado allí con sus discípulos, hacia el fin de su ministerio.

E. La ciudad de Nazaret

Ubicada en Galilea, justo al oeste del mar de Galilea, es la población en donde vivían José y María, y en la que Jesús creció.

F. La ciudad de Capernaúm

Localizada en el punto más al norte del mar de Galilea, es el lugar que Jesús consideraba su hogar durante sus años de ministerio.

G. La ciudad de Jerusalén

Situada en Judea, justo en el extremo norte del mar Muerto, es la ciudad donde se ubica el templo; es la ciudad santa y el centro de actividad de los judíos.

H. La ciudad de Belén

Lugar de nacimiento de Jesús, está como a ocho kilómetros al suroeste de Jerusalén.

LAS PROVINCIAS Y CIUDADES EN LOS EVANGELIOS

(Llene las líneas en blanco. Las letras y los nombres deben corresponder a la lista que antecede).

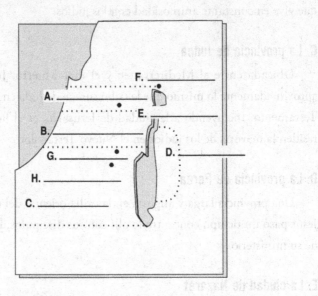

CUERPOS DE AGUA EN HECHOS DE LOS APÓSTOLES

Los cuerpos de agua son los mismas que los de los Evangelios, solo que el Mediterráneo es mencionado con más frecuencia. Por consiguiente, usted ya los conoce.

REGIONES Y CIUDADES EN HECHOS DE LOS APÓSTOLES

A medida que pasamos de los Evangelios a Hechos, nuestra geografía se expande desde Palestina hasta el Imperio romano.

(Conforme lea las descripciones, escriba el nombre del lugar en el mapa que sigue).

1. Galacia

Ubicada en la moderna Turquía, fue el destino del primer viaje misionero del apóstol Pablo para llevar el evangelio a los gentiles.

2. Grecia

Localizada en la moderna Grecia, fue el destino de Pablo en su segundo viaje misionero.

3. Asia

Situada en la costa occidental de la moderna Turquía, fue el destino de Pablo en su tercer viaje misionero.

4. Italia

Ubicada en la moderna Italia, fue la nación en donde Pablo estuvo preso y donde murió.

5. La ciudad de Jerusalén

Asentada en la moderna Jerusalén, es el lugar de inicio de la iglesia cristiana primitiva.

6. La ciudad de Damasco

Localizada en la moderna Damasco, en la Siria actual, fue el destino de Pablo cuando Jesús le dejó temporalmente ciego y se convirtió al cristianismo.

7. La ciudad de Cesarea

Ubicada en la costa del Mediterráneo, al sur del mar de Galilea, fue el lugar de los juicios de Pablo en el Libro de Hechos.

8. La ciudad de Antioquía

En la costa del Mediterráneo al norte de Israel, cerca de la moderna Turquía, fue el punto de inicio de los tres viajes misioneros de Pablo.

9. La ciudad de Roma

Situada en la moderna ciudad de Roma, fue donde Pablo estuvo en la cárcel y murió.

LA GEOGRAFÍA DE HECHOS DE LOS APÓSTOLES

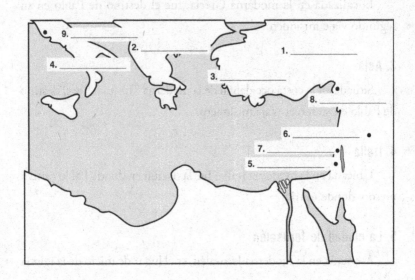

AUTOEVALUACIÓN

¡Lo que usted puede aprender mañana se edifica sobre lo que aprende hoy!

La geografía de los Evangelios

(Ahora, de las opciones que se indican, escriba en el mapa los nombres de los cuerpos de agua, provincias y ciudades).

Números = cuerpos de agua   Letras = ciudades y provincias

Mar Muerto	Belén
Río Jordán	Capernaúm
Mar Mediterráneo	Galilea
Mar de Galilea	Jerusalén
	Judea
	Nazaret
	Perea
	Samaria

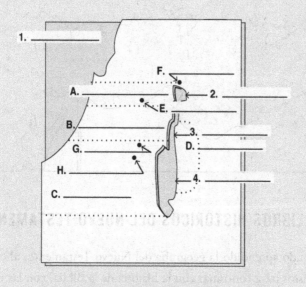

LA GEOGRAFÍA DE HECHOS DE LOS APÓSTOLES

(De las opciones que se indican, escriba en el mapa los nombres de las provincias y las ciudades).

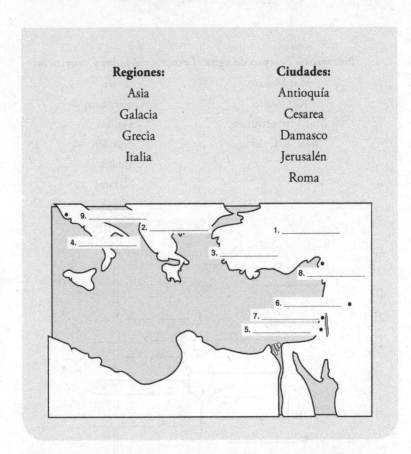

Regiones:
Asia
Galacia
Grecia
Italia

Ciudades:
Antioquía
Cesarea
Damasco
Jerusalén
Roma

LOS LIBROS HISTÓRICOS DEL NUEVO TESTAMENTO

Habiendo aprendido la geografía del Nuevo Testamento, ahora estamos listos para continuar con la historia de la Biblia, con las tres eras fundamentales que nos restan. Usted recordará que los veintisiete libros del Nuevo Testamento pueden dividirse en tres diferentes clases: cinco libros históricos, trece epístolas paulinas y nueve epístolas generales.

Como lo hicimos con los libros históricos del Antiguo Testamento, primero examinaremos los sucesos de los libros históricos del Nuevo Testamento, los Evangelios y Hechos. Luego, en los siguientes capítulos, extenderemos la línea histórica.

LAS TRES ERAS FUNDAMENTALES DEL NUEVO TESTAMENTO

1. Evangelios

La vida de Jesús de Nazaret conforme se relata en los *Evangelios*.

2. Iglesia

La formación de la *iglesia* cristiana.

3. Misiones

La expansión de la iglesia a todo el Imperio romano mediante las misiones.

REPASO

(Escriba el número correcto en el espacio en blanco de las opciones a la derecha).

Tema:	Número:	Descripción:
Misiones	_____	1. La vida de Jesús de Nazaret conforme se relata en los *Evangelios*.
Evangelios	_____	2. La formación de la *iglesia* cristiana.
Iglesia	_____	3. La expansión de la iglesia a todo el Imperio romano mediante las *misiones*.

Ahora podemos añadir esta nueva información a nuestra tabla de la historia del Antiguo Testamento, como se ve a continuación.

LA HISTORIA DE LA BIBLIA

Era	Personaje	Lugar	Resumen histórico
Creación	Adán	Edén	Adán es creado por Dios pero *peca* y *destruye* el *plan* original de Dios para el hombre.
Patriarcas	Abraham	Canaán	Abraham es *escogido* por Dios para ser el «padre» de un *pueblo* que *represente* a Dios ante el mundo.
Éxodo	Moisés	Egipto	Por medio de Moisés, Dios *liberta* al pueblo hebreo de la *esclavitud* en Egipto y les da la *Ley.*
Conquista	Josué	Canaán	Josué dirige la *conquista* de la *Tierra Prometida.*
Jueces	Sansón	Canaán	Sansón y otros fueron escogidos como *jueces* para *gobernar* al pueblo por *cuatrocientos* años de rebelión.
Reino	David	Israel	David, el más grande rey en la nueva *monarquía,* es seguido por una sucesión de reyes mayormente *impíos,* y Dios a la larga *juzga* a Israel por su pecado, enviándolos al exilio.
Exilio	Daniel	Babilonia	Daniel, por los siguientes setenta años, provee *liderazgo* y estimula a la *fidelidad* entre los *exiliados.*
Regreso	Esdras	Jerusalén	Esdras *guía* al pueblo de regreso del *exilio* para reedificar a *Jerusalén.*
Silencio	Fariseos	Jerusalén	Los *fariseos* y otros *sepultan* a los israelitas en el *legalismo* por los siguientes *cuatrocientos* años.

Era	Personaje	Lugar	Resumen histórico
Evangelios	A completarse luego.	A completarse luego.	A completarse luego.
Iglesia	A completarse luego.	A completarse luego.	A completarse luego.
Misiones	A completarse luego.	A completarse luego.	A completarse luego.

LOS TRES PERSONAJES CENTRALES DEL NUEVO TESTAMENTO

Era:	Personaje:	Descripción:
Evangelios	Jesús	El *Mesías* prometido
Iglesia	Pedro	El *líder* de la iglesia primitiva
Misiones	Pablo	El primer *misionero* cristiano

REPASO

(Llene los espacios en blanco).

Era:	Personaje:	Descripción:
Evangelios	Jesús	El _____ prometido
Iglesia	Pedro	El _____ de la iglesia primitiva
Misiones	Pablo	El primer _____ cristiano

Ahora podemos añadir los personajes centrales del Nuevo Testamento a nuestra tabla histórica, como se ve a continuación.

Era:	Personaje:	Lugar:	Resumen histórico:
Evangelios	Jesús	A completarse luego.	A completarse luego.
Iglesia	Pedro	A completarse luego.	A completarse luego.
Misiones	Pablo	A completarse luego.	A completarse luego.

Nuestra tarea final es identificar el lugar geográfico general o específico de los sucesos de las tres eras fundamentales del Nuevo Testamento. Como ejercicio para memorizar, escriba cada era principal y cada personaje central conforme lea la descripción del lugar geográfico.

LOS TRES PRINCIPALES LUGARES DEL NUEVO TESTAMENTO

Era:	Personaje:	Lugar:	Descripción:
E_____	J_____	Galilea, Samaria y Judea	El área territorial identificada como Canaán e Israel en el Antiguo Testamento es conocida como las provincias romanas de Galilea, Samaria y Judea.
I_____	P_____	Jerusalén	La antigua ciudad de Jerusalén ha estado en el mismo lugar gran parte de la historia bíblica transcurrida después de la era del reino. Es la ciudad que dio a luz a la iglesia primitiva.
M_____	P_____	Imperio romano	Al esparcir Pablo el mensaje del cristianismo, lo llevó al corazón del Imperio romano. De Palestina, al norte, a lo que es la moderna Turquía, y hacia el oeste, a través de Grecia, a Italia.

REPASO

(Escriba el número correcto en el espacio en blanco, escogiendo entre las opciones que se dan a la derecha).

Era:	Personaje:	Número:	Lugar:
Evangelios	Jesús	_____	1. Imperio romano
Iglesia	Pedro	_____	2. Galilea, Samaria y Judea
Misiones	Pablo	_____	3. Jerusalén

Ahora podemos añadir los lugares principales a nuestra tabla histórica del Nuevo Testamento, como se ve en el siguiente cuadro.

Era:	Personaje:	Lugar:	Resumen histórico:
Evangelios	Jesús	Galilea, Samaria y Judea	A completarse luego.
Iglesia	Pedro	Jerusalén	A completarse luego.
Misiones	Pablo	Imperio romano	A completarse luego.

ARCO DE LA HISTORIA BÍBLICA

(Escriba los nombres de las eras. Para verificar sus respuestas, ver el Apéndice).

1. C_____	5. J_____	9. S_____
2. P_____	6. R_____	10. G_____
3. E_____	7. E_____	11. C_____
4. C_____	8. R_____	12. M_____

Llene la tabla histórica del Nuevo Testamento de memoria.

Era:	Personaje:	Lugar:	Resumen histórico:
_____	_____	_____	A completarse luego.
_____	_____	_____	A completarse luego.
_____	_____	_____	A completarse luego.

¡Felicitaciones! Acaba de dar un gran paso al lograr un vistazo general del Nuevo Testamento. Desde ahora en adelante seremos más específicos, contando con que tiene a mano la estructura básica.

CAPÍTULO 16

LA ERA DE LOS EVANGELIOS

(Mateo-Juan)

El doctor Richard Selzer es un brillante cirujano que escribió un impactante libro titulado *Mortal Lessons: Notes on the Art of Surgery* [Lecciones mortales: Notas sobre el arte de la cirugía]. Él escribe:

Estoy de pie junto a la cama donde yace una joven, su semblante muestra los efectos de la operación: su boca está torcida en mueca de parálisis, como la de un payaso. Una diminuta hebra de un nervio facial, el que controla los músculos de su boca, ha sido cortada. Ella quedará así para siempre. El cirujano ha seguido con fervor religioso la curva de su carne; puedo garantizarlo. Sin embargo, para remover el tumor de su mejilla, tuve que cortar ese pequeño nervio.

Su esposo está en la habitación. Está de pie al lado opuesto de la cama, y juntos parecen vivir absortos a la luz tenue del atardecer. Aislados de mí, en privado. ¿Qué tipo de gente son este hombre y esta boquitorcida que he hecho, que se miran el uno al otro, y se tocan bondadosamente y con ansia?

La joven habla.

—¿Quedaré siempre así? —pregunta.

—Sí —le digo—. Es debido al nervio que fue cortado.

Ella asiente y queda en silencio. Pero el joven sonríe.

—Me gusta —dice—. Me parece casi encantador.

De súbito sé quién es. Comprendo, y bajo mi vista. Uno no es audaz al encontrarse con un dios. Sin importarle se inclina para besar la boca torcida de ella; estoy tan cerca que puedo ver cómo tuerce sus labios para acomodarlos a los de ella, para mostrar que todavía pueden besarse. Recuerdo que los dioses aparecían en la antigua Grecia como mortales; retengo mi respiración y dejo que me invada el asombro.

Ese es el espíritu de Jesús. El vínculo del hombre con Dios ha sido cortado por el pecado. Y Él se tuerce a sí mismo para acomodarse a nosotros, y darnos el beso de la vida eterna. Pero no sin dar su propia vida a nuestro favor. Al mismo tiempo tan tierno y tan poderoso. El personaje más destacado que jamás ha vivido. Y ¿por qué no? Fue Dios encarnado.

El nacimiento de Jesús dividió la historia como con un rayo en una calurosa noche de julio. A todo, antes de su nacimiento, lo llamamos A.C., antes de Cristo. A todo lo posterior, llamamos A.D., después de Cristo. Su historia, anunciada por todo el Antiguo Testamento, es narrada en los cuatro Evangelios: Mateo, Marcos, Lucas y Juan. Aun cuando los Evangelios son biográficos, son en realidad retratos temáticos de la vida de Cristo que ponen poco énfasis en la primera parte de su vida y mucho en la última semana de su vida terrenal. Los Evangelios tienden a seguir la cronología de su vida, pero no al dedillo. No todos ellos cubren los mismos acontecimientos de su vida. Cuando se observan los cuatro juntos y se armonizan, se trata de solo unos cincuenta días del ministerio activo de Jesús.

I. REPASO

¡La repetición es la clave para la apropiación mental!
(Llene los espacios en blanco para empezar la tabla de esta era.
Para verificar sus respuestas, ver el Apéndice).

LA HISTORIA DEL NUEVO TESTAMENTO

Era	Personaje	Lugar	Resumen histórico
_____	_____	_____	A completarse luego.

II. RESUMEN HISTÓRICO

Jesús viene en cumplimiento de las *profecías* del Antiguo Testamento sobre un salvador, ofreciendo *salvación* y el verdadero reino de Dios. En tanto que algunos lo aceptan, la mayoría lo *rechaza*; y es crucificado, sepultado, y resucita.

Era	Resumen
Evangelios	Jesús viene en cumplimiento de las _____ del Antiguo Testamento sobre un salvador, ofreciendo _____ y el verdadero reino de Dios. En tanto que algunos lo aceptan, la mayoría _____; y es crucificado, sepultado, y resucita.

III. AMPLIACIÓN

Hay cuatro divisiones principales en la era del Evangelio:

1. Vida temprana
2. Ministerio temprano
3. Ministerio posterior
4. Muerte y resurrección

1. Vida temprana: Infancia y bautismo

Mediante una concepción milagrosa por el Espíritu Santo, Jesús nace de la virgen María en Belén de Judea. Después de una breve excursión a Egipto para salvarle de los intentos de Herodes por quitarle la vida, Jesús viaja con María y su esposo, José, para vivir en Nazaret. Allí aprende el oficio de carpintero y al parecer vive relativamente normal desde su *infancia hasta el tiempo de su bautismo*, que ocurre cuando tiene treinta años. Su primo, Juan el Bautista, ministra y bautiza a las personas en el río Jordán, cerca del mar Muerto. Después que Jesús es bautizado por Juan, ocurre un asombroso suceso. A Dios el Padre se le oye hablar desde el cielo, diciendo: «Este es mi Hijo amado, en quien tengo contentamiento», y el Espíritu Santo, en forma visible como una paloma, desciende sobre Él. Entonces es llevado por el Espíritu Santo al desierto de Judea, en donde es tentado por Satanás por cuarenta días. Satanás hace todo lo posible por lograr que Jesús le siga a él antes que a Dios. Le ofrece a Jesús todo lo que Dios el Padre le brinda, pero con artificios y requisitos diferentes. Jesús permanece sin pecado y confirma su preparación para empezar a darse a conocer como el Mesías.

2. Ministerio temprano: Aceptación inicial

No es sino hasta el bautismo y tentación de Jesús que empieza Él su ministerio público. Su mensaje tiene un enfoque doble: primero, que Él es el Mesías anunciado o, como la palabra se traduce en el Nuevo Testamento, el Cristo, y la gente debe creer en Él; y segundo, para presentarles un desafío a cumplir una vida de genuina justicia, no la hipocresía externa de los líderes religiosos. Jesús valida su mensaje al realizar sorprendentes milagros, y las señales de su *aceptación inicial* por parte de las multitudes son alentadoras. Gran parte de su actividad inicial sucede alrededor de Jerusalén.

3. Ministerio posterior: Rechazo creciente

La popularidad inicial de Jesús no duró mucho; los líderes religiosos están profundamente celosos de Él y empiezan a agitar la animosidad en su contra. Este *rechazo creciente* resulta en una progresión en el modelo ministerial de Jesús. Empieza a enfocar más su atención en la oposición creciente de los líderes religiosos, advirtiéndoles de la seriedad de su actitud. A la vez, empieza a dedicar más y más tiempo a los doce discípulos, a quienes ha escogido, preparándolos para que continúen sin Él. También empieza a lanzar un desafío a las multitudes a evaluar el costo de seguirle. Aunque Jesús viaja bastante durante este tiempo, su base de operaciones es Capernaúm, en la orilla norte del mar de Galilea.

4. Muerte y resurrección: Rechazo final

Los judíos se polarizan más y más respecto a Jesús, bien sea siguiéndole con entusiasmo o enojándose profundamente contra Él. En la atmósfera volátil del tiempo festivo de la Pascua, cuando Jesús y muchos otros judíos están en Jerusalén, los líderes religiosos finalmente logran agitar el ánimo para la crucifixión de Jesús, el *rechazo final*. Lo someten a una serie de simulacros de juicios bajo acusaciones falsas. Luego lo crucifican un viernes, lo sepultan aquella noche, y Él resucita de los muertos el domingo.

AUTOEVALUACIÓN

¡Lo que usted puede aprender mañana se
edifica sobre lo que aprende hoy!

A. Cuatro divisiones principales en la era del Evangelio

(Escriba el número correcto en el espacio en blanco, escogiendo
entre las opciones que se dan a la derecha).

División:	Número:	Descripción:
Vida temprana	_____	1. Aceptación inicial
Ministerio temprano	_____	2. Rechazo final
Ministerio posterior	_____	3. Infancia y bautismo
Muerte y resurrección	_____	4. Rechazo creciente

B. Resumen histórico

(Llene los espacios en blanco de memoria).

Era	Resumen
Evangelios	Jesús viene en cumplimiento de las _____ del Antiguo Testamento sobre un salvador, ofreciendo _____ y el verdadero reino de Dios. En tanto que algunos lo aceptan, la mayoría _____; es crucificado, sepultado, y resucita.

C. Arco de la historia bíblica

(Escriba los nombres de las eras. Para verificar sus respuestas, ver el Apéndice).

1. C_____	5. J_____	9. S_____
2. P_____	6. R_____	10. G_____
3. E_____	7. E_____	11.
4. C_____	8. R_____	12.

D. La geografía de la era del Evangelio

(Trace una flecha de Belén a Egipto y luego a Nazaret para representar el movimiento geográfico de la vida temprana de Jesús, y rotúlelo 1. Trace otra flecha de Nazaret a Jerusalén para representar su aceptación inicial, y márquela con un 2. Dibuje otra flecha de Jerusalén a Capernaúm para representar el rechazo creciente, y señálela con un 3. Trace otra flecha desde Capernaúm a Jerusalén para representar su rechazo final, y rotúlela con un 4).

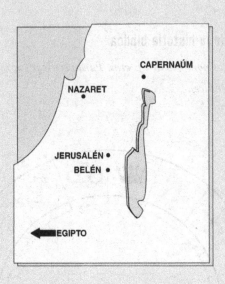

E. Historia de la Biblia

(Llene los espacios en blanco. Para verificar sus respuestas, ver el Apéndice).

Era	Personaje	Lugar	Resumen histórico
_____	_____	_____	Adán es creado por Dios, pero _____ y _____ el _____ original de Dios para el hombre.
_____	_____	_____	Abraham es _____ por Dios para ser el «padre» de un _____ que _____ a Dios ante el mundo.

Era	Personaje	Lugar	Resumen histórico
_____	_____	_____	Por medio de Moisés, Dios _____ al pueblo hebreo de la _____ en Egipto y les da la _____.
_____	_____	_____	Josué dirige _____ de la _____.
_____	_____	_____	Sansón y otros fueron escogidos como _____ para _____ al pueblo por _____ años de rebelión.
_____	_____	_____	David, el más grande rey en la nueva _____, es seguido por una sucesión de reyes mayormente _____ y Dios a la larga _____ a Israel por su pecado, enviándolos al exilio.
_____	_____	_____	Daniel, por los siguientes setenta años, provee _____ y estimula a la _____ entre los _____.

Era	Personaje	Lugar	Resumen histórico
_____	_____	_____	Esdras _____ al pueblo de regreso del _____ para reedificar a _____.
_____	_____	_____	Los fariseos y otros _____ a los _____ en el _____ por los siguientes _____ años.
_____	_____	_____	Jesús viene en cumplimiento de las _____ del Antiguo Testamento sobre un salvador, ofreciendo _____ y el verdadero reino de Dios. En tanto que algunos lo aceptan, la mayoría _____; y es crucificado, sepultado, y resucita.

CAPÍTULO 17

LA ERA DE LA IGLESIA

(Hechos 1-12)

Se cuenta de un náufrago que había estado en una isla desierta por seis años. Por todos esos 2190 días, nunca vio a otro ser humano. Así que cuando un crucero por casualidad ancló cerca y envió a un grupo a la playa, el hombre no cabía de gozo. Al fin estaba otra vez con personas. Todo lo que quería era hablar, hablar y hablar.

El capitán del barco miró a la playa y vio tres chozas. Le preguntó al náufrago qué eran.

El náufrago sonrió de oreja a oreja. «Pues bien, la primera es mi iglesia», dijo con orgullo. «Allí es donde yo adoro. La del medio es mi casa. Allí es donde vivo».

Entonces el capitán le preguntó: «Pues bien, ¿qué es la tercera choza?».

Una sombra cruzó momentáneamente por la cara del náufrago al replicar: «Ah, esa es la iglesia a la que yo solía asistir».

Sonreímos, y, sin embargo, es cómico solo porque contiene una semilla de verdad. Llevarse bien con otros cristianos a veces puede ser tan difícil, que si tendríamos que hacerlo por nosotros mismos, no podríamos hacerlo.

A pesar de sus obvias imperfecciones la iglesia es el medio escogido para llevar el mensaje del evangelio al mundo. Uno se pregunta por qué no se ha diseñado un mejor sistema. Luego se percata de que cualquier sistema integrado por personas va a ser imperfecto.

Alexander Solzhenitsyn escribió, en *El archipiélago de Gulag*, que fue en la prisión donde aprendió que la línea que separa el bien del mal no pasa a través de los estados, ni de las clases, ni de los partidos políticos, sino precisamente a través de cada corazón humano y de todos los corazones humanos.

No obstante, Dios obra en la vida de las personas dispuestas, las cambia y transforma en algo más de lo que eran.

«Imagínese como una casa viva», escribió C. S. Lewis. «Dios viene para reconstruir esa casa. Al principio, quizás pueda entender lo que Él está haciendo. Está arreglando los desagües, tapando las goteras del techo, y así por el estilo. Pero ahora empieza a golpear la casa por todos lados, de una manera que hiere y no parece tener ningún sentido. ¿Qué es lo que se propone? La explicación es que está construyendo una casa muy diferente a la que usted pensaba, colocando una nueva ala aquí, un piso adicional allá, levantando almenas, construyendo patios. Usted pensaba que iba a hacer una casita decente; pero Él está edificando un palacio».

Y así es el mensaje de la iglesia. El evangelio es llevado *a* personas imperfectas *por* personas imperfectas. Luego, se congregan para ayudarse mutuamente a crecer hacia la madurez espiritual.

I. REPASO

¡La repetición es la clave para la apropiación mental!
Llene los espacios en blanco para actualizar la tabla con esta era.
(Para verificar sus respuestas, ver el Apéndice).

HISTORIA DEL NUEVO TESTAMENTO

Era	Personaje	Lugar	Resumen histórico
			Jesús viene en cumplimiento de las _____ del Antiguo Testamento sobre un Salvador, ofreciendo _____ y el verdadero reino de Dios. En tanto que algunos lo aceptan, la mayoría lo _____; es crucificado, sepultado y resucita.
_____	_____	_____	A completarse más adelante.

II. RESUMEN HISTÓRICO

Pedro, poco después de la *ascensión* de Jesús, es usado por Dios para *establecer* la *iglesia*, el siguiente plan principal de Dios para el hombre.

Era	Resumen
Iglesia	Pedro, poco después de la _____ de Jesús, es usado por Dios para _____ la _____, el siguiente plan principal de Dios para el hombre.

III. AMPLIACIÓN

Hay cuatro temas principales en la era de la iglesia:

1. Creación
2. Crecimiento
3. Persecución
4. Transición

1. Creación: Nacimiento de la iglesia (Hechos 1-5)

El lugar donde nació la iglesia es Jerusalén. Después de su muerte, sepultura y resurrección, Jesús instruye a sus discípulos a esperar en Jerusalén hasta que reciban el poder del Espíritu Santo, para que sean testigos suyos en Jerusalén (su ciudad), Judea y Samaria (las provincias circunvecinas), y hasta lo último de la tierra (el resto del mundo). Luego Jesús asciende al cielo precisamente ante sus ojos. Poco después, el día de la fiesta judía de Pentecostés, el Espíritu Santo viene sobre los discípulos de Jesús. Mientras están reunidos en una casa, un sonido como de un viento recio llena el lugar, y llamas de fuego se posan sobre cada discípulo, siendo llenos del Espíritu Santo. Empiezan a hablar en diferentes idiomas extranjeros, de manera que muchos de los judíos de diferentes partes del mundo les oyen hablar en su idioma nativo. Este y otros milagros asociados con *el nacimiento de la iglesia* tienen lugar en los primeros días, según el número de convertidos al cristianismo crece rápidamente en Jerusalén.

2. Crecimiento: Organización de la Iglesia (Hechos 6)

Conforme aumenta el número de convertidos, se toman algunas medidas para la *organización de la iglesia*, dándole estructura a sus actividades y responsabilidades. Pedro organiza un centro de socorro para los cristianos en necesidad. Los que tienen posesiones pueden venderlas y dar el dinero a los apóstoles, quienes lo distribuyen de acuerdo a las necesidades. Luego se escogen diáconos para atender las necesidades materiales de la iglesia, mientras los apóstoles atienden a las necesidades espirituales.

3. Persecución: El primer mártir cristiano (Hechos 7)

Esteban, uno de los primeros predicadores, es arrestado por los líderes judíos por predicar acerca de Jesús. Como no se retracta de su mensaje, sino que insiste más, los judíos lo apedrean hasta que muere convirtiéndolo en *el primer mártir cristiano*. Este incidente desata una persecución contra los nuevos cristianos, tan severa que muchos tienen que huir de Jerusalén para salvar la vida. Al hacerlo llevan consigo el mensaje del evangelio a las provincias aledañas de Judea y de Samaria.

4. Transición: Un misionero a los gentiles (Hechos 8-12)

Un fariseo fanático, Saulo de Tarso, cuida las túnicas de los que apedrean a Esteban. Poco después viaja a Damasco para hallar y perseguir a otros cristianos, cuando Jesús le aparece desde el cielo, y Saulo se convierte al cristianismo. Jesús le cambia el nombre a Saulo y llega a ser conocido como el apóstol Pablo. Además, le dice expresamente que será *misionero a los gentiles*. Poco después de eso el apóstol Pedro tiene una visión en la cual el Señor le dice que el mensaje del evangelio debe ser llevado también a los gentiles. Esto marca una transición en la naturaleza de la iglesia, por cuanto, hasta este momento, el mensaje ha circulado exclusivamente entre los judíos.

AUTOEVALUACIÓN

¡Lo que usted puede aprender mañana se edifica sobre lo que aprende hoy!

A. Cuatro temas principales en la era de la iglesia

(Escriba el número correcto, seleccionando de las opciones que se indican a la derecha).

Tema:	Número:	Descripción:
Creación	_____	1. Organización de la iglesia
Crecimiento	_____	2. Misionero a los gentiles
Persecución	_____	3. Nacimiento de la iglesia
Transición	_____	4. El primer mártir cristiano

B. Resumen histórico

(Llene los espacios en blanco de memoria).

Era	Resumen
Iglesia	Pedro, poco después de la _____ de Jesús, es usado por Dios para _____ la _____, el siguiente plan principal de Dios para el hombre.

C. Arco de la historia bíblica

(Escriba los nombres de las eras. Para verificar sus respuestas, ver el Apéndice).

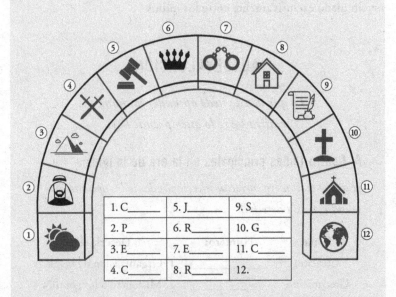

1. C_____	5. J_____	9. S_____
2. P_____	6. R_____	10. G_____
3. E_____	7. E_____	11. C_____
4. C_____	8. R_____	12.

D. La geografía de la era de la iglesia

(Trace una flecha de Jerusalén a Samaria, y otra de Jerusalén a Judea, para representar el movimiento geográfico de la era de la iglesia).

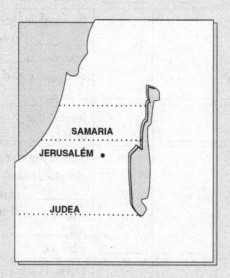

E. Historia de la Biblia

(Llene los espacios en blanco. Para verificar sus respuestas, ver el Apéndice).

Era	Personaje	Lugar	Resumen histórico
			Adán es creado por Dios, pero _____ y _____ el _____ original de Dios para el hombre.
_____	_____	_____	

Era	Personaje	Lugar	Resumen histórico
____	____	____	Abraham es _____ por Dios para ser el «padre» de un _____ que _____ a Dios ante el mundo.
____	____	____	Por medio de Moisés, Dios _____ al pueblo hebreo de la _____ en Egipto y les da la _____.
____	____	____	Josué dirige _____ de la _____.
____	____	____	Sansón y otros fueron escogidos como _____ para _____ al pueblo por _____ años de rebelión.
____	____	____	David, el más grande rey en la nueva _____, es seguido por una sucesión de reyes mayormente _____ y Dios a la larga _____ a Israel por su pecado, enviándolos al exilio.
____	____	____	Daniel, por los siguientes setenta años, provee _____ y estimula a la _____ entre los _____.

Era	Personaje	Lugar	Resumen histórico
_____	_____	_____	Esdras _____ al pueblo de regreso del _____ para reedificar a _____.
_____	_____	_____	Los fariseos y otros _____ a los _____ en el _____ por los siguientes _____ años.
_____	_____	_____	Jesús viene en cumplimiento de las _____ del Antiguo Testamento sobre un salvador, y ofrece _____ y el verdadero reino de Dios. En tanto que algunos lo aceptan, la mayoría lo _____; y es crucificado, sepultado y resucita.
_____	_____	_____	Pedro, poco después de la _____ de Jesús, es usado por Dios para _____ la _____, el siguiente plan principal de Dios para el hombre.

CAPÍTULO 18

LA ERA DE LAS MISIONES

(Hechos 13-28)

Un misionero que servía en las Islas del Mar del Sur estaba enseñando a la gente acerca de la Navidad. «Dar regalos es un acto espontáneo de celebración por un acontecimiento extremadamente gozoso. Y por eso», explicaba, «muchas personas dan regalos a otras en Navidad. Es un acto que celebra la alegre ocasión del nacimiento de Cristo».

Como resultado de esa enseñanza un joven quiso darle al misionero un regalo por Navidad, pero como era una isla muy pobre, no había ninguno fácilmente disponible.

El día de Navidad alguien llamó a la puerta de la choza del misionero. Allí estaba el joven; este le dio una concha extremadamente rara y particularmente hermosa, que solo se podía hallar en el extremo de la isla.

El misionero le agradeció por darle un regalo tan raro y hermoso, y traído de tanta distancia, a lo cual el joven replicó: «La larga caminata es parte del regalo».

¡Qué hermoso sentimiento! «La larga caminata es parte del regalo». Eso también ocurrió con el apóstol Pablo, que dejó una vida de comodidad y seguridad para emprender otra más ardua de misionero, a fin de llevar el mensaje del evangelio a los gentiles en las naciones circunvecinas.

I. REPASO

¡La repetición es la clave para la apropiación mental!
Llene los espacios en blanco para actualizar la tabla con esta era.
(Para verificar sus respuestas, ver el Apéndice).

LA HISTORIA DEL NUEVO TESTAMENTO

Era	Personaje	Lugar	Resumen histórico
_____	_____	_____	Jesús viene en cumplimiento de las _____ del Antiguo Testamento sobre un salvador, ofreciendo _____ y el verdadero reino de Dios. En tanto que algunos lo aceptan, la mayoría lo _____; y es crucificado, sepultado, y resucita.
_____	_____	_____	Pedro, poco después de la _____ de Jesús, es usado por Dios para _____ la _____, el siguiente plan principal de Dios para el hombre.
_____	_____	_____	A completarse luego.

II. RESUMEN HISTÓRICO

Pablo *extiende* la iglesia en el Imperio *romano* durante las próximas dos *décadas*.

Era	Resumen
Misiones	Pablo _____ la iglesia al Imperio _____ durante las próximas dos _____.

III. AMPLIACIÓN

Hay cuatro temas principales en la era de las misiones:

1. Primer viaje misionero
2. Segundo viaje misionero
3. Tercer viaje misionero
4. Juicios y cárcel

1. Primer viaje misionero: En Galacia por dos años (Hechos 13-14)

En el primer viaje misionero de Pablo, él y Bernabé son escogidos por el Espíritu Santo para viajar a Galacia y llevar el evangelio a los gentiles que viven allí. Salen de Antioquía, el punto de partida de los tres viajes misioneros, y se quedan en *Galacia por dos años,* experimentando alentadores resultados. Después de que regresan a Jerusalén, se celebra un concilio en medio de mucha controversia, el cual determina que los gentiles no tienen que convertirse primero en judíos para llegar a ser cristianos.

2. Segundo viaje misionero: En Grecia por tres años (Hechos 15-17)

Pablo sale de Antioquía para visitar a los creyentes que se habían convertido en su primer viaje. Sin embargo, recibe una visión de un hombre en Macedonia (Grecia) y cambia sus planes, yendo a Grecia con el mensaje del evangelio para los gentiles allí. Viaja por *Grecia durante tres años.*

3. Tercer viaje misionero: En Asia por cuatro años (Hechos 18-21)

Pablo sale nuevamente para animar a los creyentes de sus dos primeros viajes, y para esparcir el mensaje del evangelio en Asia. Tiene gran éxito y gran oposición. En Éfeso, la ciudad entera estalla en un motín por su visita. Aunque se le advierte que será encarcelado si regresa a Jerusalén, de todas maneras lo hace, después de estar en *Asia por cuatro años,* y es arrestado de inmediato.

4. Juicios y cárcel: En una prisión romana por dos años (Hechos 22-28)

Los líderes judíos en Jerusalén arrestan a Pablo con acusaciones falsas. Puesto que su vida corre peligro aquí, incluso bajo guardia, lo llevan a Cesarea, la capital romana del área. Allí lo someten a juicio bajo tres hombres: Félix, Festo y Agripa. Para frustrar el abuso de la justicia en el proceso, Pablo ejerce su derecho como ciudadano romano, de llevar el caso ante el César en Roma. Lo llevan allá, pero su caso nunca es llevado a juicio. Se dice que después de estar *en una prisión romana por dos años,* se le cortó la cabeza (el medio de ejecución establecido para un ciudadano romano).

AUTOEVALUACIÓN

¡Lo que usted puede aprender mañana se edifica sobre lo que aprende hoy!

A. Cuatro temas principales en la era de las misiones

(Escriba el número correcto, seleccionando de las opciones que se indican a la derecha).

Tema:	Número:	Descripción:
Primer viaje misionero	_____	1. Cárcel romana por dos años
Segundo viaje misionero	_____	2. Galacia por dos años
Tercer viaje misionero	_____	3. Asia por cuatro años
Juicios y cárcel	_____	4. Grecia por tres años

B. Resumen histórico

(Llene los espacios en blanco de memoria).

Era	Resumen
Misiones	Pablo _____ la iglesia al Imperio _____ durante las próximas dos _____.

C. Arco de la historia bíblica

(Escriba los nombres de las eras. Para verificar sus respuestas, ver el Apéndice).

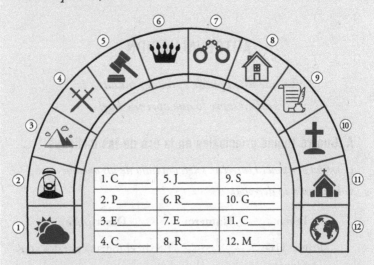

1. C_____	5. J_____	9. S_____
2. P_____	6. R_____	10. G_____
3. E_____	7. E_____	11. C_____
4. C_____	8. R_____	12. M_____

D. La geografía de la era de las misiones

(Trace una flecha desde Antioquía a Galacia, y ponga un 1 en ella. Marque otra de Antioquía a Grecia, y colóquele un 2. Luego, otra flecha desde Antioquía a Asia, y póngale un 3. Esto representa el movimiento geográfico de los viajes misioneros de

Pablo. Ahora trace otra flecha desde Cesarea a Roma, y ponga un 4 en ella, para representar los juicios y el encarcelamiento de Pablo durante la era de las misiones).

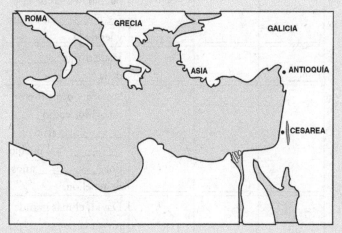

E. La historia de la Biblia

(Llene los espacios en blanco. Para verificar sus respuestas, ver el Apéndice).

Era	Personaje	Lugar	Resumen histórico
_____	_____	_____	Adán es creado por Dios, pero _____ y _____ el _____ original de Dios para el hombre.
_____	_____	_____	Abraham es _____ por Dios para ser el «padre» de un _____ que _____ a Dios ante el mundo.

Era	Personaje	Lugar	Resumen histórico
_____	_____	_____	Por medio de Moisés, Dios _____ al pueblo hebreo de la _____ en Egipto y les da la _____.
_____	_____	_____	Josué dirige _____ de la _____.
_____	_____	_____	Sansón y otros fueron escogidos como _____ para _____ al pueblo por _____ años de rebelión.
_____	_____	_____	David, el más grande rey en la nueva _____, es seguido por una sucesión de reyes mayormente _____ y Dios a la larga _____ a Israel por su pecado, enviándolos al exilio.
_____	_____	_____	Daniel, por los siguientes setenta años, provee _____ y estimula a la _____ entre los _____.
_____	_____	_____	Esdras _____ al pueblo de regreso del _____ para reedificar a _____.

Era	Personaje	Lugar	Resumen histórico
			Los fariseos y otros _____ a los _____ en el _____ por los siguientes _____ años.
			Jesús viene en cumplimiento de las _____ del Antiguo Testamento sobre un salvador, ofreciendo _____ y el verdadero reino de Dios. En tanto que algunos lo aceptan, la mayoría lo _____; y es crucificado, sepultado y resucita.
			Pedro, poco después de la _____ de Jesús, es usado por Dios para _____ la _____, el siguiente plan principal de Dios para el hombre.
			Pablo _____ la iglesia al Imperio _____ durante las próximas dos _____.

CAPÍTULO 19

LAS EPÍSTOLAS

(Romanos-Apocalipsis)

En un artículo de la revista *Selecciones* titulado «Envíe una sonrisa a alguien», se relata una historia cautivadora:

> Un día, poco después de nacer mi tercer hijo, recibí una nota de otra joven madre, amiga mía, que vivía apenas a tres calles de nuestra casa. No nos habíamos visto en todo el invierno.
>
> «Hola, amiga», escribía. «Pienso en ti con frecuencia. Algún día tendremos tiempo para estar juntas como antes. Persiste en la lucha. Sé que eres una madre excelente. Te veo pronto, espero». Estaba firmada: «Tu amiga secreta, Sue Ann».
>
> Esas pocas palabras me levantaron el ánimo y añadieron ungüento de amor a un día ajetreado. Recuerdo haber pensado: *Gracias, Sue Ann. Lo necesitaba.*
>
> Cuando salí a franquear una nota, noté que un vecino abría su buzón. El Señor Williams agachó su cabeza y su paso me pareció más lento mientras entraba en su casa con las manos vacías. Como alcancé a oír que mi bebé lloraba, corrí a mi casa, pero no pude sacar al Señor Williams de mi cabeza. No era que esperara algún cheque, porque era muy acomodado. Quizás estaba buscando un poco de cariño en su buzón. Mientras Meagan

dibujaba un cuadro de un buzón sonriendo y Tami un arco iris, yo escribí una notita. «Somos sus admiradoras secretas», empezaba. Añadimos un relato favorito y un poema. «Espere recibir noticias nuestras con frecuencia», escribí en el sobre.

Al día siguiente mis hijas y yo observamos al señor Williams recoger su correspondencia y abrir el sobre precisamente al pie de su buzón. Incluso a la distancia podíamos ver que sonreía.

Mi mente empezó a devanarse al pensar en todas aquellas personas que pudieran usar una sonrisa en sus buzones. ¿Qué de la quinceañera que padece del síndrome de Downs, y que vive cerca de mis padres, cuyo cumpleaños se acerca? ¿Qué de los ancianos recluidos en el asilo cerca a nuestra casa? ¿La mujer inválida en nuestro antiguo barrio? ¿Las incontables personas que ni siquiera conocía, pero que todavía creían en la cortesía y en brindar un buen servicio en los almacenes, en las oficinas y en los restaurantes? Incluso en los días más ajetreados podía darme tiempo para escribir por lo menos una nota.

Pueden ser cortas, pero deben ser anónimas. Al principio quise recibir el crédito por las notas. Pero ahora, escribirlas en secreto añade un sentido de aventura. Es más divertido. Una vez oí sin proponérmelo que hablaban de la Señora Fantasma de las Notas. Hablaban de mí, pero no lo sabían, ni yo iba a decírselo.

En tanto que las cartas fueron el único medio de comunicación a larga distancia por siglos, en el mundo actual, casi han llegado a ser cosa del pasado. Los medios sociales basados en la Internet han eliminado la pluma y el papel de la experiencia de la mayoría de las personas. Incluso así, el espíritu de la Señora Fantasma de las Notas sigue viviendo. Sea que se trate de la Internet, llamadas telefónicas, o algo tan «antiguo» como escribir una carta, con todo podemos ser una fuerza positiva en las vidas de otras personas. Todavía podemos utilizar cualquier medio de comunicación que escojamos, y hallar maneras de instruir, animar y edificar a otros.

Pablo y otros escritores de la Biblia tenían preocupaciones similares a la Señora Fantasma de las Notas. Escribieron cartas tanto a congregaciones de iglesias como a individuos, para animarles e instruirles, las cuales fueron preservadas, en la providencia de Dios; y con el correr del tiempo fueron compiladas en la sección de «Epístolas» de la Biblia. Las epístolas son eso, simplemente cartas.

Usted recordará que trece de ellas fueron escritas por el apóstol Pablo, mientras que las nueve restantes son de diferentes autores. La tabla en la sección de repaso que sigue muestra la distinción entre las epístolas paulinas y las epístolas generales.

I. REPASO

¡La repetición es la clave para la apropiación mental!

LA ESTRUCTURA DEL NUEVO TESTAMENTO

Históricos	Epístolas paulinas	Epístolas generales
Mateo	*A iglesias:*	Hebreos
Marcos	Romanos	Santiago
Lucas	1 Corintios	1 Pedro
Juan	2 Corintios	2 Pedro
Hechos	Gálatas	1 Juan
	Efesios	2 Juan
	Filipenses	3 Juan
	Colosenses	Judas
	1 Tesalonicenses	Apocalipsis
	2 Tesalonicenses	
	A individuos:	
	1 Timoteo	
	2 Timoteo	
	Tito	
	Filemón	

Hemos completado nuestro estudio de la historia. De Mateo a Hechos extendemos una línea de tiempo como escenario para la historia del Nuevo Testamento. Algunas de las epístolas fueron escritas durante ese tiempo, y otras después que ese período concluye al finalizar el libro de los Hechos. Esto hace el asunto un poco confuso, y algo frustrante, porque quisiéramos que los «Libros Históricos» nos contaran la historia durante el tiempo en que fueron escritas las epístolas. Sin embargo, no lo hacen, y se nos deja para que la armemos como podamos, a base de las referencias que aparecen en las epístolas.

La siguiente tabla muestra cuándo fueron escritas las epístolas, en referencia al tiempo registrado en los «Libros Históricos». Los números son años después del nacimiento de Cristo. Los Evangelios cubren el tiempo desde su nacimiento hasta su muerte, aproximadamente a los treinta años. Hechos empieza de inmediato, y registra los acontecimientos hasta alrededor del año 60 A.D. Vemos entonces que Gálatas fue escrita durante el período del libro de los Hechos, específicamente en el 48 A.D. Primera y Segunda Tesalonicenses fueron escritas alrededor del 50 A.D., etc. Los libros de la segunda sección son las epístolas paulinas y los de la última son las epístolas generales.

CRONOLOGÍA DEL NUEVO TESTAMENTO

Libros históricos

		Evangelios-Hechos				Después de Hechos		
A.D. 0	A.D. 30	A.D. 48	A.D. 50	A.D. 53	A.D. 60	A.D. 62	A.D. 67	A.D. 95

Epístolas paulinas ↑

		Gálatas	1 Tesalonicenses 2 Tesalonicenses	1 Corintios 2 Corintios Romanos	Efesios Colosenses Filemón Filipenses	1 Timoteo Tito	2 Timoteo	

Epístolas generales ↑

		Santiago				1 Pedro 2 Pedro	Hebreos Judas	1 Juan 2 Juan 3 Juan Apocalipsis

II. VISTAZO

Las epístolas son cartas a iglesias y a individuos para *animarlos e instruirlos* en la fe cristiana.

REPASO

Las epístolas son cartas a iglesias y a individuos para _____ e _____ en la fe cristiana.

III. AMPLIACIÓN

Hay cuatro temas principales que tratar al estudiar las epístolas:

1. La naturaleza de las epístolas
2. Epístolas paulinas a iglesias
3. Epístolas paulinas a individuos
4. Epístolas generales

1. La naturaleza de las epístolas: Doctrina, luego deber

Las epístolas son cartas escritas a iglesias, individuos o, en algunos casos, al público cristiano en general. Tratan problemas y asuntos específicos de la era, pero lo hacen de tal manera que la información es universal y para todos los tiempos. El modelo típico consiste en escribir una sección doctrinal, y a continuación seguir con las implicaciones prácticas de esa verdad. *Doctrina, luego deber*. Principio, luego práctica.

2. Epístolas paulinas a iglesias: Cartas a iglesias locales

Trece de las veintidós epístolas del Nuevo Testamento fueron escritas por el apóstol Pablo. Nueve son *cartas a iglesias locales*, y reciben el nombre de acuerdo a la iglesia a la cual fueron escritas.

(Conforme lee la descripción del libro, note las palabras en cursivas. Inmediatamente después de la descripción de cada libro, se repite la descripción con un espacio en blanco en lugar de la palabra en cursivas. Llene el espacio en blanco).

Romanos: fuertemente doctrinal, con la doctrina más completa en toda la Biblia de la *salvación* por gracia por medio de la fe.

Romanos: fuertemente doctrinal, con la más completa doctrina en toda la Biblia de la _____ por gracia por medio de la fe.

1 y 2 Corintios: fuertemente prácticas, tratan una serie de *problemas* específicos en la Iglesia corintia.

1 y 2 Corintios: fuertemente prácticas, tratan una serie de _____ específicos en la iglesia corintia.

Gálatas: escrita a algunos de los primeros convertidos de Pablo, para refutar el *legalismo*.

Gálatas: escrita a algunos de los primeros convertidos de Pablo, para refutar el _____.

Efesios: trata con la *posición* del creyente en Cristo y sus implicaciones prácticas.

Efesios: trata con la _____ del creyente en Cristo y sus implicaciones prácticas.

Filipenses: una carta afectuosa de *gozo* que anima a pesar de las pruebas.

Filipenses: una carta afectuosa de _____ que anima a pesar de las pruebas.

Colosenses: la *preeminencia* de Cristo es su tema principal.

Colosenses: la _____ de Cristo es su tema principal.

1 y 2 Tesalonicenses: cartas muy personales que tratan con cuestiones específicas en la iglesia de Tesalónica, incluyendo la *profecía* y la vida *práctica*.

1 y 2 Tesalonicenses: cartas muy personales que tratan con cuestiones específicas en la iglesia de Tesalónica, incluyendo la _____ y la vida _____.

3. Epístolas paulinas a individuos: Cartas a individuos y pastores.

Cuatro de las cartas de Pablo son escritas a *individuos y pastores,* y reciben su nombre de acuerdo a quien fueron escritas.

1 y 2 Timoteo: dos cartas a un joven pastor en Éfeso. La primera le *aconseja* acerca de cuestiones de la iglesia local, y la segunda le *anima* a permanecer fuerte en la fe en medio de las pruebas.

1 y 2 Timoteo: dos cartas a un joven pastor en Éfeso. La primera le _____ acerca de cuestiones de la iglesia local, y la segunda le _____ a permanecer fuerte en la fe en medio de las pruebas.

Tito: escrita al pastor de la iglesia en la isla de Creta, trata mayormente cuestiones de la iglesia local, incluyendo los *requisitos* de los líderes de la iglesia.

Tito: escrita al pastor de la iglesia en la isla de Creta, trata mayormente cuestiones de la iglesia local, incluyendo los _____ de los líderes de la iglesia.

Filemón: escrita al dueño de un esclavo; urge un trato benigno para el *esclavo* fugitivo que se había convertido y que regresaba a su amo cristiano.

Filemón: escrita al dueño de un esclavo; urge un trato benigno para el _____ fugitivo que se había convertido y que regresaba a su amo cristiano.

4. Epístolas generales: Cartas al público cristiano

Escritas por varios autores, las nueve epístolas generales son *cartas al público cristiano* (con la única excepción de 2 y 3 Juan). Usualmente reciben su nombre de acuerdo a quien las escribió.

Hebreos: fuertemente *doctrinal,* este libro recurre ampliamente a la verdad del Antiguo Testamento para enseñar la del Nuevo Testamento a un público judío.

Hebreos: fuertemente _____, este libro recurre ampliamente a la verdad del Antiguo Testamento para enseñar la del Nuevo Testamento a un público judío.

Santiago: un tratamiento incisivo y práctico de la operación apropiada de la *fe* cristiana en la vida diaria.

Santiago: un tratamiento incisivo y práctico de la operación apropiada de la _____ cristiana en la vida diaria.

1 y 2 Pedro: escritas a creyentes esparcidos por toda Asia y Galacia, tratan con la respuesta apropiada al *sufrimiento* y a la oposición.

1 y 2 Pedro: escritas a creyentes esparcidos por toda Asia y Galacia, tratan con la respuesta apropiada al _____ y a la oposición.

1, 2 y 3 Juan: cartas del apóstol Juan que tratan del *amor* de Dios y su operación en la vida de los cristianos.

1, 2 y 3 Juan: cartas del apóstol Juan que tratan del _____ de Dios y su operación en la vida de los cristianos.

Judas: un libro corto pero poderoso, *advierte* en contra de la vida impía.

Judas: un libro corto pero poderoso, _____ en contra de la vida impía.

Apocalipsis: un libro gigante, fuertemente profético, que trata con la naturaleza y cronología de *los últimos tiempos.*

Apocalipsis: un libro gigante, fuertemente profético, que trata con la naturaleza y cronología de _____.

REPASO

(En las siguientes páginas escriba el nombre del libro correspondiente a su descripción).

1. EPISTOLAS PAULINAS A IGLESIAS:

a. Colosenses _____ Fuertemente doctrinal, con la más completa doctrina, en toda la Biblia, de la *salvación* por gracia por medio de la fe.

b. Efesios _____ Fuertemente prácticas, estas cartas tratan con una serie de *problemas* específicos en la iglesia corintia.

c. Gálatas _____ Escrita a algunos de los primeros convertidos de Pablo, esta epístola refuta el *legalismo*.

d. 1 y 2 Corintios _____ Esta carta trata con la *posición* del creyente en Cristo y sus implicaciones prácticas.

e. Romanos _____ Esta es una carta afectuosa de *gozo* que anima a pesar de las pruebas.

f. 1, 2 Tesalonicenses _____ La *preeminencia* de Cristo es su tema principal.

g. Filipenses _____ Estas son cartas muy personales que tratan con cuestiones específicas en la iglesia de Tesalónica, incluyendo la *profecía* y la vida *práctica*.

2. EPISTOLAS PAULINAS A INDIVIDUOS:

a. Filemón _____ Estas son dos cartas dirigidas a un joven pastor en Éfeso. La primera le *aconseja* acerca de cuestiones de la iglesia local, y la segunda le *anima* a permanecer fuerte en la fe en medio de las pruebas.

b. 1 y 2 Timoteo   _____ Escrita al pastor de la iglesia en la isla de Creta, trata mayormente cuestiones de la iglesia local, incluyendo los *requisitos* de los líderes de la iglesia.

c. Tito   _____ Escrita al dueño de un esclavo; urge un trato benigno para el *esclavo* fugitivo que se había convertido y que regresaba a su amo cristiano.

3. EPÍSTOLAS GENERALES:

a. Apocalipsis   _____ Fuertemente *doctrinal*, este libro recurre ampliamente a la verdad del Antiguo Testamento para enseñar la del Nuevo Testamento a un público judío.

b. 1, 2 y 3 de Juan   _____ Este libro es un tratamiento incisivo y práctico de la operación apropiada de la *fe* cristiana en la vida diaria.

c. Hebreos   _____ Escrita a creyentes esparcidos por toda Asia y Galacia, tratan con la respuesta apropiada al *sufrimiento* y a la oposición.

d. 1 y 2 Pedro   _____ Estas son cartas del apóstol Juan que tratan del *amor* de Dios y su operación en la vida de los cristianos.

e. Santiago   _____ Este es un libro corto pero poderoso, *advierte* en contra de la vida impía.

f. Judas   _____ Un libro gigante, fuertemente profético, este trata con la naturaleza y cronología de *los últimos tiempos*.

AUTOEVALUACIÓN

¡Lo que usted puede aprender mañana se edifica sobre lo que aprende hoy!

Cuatro distinciones principales a considerar al estudiar las epístolas

(Escriba el número correcto en el espacio en blanco, escogiendo entre las opciones que se dan a la derecha).

Distinción:	Número:	Descripción:
La naturaleza de las epístolas	_____	1. Cartas a individuos y pastores
Epístolas paulinas a iglesias	_____	2. Cartas a iglesias locales
Epístolas paulinas a individuos	_____	3. Cartas al público cristiano
Epístolas generales	_____	4. Doctrina, luego deber

¡Felicitaciones! Acaba de completar un vistazo básico a la historia de la Biblia, ¡incluidos todos sus sesenta y seis libros! Desde los libros históricos del Antiguo al Nuevo Testamentos usted ha aprendido: todas las eras fundamentales, todos los personajes centrales, y todos los lugares esenciales de la geografía; todo unido a un resumen histórico de la cronología de la Biblia. En esa cronología usted también ha aprendido dónde encajan los otros libros poéticos y proféticos del Antiguo Testamento y las epístolas del Nuevo Testamento.

Ahora usted está listo para la próxima sección, que le dará un panorama general de las diez grandes doctrinas de la Biblia.

SECCIÓN 3

DIEZ GRANDES DOCTRINAS
DE LA BIBLIA

CAPÍTULO 20

VISTAZO GENERAL DE LA DOCTRINA BÍBLICA

La Biblia es más que historia. A fin de conocer la Biblia, hay que avanzar más allá del estudio histórico de personas, lugares y acontecimientos, y aprender de sus enseñanzas; y lanzarse a eso no es fácil. Un día, hace muchos años, Harry Cohen, entonces gerente de los Estudios Columbia de Hollywood, conversaba con su hermano Jack, quien le sugirió que produjera una épica bíblica. «¿Qué sabes tú acerca de la Biblia?», exclamó Harry. «Te apuesto cincuenta dólares a que ni siquiera sabes el Padre Nuestro». Después de pensar un momento, Jack empezó: «Ahora, me acuesto para dormir...», y recitó la bien conocida oración infantil antes de dormirse. Harry sacó cincuenta dólares de su bolsillo. «¡Pues bien, me doy!», dijo, mientras le entregaba el dinero a su hermano. «No pensé que lo sabías».

La mayoría de nosotros sabemos de la Biblia algo mejor que lo que Harry sabía, pero la mayoría de nosotros también diría que nos gustaría conocer la Biblia mejor de lo que la conocemos.

Cuando se compila a todos los autores, y todos los libros de la Biblia, y luego se los reduce a su mínimo irreducible, ¿qué es lo que enseña la Biblia? ¿Qué temas cubre, y qué dice en cuanto a cada tema? Cuando uno reúne a Moisés, David, Jesús y Pablo, ¿qué es lo que enseñan ellos en cuanto a Dios, Cristo, los ángeles y el futuro? Al empezar a responder a estas preguntas, usted está entrando en el mundo de la «doctrina bíblica».

Es difícil conseguir que dos personas concuerden en todos los puntos de doctrina. Hay una antigua oración irlandesa que dice:

Oh Señor, convierte los corazones de nuestros enemigos.

Y si no puedes convertir sus corazones,

entonces dóblales los tobillos,

a fin de que podamos conocerlos cuando cojean.

Hay muchos que cojean, a ojos de otros, sobre ciertas distinciones doctrinales. Sin embargo, hay un cuerpo básico de doctrina con el que casi todos los cristianos históricamente han concordado. En esta sección dirigimos nuestro enfoque a ese cuerpo.

Dependiendo de cuán finamente parten un cabello, diferentes eruditos bíblicos han compilado un número diferente de temas mínimos. Para el propósito de nuestro estudio, usaremos diez. Las diez grandes doctrinas de la Biblia se indican a continuación. Cada enseñanza de la Biblia es una subdivisión de una de estas doctrinas, o temas.

DIEZ GRANDES DOCTRINAS DE LA BIBLIA

1. La Biblia
2. Dios
3. Cristo
4. Espíritu Santo
5. Ángeles
6. Hombre
7. Pecado
8. Salvación
9. Iglesia
10. Cosas futuras

Al leer las descripciones que siguen, note que, para ayudarle a recordar la doctrina, se ha asignado un símbolo a cada una.

1. **La Biblia,** simbolizada por un libro, tiene que ver con el origen y la naturaleza de las Escrituras. ¿Cómo nos llegó? ¿Es confiable? ¿Es la Palabra de Dios?

2. **Dios,** simbolizado por la corona de un rey, tiene que ver con la primera persona de la Trinidad. ¿Quién es Él? ¿Cómo es Él? ¿Cuál es nuestra relación con Él?

3. **Cristo,** simbolizado por el Cordero de Dios, tiene que ver con Jesús de Nazaret, la segunda persona de la Trinidad. ¿Fue él un hombre? ¿Fue Dios? ¿Está vivo hoy? ¿Va a volver a la tierra?

4. **El Espíritu Santo,** la tercera persona de la Trinidad, es simbolizada por una paloma. ¿Es él un ser personal o el equivalente religioso del «espíritu escolar»?

5. **Ángeles,** simbolizados por alas de ángel, investiga la realidad del mundo de los espíritus. ¿Qué hay en cuanto al Ángel de la guarda? ¿Qué en cuanto a la posesión demoníaca y adoración a Satanás?

6. **Hombre,** simbolizado por un individuo, investiga el origen, naturaleza y destino de la humanidad. ¿Fueron creados los seres humanos, o evolucionamos? ¿Tenemos alma? ¿Vive el alma para siempre?

7. **Pecado,** simbolizado por una manzana mordida, tiene que ver con la naturaleza de la ofensa de la humanidad contra Dios.

8. **Salvación,** simbolizada por un salvavidas, tiene que ver con la vida más allá, el cielo, el infierno, y si es o no seguro para nosotros morir.

9. **Iglesia,** un cuerpo organizado de creyentes, se simboliza por el edificio de una iglesia, e investiga lo que es la iglesia a los ojos de Dios y cuáles son sus responsabilidades.

10. **Cosas futuras,** simbolizado por un reloj de arena, examina la profecía bíblica y lo que la Biblia dice en cuanto a los acontecimientos futuros, el fin del mundo y la eternidad.

REPASO

(Escriba en el espacio en blanco el número correcto de las opciones en la columna a la derecha).

Doctrina:	Número:	Descripción:
Salvación	_____	1. Origen y naturaleza de las Escrituras
Cristo	_____	2. Primera persona de la Trinidad
Cosas futuras	_____	3. Segunda persona de la Trinidad
Dios	_____	4. Tercera persona de la Trinidad
La Biblia	_____	5. Mundo de los espíritus
Pecado	_____	6. Creyentes organizados
Ángeles	_____	7. Origen, naturaleza y destino de la humanidad
Hombre	_____	8. Vida más allá, cielo, infierno
Iglesia	_____	9. Ofensa del hombre contra Dios
Espíritu Santo	_____	10. Profecía bíblica

Para ayudarle más a recordar estas diez grandes doctrinas, note que el orden sugiere una progresión lógica. Al leer las descripciones que siguen, escriba el nombre de la doctrina junto al número correspondiente y símbolo en la gráfica que aparece más adelante. Al seguir los números y flechas en la gráfica, puede ver la progresión lógica de una doctrina a la siguiente. Esto le ayudará a recordar las diez grandes doctrinas.

1. La Biblia

La Biblia es el cimiento de lo que aprendemos en cuanto a los otros nueve temas, así que es el primero.

2. Dios

Dios es el primer miembro de la Trinidad.

3. Cristo

Cristo es el segundo miembro de la Trinidad

4. Espíritu Santo

El *Espíritu Santo* es el tercer miembro de la Trinidad

5. Ángeles

Los ángeles son inferiores a Dios, pero más altos que el hombre, así que están colocados entre Dios y el hombre.

6. Hombre

El *hombre* es hecho a imagen de Dios.

7. Pecado

El *pecado* son las faltas del hombre a los ojos de Dios.

8. Salvación

La *salvación* se la ofrece Dios al hombre por fe.

9. Iglesia

La *iglesia* proclama el mensaje de salvación.

10. Cosas futuras

Las *cosas futuras* son un registro profético de las cosas que sucederán en el futuro.

2. _____

4. _____   3. _____

5. _____   1. _____   10. _____

6. _____   9. _____

7. _____   8. _____

AUTOEVALUACIÓN

¡Lo que usted puede aprender mañana se edifica sobre lo que aprende hoy!

Diez grandes doctrinas de la Biblia

Como repaso final, escriba de memoria los nombres de las diez doctrinas. Ver las páginas 188-189 para verificar sus respuestas:

1. _____   6. _____

2. _____   7. _____

3. _____   8. _____

4. _____   9. _____

5. _____   10. _____

Ahora, habiendo establecido una base para las diez grandes doctrinas de la Biblia, estamos listos para dar un vistazo general a cada doctrina, separadamente, en los capítulos que siguen.

CAPÍTULO 21

LA DOCTRINA DE LA BIBLIA

«No son las cosas que no entiendo de la Biblia lo
que me fastidia. Son las cosas que entiendo».

—Mark Twain

En la película *Una nueva esperanza,* de la serie Guerra de las Galaxias, el futuro de la galaxia depende del éxito de una sola misión para destruir la Estrella de la Muerte. La nueva estación de batalla del imperio es poderosa, lo suficiente como para destruir planetas enteros, pero no le falta un punto débil. La rebelión, leal a las ideas de la antigua república, se ha enterado de que un disparo exacto en un conducto de ventilación hecho por un diestro piloto de bombardero empezará una reacción en cadena que resultaría en la destrucción de la Estrella de la Muerte.

Después de una feroz batalla, solo queda una nave de ataque, y está piloteada por el héroe de la película, Luke Skywalker. Pero cuando Luke hace su acercamiento final hacia el conducto de ventilación de la Estrella de la Muerte, su mentor fallecido, Obi-wan Kenobi, le habla desde más allá de la tumba y le dice que apague su computadora y que confíe en «la Fuerza». Así que Luke desconecta la computadora que apunta al blanco, pone toda su confianza en la Fuerza, y hace el disparo casi imposible. La Estrella de la Muerte explota, y la paz es restaurada a la galaxia (hasta que *El imperio ataca de nuevo,* por supuesto).

Una generación ha crecido pensando en esta escena memorable como una forma de vida. Tal vez no haya una cosa tal como la Fuerza, pero el mensaje permanece: *Escucha a tu corazón*. Al principio, eso suena como gran consejo, pero el problema es que el corazón no siempre tiene la razón. Como la Biblia nos dice: «El corazón del sabio *lo guía* hacia la derecha, y el corazón del necio, hacia la izquierda» (Eclesiastés 10.2, LBLA, énfasis añadido).

Jesús dijo: «Y conoceréis la verdad, y la verdad os hará libres» (Juan 8.32). Hasta el punto en que no sabemos la verdad, somos vulnerables a la ignorancia y el engaño. Por eso es que Dios nos ha dado su Palabra; a fin de que podamos tener una autoridad final en todos los asuntos, una fuente de verdad más confiable que toda voz competidora, incluso nuestros corazones.

La Biblia nos da la realidad última, diciéndonos de dónde venimos, en dónde estamos ahora, y adónde vamos. Nos toca a nosotros decidir si aceptamos la verdad que ofrece.

La Biblia no se defiende a sí misma. Fue escrita a personas que aceptan su mensaje y por consiguiente dedica escaso espacio para convencer a sus lectores de su autenticidad. La aseveración fundamental que la Biblia hace respecto a sí misma es que, a pesar de la colaboración humana que intervino en su escritura, la Biblia es una revelación de Dios al hombre, fue escrita sin errores, y se puede confiar en que ella revela la verdad respecto a Dios, el hombre, la vida y la muerte.

Al empezar nuestro estudio de la doctrina de la Biblia, adoptaremos un patrón que se seguirá en toda esta sección:

I. Se le pedirá que repase el capítulo previo.

II. Se le dará un vistazo general de doctrina, enfocando tres cosas:

A. Las cuatro subdivisiones principales de cada doctrina, asignándole un símbolo visual a cada una.

B. Una breve definición de cada subdivisión, seguida de una ampliación.

C. Un pasaje bíblico central para cada subdivisión.

III. Tres de las doctrinas requerirán atención adicional, que consideraremos bajo el encabezamiento de «Consideraciones adicionales».

I. REPASO

¡La repetición es la clave para la apropiación mental!
Llene los espacios en blanco. Para las respuestas, ver la página 188.

Diez grandes doctrinas de la Biblia

1. La B_____
2. D_____
3. C_____
4. E_____ S_____
5. Á_____
6. H_____
7. P_____
8. S_____
9. I_____
10. C_____ f_____

II. LAS CUATRO SUBDIVISIONES PRINCIPALES DE LA DOCTRINA BÍBLICA

Las cuatro subdivisiones principales de la doctrina bíblica son:

1. Revelación

2. Inspiración

3. Iluminación

4. Interpretación

(Al leer las definiciones de las subdivisiones de la doctrina, note las palabras en cursivas. Inmediatamente después de las definiciones, se repiten con espacios en blanco en lugar de las palabras en cursivas. Llene los espacios en blanco).

Símbolo:	Subdivisión:	Definición:

 1. Revelación: Dios *reveló* la Biblia al hombre.

Revelación: Dios _____ la Biblia al hombre

Dios le hizo saber al hombre lo que Él quería que el hombre supiera. Algo de la información tiene que ver con la instrucción del día presente sobre cómo vivir y cómo relacionarse correctamente con Dios y nuestros semejantes. Otra información tiene que ver con declaraciones proféticas en cuanto al futuro. Hebreos 3.7 dice: «Por lo cual, como dice el Espíritu Santo...». Luego cita un pasaje de Salmos, que fueron escritos por el rey David, indicando que la escritura humana fue *revelada* por Dios.

Pasaje central:
Por lo cual, como dice el Espíritu Santo: «Si oyereis hoy su voz...». (Hebreos 3.7)

Símbolo:	Subdivisión:	Definición:

 2. Inspiración: Dios cuidó que cuando los hombres escribieran su revelación, lo hicieran *sin error.*

Inspiración: Dios cuidó que cuando los hombres escribieran su revelación, lo hicieran

_____.

No toda la revelación de Dios al hombre se anotó en la Biblia. Algo de ella fue muy personal, entre Dios y un individuo. Pero para la parte de la revelación de Dios al hombre que fue escrita, Dios intervino en el proceso de registrarla al punto que, aun cuando no dictó ni descartó la personalidad de cada autor individual, cuidó que lo que el escritor en efecto anotó fue lo que Dios quería que se anotara y que fuera *sin error.*

Pasaje central:
Los santos hombres de Dios hablaron siendo inspirados por el Espíritu Santo. (2 Pedro 1.21)

Símbolo:	Subdivisión:	Definición:

3. Iluminación: El Espíritu Santo debe capacitar a las personas para que *entiendan* y *abracen* la verdad de las Escrituras.

Iluminación: El Espíritu Santo debe capacitar a las personas para que _____ y _____ la verdad de las Escrituras.

La capacidad natural del hombre para captar y abrazar la información de la Biblia es limitada. Mucho de ella es información espiritual que el hombre ni entiende ni acepta fácilmente. Para superar este hecho, el Espíritu Santo gradualmente ilumina la mente receptiva para que *entienda* y *abrace* más y más de la Biblia, conforme el cristiano madura en su andar espiritual.

Pasaje central:

Y nosotros no hemos recibido el espíritu del mundo, sino el Espíritu que proviene de Dios, para que sepamos lo que Dios nos ha concedido. (1 Corintios 2.12)

Símbolo:	Subdivisión:	Definición:

4. Interpretación: Para entender las enseñanzas más profundas de las Escrituras debemos ser *estudiantes* diligentes.

Interpretación: Para entender las enseñanzas más profundas de las Escrituras debemos ser _____ diligentes.

Lograr una comprensión más profunda de la Biblia es una calle de doble vía. Es cierto que no sucederá a menos que el Espíritu Santo ilumine la mente del cristiano, pero tampoco sucederá a menos que el cristiano sea diligente al procurar conocimiento bíblico. Mientras más el cristiano lee y estudia la Biblia, más el Espíritu Santo iluminará su mente, lo que anima al *estudiante* a leer y estudiar más.

Pasaje central:

Procura con diligencia presentarte a Dios aprobado, como obrero que no tiene de qué avergonzarse, que usa bien la palabra de verdad. (2 Timoteo 2.15)

LA DOCTRINA DE LA BIBLIA

*(En las líneas a continuación escriba los títulos de las cuatro
subdivisiones).*

Símbolo:	Subdivisión:	Definición:
	1. R_____	Dios *reveló* la Biblia al hombre.
	Pasaje central:	(Hebreos 3.7)

Símbolo:	Subdivisión:	Definición:
	2. I_____	Dios cuidó que cuando los hombres escribieran su revelación, lo hicieran *sin error.*
	Pasaje central:	(2 Pedro 1.21).

Símbolo:	Subdivisión:	Definición:
	3. I_____	El Espíritu Santo debe capacitar a las personas para que *entiendan* y *abracen* la verdad de las Escrituras.
	Pasaje central:	(1 Corintios 2.12)

Símbolo:	Subdivisión:	Definición:
	4. I_____	Para entender las enseñanzas más profundas de las Escrituras debemos ser *estudiantes* diligentes.
	Pasaje central:	(2 Timoteo 2.15)

LA DOCTRINA DE LA BIBLIA

*(Mencione las cuatro subdivisiones de la doctrina bíblica, y escriba en la
definición las palabras clave).*

Símbolo:	Subdivisión:	Definición:
	1. R_____	Dios _____ la Biblia al hombre.
	Pasaje central:	(Hebreos 3.7)

Símbolo:	Subdivisión:	Definición:

2. I_____   Dios cuidó que cuando los hombres escribieran su revelación, lo hicieran _____ _____.

Pasaje central: (2 Pedro 1.21)

Símbolo:	Subdivisión:	Definición:

3. I_____   El Espíritu Santo debe capacitar a las personas para que _____ y _____ la verdad de las Escrituras.

Pasaje central: (1 Corintios 2.12)

Símbolo:	Subdivisión:	Definición:

4. I_____   Para entender las enseñanzas más profundas de las Escrituras debemos ser _____ diligentes.

Pasaje central: (2 Timoteo 2.15)

AUTOEVALUACIÓN

¡Lo que usted puede aprender mañana se edifica sobre lo que aprende hoy!

LA DOCTRINA DE LA BIBLIA

(Llene los espacios en blanco).

1. R_____ Dios _____ la Biblia al hombre.
2. I_____ Dios cuidó que cuando los hombres escribieran su revelación, lo hicieron ____ _____ .

3. I_____ El Espíritu Santo debe capacitar a las
personas para que _____ y
_____ la verdad de las Escrituras.

4. I_____ Para entender las enseñanzas más profundas
de las Escrituras debemos ser _____
diligentes.

DIEZ GRANDES DOCTRINAS DE LA BIBLIA

(De memoria escriba el nombre de la doctrina número uno.
Ver la respuesta en el Apéndice).

1. _____

CAPÍTULO 22

LA DOCTRINA DE DIOS

El que exista un Dios no se puede probar ni refutar. La existencia de Dios está fuera del campo de la confirmación científica. Por consiguiente, no podemos ir a un laboratorio y buscar prueba de Dios. Más bien, debemos ir a un tribunal y buscar la evidencia.

En una corte, la evidencia se puede acumular para demostrar la probabilidad de su existencia. Por supuesto, si alguien no quiere creer, la incredulidad nunca halla evidencia suficiente. Sin embargo, si uno tiene una mente abierta, y está dispuesto a ir a donde sea que la evidencia conduce, hay suficiente evidencia para hacer de la creencia en Dios una conclusión confiable.

C. S. Lewis, brillante erudito cristiano que enseñó en Cambridge y Oxford, de buen grado admitía su renuencia para aceptar la existencia de Dios. Sin embargo, mantenía una mente abierta en la investigación de la evidencia y se encontró convencido a pesar de sí mismo. En su libro *Sorprendido por la alegría* escribe que estaba enseñando en la Facultad Magdalen en la Universidad de Oxford cuando tuvo un encuentro con un ateo intelectual:

A principios de 1926, el más recalcitrante de todos los ateos que jamás había conocido estaba sentado en mi habitación al otro lado de la chimenea, y comentó que la evidencia para la historicidad de los Evangelios era sorprendentemente buena. «Cosa rara», prosiguió. «Cosa rara. Casi parece como si en realidad hubiera ocurrido alguna vez». Para comprender el impacto terrible de eso uno necesitaría conocer al hombre (que ciertamente jamás desde entonces ha mostrado el menor interés en el cristianismo). Si él, el incrédulo de incrédulos, el más empedernido de los empedernidos no estaba —como yo todavía lo diría–, «seguro», ¿a dónde acudiría yo? ¿No había, entonces, escape?

Usted debe mentalmente verme a mí, solo en esa habitación en Magdalen, noche tras noche, sintiendo, cada vez que mi mente se despegaba aunque sea por un segundo de mi trabajo, la mano persistente, implacable, de Aquel a quien tan fervientemente deseaba no encontrar. Aquello que yo temía tan grandemente finalmente había llegado a mí. En el semestre de Trinidad en 1929, me rendí, y admití que Dios era Dios, y me arrodillé y oré: tal vez, esa noche, el convertido más desilusionado y renuente en toda Inglaterra. Ni siquiera veía lo que ahora es lo más brillante y obvio: la Humildad divina que aceptaría a un convertido incluso en tales términos. El hijo pródigo al final había llegado a casa con sus propios pies. Pero ¿quién puede debidamente adorar al Amor que abre las altas puertas a un pródigo que es traído pataleando, batallando, resentido, y buscando afanosamente con los ojos en toda dirección por una posibilidad de escaparse?

Si usted busca a Dios en un laboratorio, no lo hallará. Si lo busca en una corte, la evidencia es abrumadora.

I. REPASO

¡La repetición es la clave para la apropiación mental!
Llene los espacios en blanco.

LA DOCTRINA DE LA BIBLIA

1. R_____
2. I_____
3. I_____
4. I_____

II. LAS CUATRO SUBDIVISIONES PRINCIPALES DE LA DOCTRINA DE DIOS

Las cuatro subdivisiones principales de la doctrina de Dios son:

  1. Existencia

  2. Atributos

  3. Soberanía

  4. Trinidad

(Al leer las definiciones de las subdivisiones de la doctrina, note las palabras en cursivas. Inmediatamente después de las definiciones, se repiten con espacios en blanco en lugar de las palabras en cursivas. Llene los espacios en blanco).

Símbolo:	Subdivisión:	Definición:

1. Existencia: Dios *existe.*

   Existencia: God _____.

En una cultura científica algunos son renuentes para creer en un ser a quien no pueden ver, ni oír, ni oler, ni probar, ni tocar. Sin embargo, a Dios no se le puede analizar en un laboratorio. Hay que considerarlo en un tribunal. Es imposible generar *prueba* de su existencia, así que debemos buscar la *evidencia* de su existencia. En tanto que la Biblia simplemente da por sentado que Dios *existe*, también provee excelente evidencia, así que creer en su existencia es lo intelectualmente razonable de hacer.

Pasaje central:

Porque las cosas invisibles de Él, su eterno poder y deidad, se hacen claramente visibles desde la creación del mundo, siendo entendidas por medio de las cosas hechas. (Romanos 1.20)

Símbolo:	Subdivisión:	Definición:

2. Atributos: Las *características* fundamentales de Dios.

   Atributos: Las _____ fundamentales de Dios.

Dios es un ser personal, y como tal tiene *características* individuales que le distinguen de otros seres. A estas características se les llama «atributos». La humanidad participa de algunos de sus atributos, puesto que Dios creó al hombre a su imagen personal. A estos se les llaman atributos «personales». Dios tiene otras características, no obstante, que están más allá del hombre y son verdaderas solo de Dios. Estos son los atributos que definen la «deidad» y se les llaman atributos «divinos». Los consideraremos más de cerca un poco más adelante.

Pasaje central:

Pasajes bíblicos selectos que se verán más tarde.

Símbolo:	Subdivisión:	Definición:

3. Soberanía: Dios puede hacer lo que quiera que *desee*.

Soberanía: Dios puede hacer lo que quiera que _____.

Dios es Todopoderoso, y tiene la capacidad de hacer lo que sea que quiera. Esta soberanía la ejerce solo en armonía con su bondad, rectitud y otros atributos, y se extiende a la creación entera todo el tiempo. En su soberanía Dios ha determinado todo lo que ha sucedido y sucederá, y con todo lo ha hecho de tal manera que el hombre tiene verdadera «volición», o decisión. Este es uno de los misterios, o cosas «inexplicables» de las Escrituras.

Pasaje central:

Porque yo sé que Jehová es grande, Y el Señor nuestro, mayor que todos los dioses. Todo lo que Jehová quiere, lo hace, En los cielos y en la tierra, en los mares y en todos los abismos. (Salmos 135.5, 6)

Símbolo:	Subdivisión:	Definición:

4. Trinidad::   Dios es *tres* personas, y *una*.

Trinidad::   Dios es _____ personas y _____.

Otro misterio de las Escrituras es la Trinidad. La Biblia dice distintivamente que hay un solo Dios verdadero (Deuteronomio 6.4). Pero también dice con igual claridad que hubo un hombre, Jesucristo, que afirmó ser igual a Dios Padre, y hay alguien llamado Espíritu Santo que también es igual a Dios Padre. ¿Cómo se combina todo esto? Históricamente, al concepto se le ha denominado la «Trinidad». Hay solo *un* Dios que existe en *tres* personas. En tanto que es imposible dar una ilustración de la Trinidad, la evidencia subsiste y ha sido abrazada como enseñanza fundamental del cristianismo desde el principio.

Pasaje central:

Oye, Israel: Jehová nuestro Dios, Jehová uno es.
(Deuteronomio 6.4)
La gracia del Señor Jesucristo, el amor de Dios, y la comunión del Espíritu Santo sean con todos vosotros.
(2 Corintios 13.14)

LA DOCTRINA DE DIOS

(En las líneas a continuación escriba los títulos de las cuatro subdivisiones).

Símbolo: **Subdivisión:**   **Definición:**

1. E_____   Dios *existe.*

Pasaje central: (Romanos 1.20)

Símbolo: **Subdivisión:**   **Definición:**

2. A_____   Las *características* fundamentales de Dios.

Pasaje central: Pasajes bíblicos selectos. (Ver las páginas 208-209).

Símbolo: **Subdivisión:**   **Definición:**

3. S_____   Dios puede hacer lo que quiera que *desee.*

Pasaje central: (Salmos 135.5, 6)

Símbolo: **Subdivisión:**   **Definición:**

4. T_____   Dios es *tres* personas, y *una.*

Pasaje central: (Deuteronomio 6.4; 2 Corintios 13.14)

LA DOCTRINA DE DIOS

(Mencione las cuatro subdivisiones de la doctrina de Dios, y escriba en la definición las palabras clave).

Símbolo: **Subdivisión:**   **Definición:**

1. E_____   Dios _____.

Pasaje central: (Romanos 1.20)

Símbolo: **Subdivisión:**   **Definición:**

2. A_____   Las _____ fundamentales de Dios.

Pasaje central: Pasajes bíblicos selectos. (Ver las páginas 208-209).

Símbolo: **Subdivisión:**   **Definición:**

3. S_____   Dios puede hacer lo que quiera que _____.

Pasaje central: (Salmos 135.5, 6)

Símbolo:	Subdivisión:	Definición:

4. T_____   Dios es _____ personas, y

_____.

Pasaje central: (Deuteronomio 6.4; 2 Corintios 13.14)

AUTOEVALUACIÓN

¡Lo que usted puede aprender mañana se edifica sobre lo que aprende hoy!

(Fill in the blanks.)

1. E_____   Dios _____.

2. A_____   Las _____ fundamentales de Dios.

3. S_____   Dios puede hacer lo que quiera que _____.

4. T_____   Dios es _____ personas, y sin embargo _____.

III. CONSIDERACIÓN ADICIONAL DE LOS ATRIBUTOS DE DIOS

Los atributos de Dios requieren más consideración. En tanto que Dios tiene muchos atributos, o características, nos concentraremos en seis atributos primarios. Tres son atributos divinos, y tres son atributos personales.

A. Atributos divinos

1. Omnipotencia: Dios es *todopoderoso*.

   Pasaje central:

   Yo sé que tú puedes hacer todas las cosas, y que ningún propósito tuyo puede ser estorbado. (Job 42.2, LBLA)

2. Omnipresencia: Dios está *presente* en todas partes simultáneamente.

   Pasaje central:

   Si subiere a los cielos, allí estás tú; y si en el Seol hiciere mi estrado, he aquí, allí tú estás. (Salmos 139.8)

3. Omnisciencia: Dios *sabe* todas las cosas.

   Pasaje central:

   Pues aún no está la palabra en mi lengua, y he aquí, oh Jehová, tú la sabes toda. (Salmos 139.4)

Repaso de los atributos divinos

1. Omnipotencia: Dios es _____.
   (Job 42.2)

2. Omnipresencia: Dios está _____ en todas partes simultáneamente. (Salmos 139.8)

3. Omnisciencia: Dios _____ todas las cosas. (Salmos 139.4)

B. Atributos personales

1. Santidad: Dios *no tiene ningún mal* y es solo bueno.
   Pasaje central: Isaías 5.16

2. Amor: Dios busca *lo mejor* para *otros*.
   Pasaje central: 1 Juan 4.8.

3. Justicia: Dios aplica *consecuencias* justas por igual a todos.
   Pasaje central: Salmos 19.9.

Repaso de los atributos personales

1. Santidad: Dios _____ _____ _____
_____ y es solo bueno. (Isaías 5.16)

2. Amor: Dios busca _____ para
_____. (1 Juan 4.8)

3. Justicia: Dios aplica _____
justas por igual a todos. (Salmos 19.9)

AUTOEVALUACIÓN

¡Lo que usted puede aprender mañana se
edifica sobre lo que aprende hoy!

A. Empareje los seis atributos de Dios con las definiciones escribiendo en el espacio en blanco la letra correcta.

Omnipotencia _____   A. Dios busca *lo mejor* para *otros.*

Omnipresencia _____   B. Dios aplica *consecuencias*
                                 justas por igual a todos.

Omnisciencia _____   C. Dios *no tienen ningún mal* y
                                 es solo bueno.

Santidad _____   D. Dios está *presente* en todas
                                 partes simultáneamente.

Amor _____   E. Dios *sabe* todas las cosas.

Justicia _____   F. Dios es *todopoderoso.*

B. Llene los espacios en blanco.

Tres atributos divinos de Dios son:

1. _____

2. _____

3. _____

Tres atributos personales de Dios son:

1. _____
2. _____
3. _____

Vale la pena repetir que hay muchas más características de Dios que estas. Se han escogido estas seis porque están entre sus atributos más impresionantes y bien conocidos.

DIEZ GRANDES DOCTRINAS DE LA BIBLIA
(De memoria escriba el nombre de las doctrinas uno y dos. Ver las respuestas en el Apéndice).

CAPÍTULO 23

LA DOCTRINA DE CRISTO

Las actitudes en cuanto a Jesús son variadas y a menudo se las sostiene firmemente. Desde negar que un individuo llamado Jesús de Nazaret existió alguna vez, hasta creer que Él es Dios encarnado, las personas demuestran su convicción en cuanto a Él bien sea ignorándolo o adorándolo, o cualquier posición entre una y otra.

Un concepto popular de Jesús es que, en tanto que no era divino, fue un gran maestro y líder moral. En tanto que Él no es más Dios que usted o yo, es un ejemplo maravilloso que seguir.

Este es un concepto difícil de sostener consistentemente. La razón la expresa con destreza C. S. Lewis, que escribió en su libro *Mero cristianismo*:

Esto es algo que no deberíamos decir. El hombre que sin ser más que hombre haya dicho la clase de cosas que Jesús dijo, no es un gran moralista. Bien es un lunático que está al mismo nivel del que dice que es un huevo o el diablo del infierno. Puedes hacer tu elección. O bien este hombre era, y es el Hijo de Dios; o era un loco o algo peor. Escarnécele como a un insensato, escúpelo y mátalo como a un demonio; o cae a sus pies y proclámalo como Señor y Dios. Pero no asumamos la actitud condescendiente de decir que fue un gran maestro de la humanidad. Él no nos proporciona campo para tal actitud. No fue eso lo que Él intentó.

La posición de la Biblia es directa al presentar a Jesús como divino, el Hijo de Dios, la segunda persona de la Trinidad. Es plenamente hombre y plenamente Dios. Si no fuera hombre, no podría haber muerto por nuestros pecados, y si no fuera Dios, su muerte no habría logrado nada.

Para entender la posición de la Biblia en cuanto a Jesús, hay que captar que presenta a Jesús como el Mesías, el Salvador del mundo que fue profetizado en todo el Antiguo Testamento, que vendría para morir por los pecados del mundo y que vendrá otra vez para establecer justicia en el nuevo cielo y la nueva tierra.

I. REPASO

¡La repetición es la clave para la apropiación mental!
(Llene los espacios en blanco).

LA DOCTRINA DE LA BIBLIA

1. R_____
2. I_____
3. I_____
4. I_____

LA DOCTRINA DE DIOS

1. E_____
2. A_____
3. S_____
4. T_____

II. LAS CUATRO SUBDIVISIONES PRINCIPALES DE LA DOCTRINA DE CRISTO

Las cuatro subdivisiones principales de la doctrina de Cristo son:

 1. Deidad

 2. Humanidad

 3. Resurrección

 4. Retorno

(Al leer las definiciones de las subdivisiones de la doctrina, note las palabras en cursivas. Inmediatamente después de las definiciones, se repiten con espacios en blanco en lugar de las palabras en cursivas. Llene los espacios en blanco).

Símbolo:	Subdivisión:	Definición:
	1. Deidad:	Jesús de Nazaret fue *Dios* encarnado.
	Deidad:	Jesús de Nazaret fue _____ encarnado.

Aunque Jesús fue hombre, también fue *Dios*. El segundo miembro de la Trinidad existía antes de nacer como Jesús de Nazaret. Cristo estuvo activo en la creación del mundo y durante el Antiguo Testamento. Cuando llegó el momento apropiado, el Cristo, la segunda persona de la Trinidad, se encarnó como Jesús de Nazaret, pero no abandonó su divinidad en ningún momento.

Pasaje central:

En el principio era el Verbo, y el Verbo era con Dios, y el Verbo era Dios. (Juan 1.1)

Símbolo:	Subdivisión:	Definición:

2. **Humanidad:** Cristo fue un *hombre,* Jesús de Nazaret.

   Humanidad: Cristo fue un _____, Jesús de Nazaret.

Aunque Jesús era Dios, también fue *hombre.* Cristo tomó la forma de la humanidad, y aunque no pecó, probó todas las experiencias humanas, incluyendo el hambre, la fatiga, tristeza, etc. Fue concebido sobrenaturalmente, nació de una virgen, y vivió al parecer una vida normal al principio como hijo de un carpintero en Nazaret de Galilea. Como hombre, fue crucificado, murió y fue sepultado.

Pasaje central:

Y aquel Verbo fue hecho carne, y habitó entre nosotros (y vimos su gloria, gloria como del unigénito del Padre), lleno de gracia y de verdad. (Juan 1.14)

Símbolo:	Subdivisión:	Definición:

3. **Resurrección:** Después de que lo mataron, Jesús *resucitó* a la vida de nuevo.

   Resurrección: Después de que lo mataron, Jesús _____ a la vida de nuevo.

Después de haber sido falsamente acusado y juzgado en una serie de tribunales falsos, a Jesús lo sometieron a la forma de pena capital reservada para los ciudadanos que no eran romanos. Fue flagelado, que era un castigo salvaje que mataba al sesenta por ciento de las víctimas; luego lo clavaron a una cruz de madera en donde murió. Después, fue envuelto en lienzos sepulcrales y colocado en una tumba sellada en donde permaneció por tres días. Al final de ese tiempo, un terremoto milagroso quitó la piedra de la entrada a la tumba para revelar que Jesús había *resucitado* de los muertos, tal como Él lo había dicho.

Pasaje central:

Nuestro Señor Jesucristo... que fue declarado Hijo de Dios con poder, según el Espíritu de santidad, por la resurrección de entre los muertos (Romanos 1.3, 4).

Símbolo:	Subdivisión:	Definición:
	4. Retorno:	Jesús *volverá* en algún momento en el futuro.
	Retorno:	Jesús _____ en algún momento en el futuro.

El cuadro del Mesías en el Antiguo Testamento era incierto. Algunos de los pasajes proféticos hablan de un Mesías siervo humilde, en tanto que otros pasajes hablan de un rey glorioso y poderoso. Tan agudo era el contraste entre estas dos clases de pasajes que los eruditos del Antiguo Testamento pensaban que habría dos Mesías. Con la revelación adicional en el Nuevo Testamento, sabemos cómo reconciliar estos pasajes. Jesús vino la primera vez como siervo humilde y murió por los pecados de la humanidad. Después de resucitar, ascendió al cielo para sentarse a la diestra de Dios Padre. Algún día en el futuro, que de acuerdo a la profecía bíblica pudiera ser pronto, Jesús *volverá* a la tierra como rey poderoso y glorioso para instituir la justicia en la tierra.

Pasaje central:

Aguardando la esperanza bienaventurada y la manifestación gloriosa de nuestro gran Dios y Salvador Jesucristo. (Tito 2.13)

LA DOCTRINA DE CRISTO

(En las líneas a continuación escriba los títulos de las cuatro subdivisiones).

Símbolo:	Subdivisión:	Definición:
	1. D_____	Jesús de Nazaret fue *Dios* encarnado.
	Pasaje central:	Juan 1.1

Símbolo:	Subdivisión:	Definición:
	2. H_____	Cristo fue un *hombre*, Jesús de Nazaret.
	Pasaje central:	Juan 1.14

Símbolo: **Subdivisión:**   **Definición:**

3. R_____   Después de que lo mataron, Jesús *resucitó* a la vida de nuevo.

Pasaje central: Romanos 1.3, 4

Símbolo: **Subdivisión:**   **Definición:**

4. R_____   Jesús *volverá* en algún momento en el futuro.

Pasaje central: Tito 2.13

LA DOCTRINA DE CRISTO

(Mencione las cuatro subdivisiones de la doctrina de Cristo, y escriba en la definición las palabras clave).

Símbolo: **Subdivisión:**   **Definición:**

1. D_____   Jesús de Nazaret fue _____ encarnado.

Pasaje central: Juan 1.1

Símbolo: **Subdivisión:**   **Definición:**

2. H_____   Cristo fue un _____, Jesús de Nazaret.

Pasaje central: Juan 1.14

Símbolo: **Subdivisión:**   **Definición:**

3. R_____   Después de que lo mataron, Jesús _____ a la vida de nuevo.

Pasaje central: Romanos 1.3, 4

Símbolo: **Subdivisión:**   **Definición:**

4. R_____   Jesús _____ en algún momento en el futuro.

Pasaje central: Tito 2.13

AUTOEVALUACIÓN

¡Lo que usted puede aprender mañana se edifica sobre lo que aprende hoy!

(Llene los espacios en blanco).

1. D_____ Jesús de Nazaret fue _____ encarnado.

2. H_____ Cristo fue un _____, Jesús de Nazaret.

3. R_____ Después de que lo mataron, Jesús _____ a la vida de nuevo.

4. R_____ Jesús _____ en algún momento en el futuro.

DIEZ GRANDES DOCTRINAS DE LA BIBLIA

(De memoria escriba el nombre de las doctrinas uno a tres. Ver las respuestas en el Apéndice).

2. _____

3. _____

1. _____

CAPÍTULO 24

LA DOCTRINA DEL ESPÍRITU SANTO

El Servicio de Rentas Internas (IRS, por sus siglas en inglés) tiene un «Fondo de Conciencia» que recibe contribuciones anónimas de personas que han defraudado al gobierno en el pasado, y quieren arreglar el asunto para limpiar su conciencia, pero no quieren arriesgarse a que les sigan juicio criminal. El Fondo de Conciencia recibió un cheque de un hombre que incluyó la siguiente nota:

> No he podido dormir desde que los engañé en cuanto a algún dinero, así que aquí envió un cheque de $500. Si todavía no puedo dormir, les enviaré el resto.

En otro ejemplo de fragilidad humana, un vendedor fue a ver a un contratista exitoso con una cotización para materiales para un trabajo grande que el contratista estaba a punto de empezar. Fue invitado a pasar a la oficina del contratista, en donde conversaron por un momento antes de que una secretaria llegara y llamara al contratista a otra oficina. Estando allí él solo, el vendedor notó que sobre el escritorio del contratista había una proposición de una firma competidora con todas las cifras escritas con toda claridad. Sin embargo, la cantidad total de la cotización estaba escondida debajo de una lata de jugo de naranja.

Sin poder contener su curiosidad, el vendedor levantó la lata. Cuando lo hizo, miles de bolitas de confites se desparramaron por el fondo de la lata, que había sido cortado, y se regaron por toda la superficie del escritorio, y corriendo al piso. Sin decir una palabra, el vendedor se dio la vuelta, salió de la oficina y nunca volvió.

Nos reímos por el primer relato, y nos estremecemos por el segundo, porque nos vemos nosotros mismos en ambos episodios. Todos tenemos debilidades y puntos débiles. Todos queremos ser más de lo que somos: pero necesitamos ayuda. A veces necesitamos información. A veces necesitamos ayuda. A veces necesitamos que se nos presente un reto, o que se nos confronte para cambiar. Este es un papel primario del Espíritu Santo, que obra en nosotros de una manera algo mística para que lleguemos a ser cristianos y después para que crezcamos como cristianos. Él nos transforma de lo que fuimos en el pasado a lo que debemos ser en el futuro. Él es un amigo, en verdad, porque sabe todo en cuanto a nosotros y de todas maneras nos ama. Se ha comprometido con nosotros para ayudarnos a cambiar, para que seamos la clase de hombre o mujer que anhelamos ser muy hondo en nuestra alma.

I. REPASO

¡La repetición es la clave para la apropiación mental!
(Llene los espacios en blanco).

LA DOCTRINA DE LA BIBLIA

1. R_____
2. I_____
3. I_____
4. I_____

LA DOCTRINA DE DIOS

1. E_____
2. A_____
3. S_____
4. T_____

LA DOCTRINA DE CRISTO

1. D_____
2. H_____
3. R_____
4. R_____

II. LAS CUATRO SUBDIVISIONES PRINCIPALES DE LA DOCTRINA DEL ESPÍRITU SANTO

Las cuatro subdivisiones principales de la doctrina del Espíritu Santo son:

 1. Personalidad

 2. Deidad

 3. Salvación

 4. Dones

(Al leer las definiciones de las subdivisiones de la doctrina, note las palabras en cursivas. Inmediatamente después de las definiciones, se repiten con espacios en blanco en lugar de las palabras en cursivas. Llene los espacios en blanco).

Símbolo:	Subdivisión:	Definición:

1. **Personalidad:** El Espíritu Santo es un ser *personal*, y no una fuerza impersonal.

Personalidad: El Espíritu Santo es un ser _____, y no una fuerza impersonal.

Al Espíritu Santo a veces se le percibe como el equivalente religioso del espíritu escolar. Eso no es correcto. En la Biblia, al Espíritu Santo se le trata como una persona y se le dan los atributos de *personalidad*, tales como emociones, acciones, intelecto y relaciones personales.

Pasaje central:

Y no contristéis al Espíritu Santo de Dios, con el cual fuisteis sellados para el día de la redención. (Efesios 4.30)

Símbolo:	Subdivisión:	Definición:

2. **Deidad:** El Espíritu Santo es *divino*, la tercera persona de la Trinidad.

Deidad: El Espíritu Santo es _____, la tercera persona de la Trinidad.

El Espíritu Santo no solo es un ser personal, sino que también es *divino*. Posee atributos divinos, tal como omnipresencia y omnipotencia. Realizó milagros que solo Dios puede hacer, tal como participar en la creación del mundo y en la concepción milagrosa de Jesús. Además, se asocia en igual plano con los otros miembros de la Trinidad.

Pasaje central:

La gracia del Señor Jesucristo, el amor de Dios, y la comunión del Espíritu Santo sean con todos vosotros. (2 Corintios 13.14)

Símbolo:	Subdivisión:	Definición:

3. **Salvación:** El Espíritu Santo es *instrumental* en la salvación personal.

Salvación: El Espíritu Santo es _____ en la salvación personal.

El Espíritu Santo desempeña el papel *instrumental* en la salvación personal de quienes se convierten a Cristo. Es el Espíritu Santo quien nos capacita para ver nuestro pecado y darnos cuenta de que debemos dejarlo. Es el Espíritu Santo que nos ayuda a ver que, a fin de convertirnos en cristianos, tenemos que creer en Cristo, pedirle que nos perdone nuestro pecado y nos dé vida eterna, y comprometer nuestra vida a vivir por Él.

Pasaje central:

Pasajes bíblicos selectos que se verán más tarde.

(Nota: Hay cinco aspectos primarios de participación del Espíritu Santo en la salvación personal: convicción, regeneración, morada, bautismo y sello. Las iniciales de estas palabras forman las siglas «CRMBS». Estudiaremos el concepto CRMBS en más detalle más adelante).

Símbolo:	Subdivisión:	Definición:
	4. Dones:	El Espíritu Santo imparte capacidades *espirituales* a los cristianos.
	Dones:	El Espíritu Santo imparte capacidades _____ a los cristianos.

Dios quiere usarnos a cada uno de nosotros para ministrar a otros. El Espíritu Santo nos da un «don» *espiritual* especial para ministrar a otros. Es algo que disfrutamos al hacer y algo en lo cual somos eficaces. Sin embargo, puesto que Dios obra por medio de nosotros con este don, los resultados siempre deben ser atribuidos a Él y no a nosotros mismos. Debemos guardarnos contra dos desequilibrios. No debemos desalentarnos si nuestros resultados son magros, y no debemos hincharnos si nuestros resultados son abundantes; porque en el verdadero ejercicio de los dones espirituales, es Dios quien produce los resultados, sean magros o abundantes.

Pasaje central:

Ahora bien, hay diversidad de dones, pero el Espíritu es el mismo.... Pero todas estas cosas las hace uno y el mismo Espíritu, repartiendo a cada uno en particular como él quiere. (1 Corintios 12.4, 11)

LA DOCTRINA DEL ESPÍRITU SANTO

(En las líneas a continuación escriba los títulos de las cuatro subdivisiones).

Símbolo:	Subdivisión:	Definición:
	1. P_____	El Espíritu Santo es un ser *personal*, y no una fuerza impersonal.
	Pasaje central:	Efesios 4.30

Símbolo:	Subdivisión:	Definición:
	2. D_____	El Espíritu Santo es *divino*, la tercera persona de la Trinidad.
	Pasaje central:	2 Corintios 13.14

Símbolo:	Subdivisión:	Definición:
	3. S_____	El Espíritu Santo es *instrumental* en la salvación personal.
	Pasaje central:	(Ver las páginas 227-228).

Símbolo:	Subdivisión:	Definición:
	4. D_____	El Espíritu Santo imparte capacidades *espirituales* a los cristianos.
	Pasaje central:	1 Corintios 12.4, 14

LA DOCTRINA DEL ESPÍRITU SANTO

(Mencione las cuatro subdivisiones de la doctrina del Espíritu Santo, y escriba en la definición las palabras clave).

Símbolo:	Subdivisión:	Definición:
	1. P_____	El Espíritu Santo es un ser _____, y no una fuerza impersonal.
	Pasaje central:	Efesios 4.30

---

226 DIEZ GRANDES DOCTRINAS DE LA BIBLIA

Símbolo:	Subdivisión:	Definición:
	2. D_____	El Espíritu Santo es _____, la tercera persona de la Trinidad.
	Pasaje central:	2 Corintios 13.14

Símbolo:	Subdivisión:	Definición:
	3. S_____	El Espíritu Santo es _____ en la salvación personal.
	Pasaje central:	(Ver las páginas 227-228).

Símbolo:	Subdivisión:	Definición:
	4. D_____	El Espíritu Santo imparte capacidades _____ a los cristianos.
	Pasaje central:	1 Corintios 12.4, 14

AUTOEVALUACIÓN

¡Lo que usted puede aprender mañana se edifica sobre lo que aprende hoy!

(Llene los espacios en blanco).

1. P_____ El Espíritu Santo es un ser _____, y no una fuerza impersonal.

2. D_____ El Espíritu Santo es _____, la tercera persona de la Trinidad.

3. S_____ El Espíritu Santo es _____ en la salvación personal.

4. D_____ El Espíritu Santo imparte capacidades _____ a los cristianos.

III. CONSIDERACIÓN ADICIONAL DE LA OBRA DEL ESPÍRITU SANTO EN LA SALVACIÓN

La obra del Espíritu Santo en la salvación personal requiere más consideración. Hay cinco aspectos primarios de participación.

1. Convicción: Revela una *necesidad* de *cambiar.*

    El Espíritu Santo convence a la persona de su *necesidad* de *cambiar* algún pensamiento, actitud o acción. A este fenómeno a veces lo acompaña un agudo sentido de culpabilidad por haber hecho lo malo.

    Pasaje central:
    Y cuando él [el Espíritu Santo] venga, convencerá al mundo de pecado, de justicia y de juicio. (Juan 16.8)

2. Regeneración: Imparte un nuevo espíritu y *vida eterna* con Dios.

    Según la Biblia, toda persona vive para siempre, bien sea con Dios en el cielo, o separado de Él en el infierno. Cuando un individuo se hace cristiano, el Espíritu Santo le imparte un nuevo espíritu y *vida eterna* con Dios en el cielo.

    Pasaje central:
    Nos salvó, no por obras de justicia que nosotros hubiéramos hecho, sino por su misericordia, por el lavamiento de la regeneración y por la renovación en el Espíritu Santo. (Tito 3.5)

3. Morada: Vive *en* el creyente.

    El Espíritu Santo misteriosamente «viene a residir» *en* una persona cuando esa persona se convierte en creyente, animándole y fortaleciéndole a vivir un estilo de vida apropiado.

Pasaje central:

Mas vosotros no vivís según la carne, sino según el Espíritu, si es que el Espíritu de Dios mora en vosotros. Y si alguno no tiene el Espíritu de Cristo, no es de él. (Romanos 8.9)

4. Bautismo: *Pone* al creyente, espiritualmente, en el cuerpo de Cristo.

El «cuerpo de Cristo» es un término que se da a la totalidad de los que creen en Cristo. *Bautizarlo* quiere decir «colocarlo en». Técnicamente, ser bautizado en el cuerpo de Cristo quiere decir llegar a ser miembro de ese organismo espiritual.

Pasaje central:

Porque por un solo Espíritu fuimos todos bautizados en un cuerpo, sean judíos o griegos, sean esclavos o libres; y a todos se nos dio a beber de un mismo Espíritu. (1 Corintios 12.13)

5. Sello: *Garantiza* la relación del creyente con Dios.

El Espíritu Santo llega a ser la *garantía* de nuestra herencia espiritual, que se realizará por completo cuando muramos. Esto significa que una vez que la persona ha sido regenerada, ha llegado a ser morada del Espíritu, y bautizada en el cuerpo de Cristo, su posición es segura, «sellado con el Espíritu Santo de la promesa» hasta el día de la redención. (Efesios 1.13)

Pasaje central:

En él [Cristo] también vosotros, habiendo oído la palabra de verdad, el evangelio de vuestra salvación, y habiendo creído en él, fuisteis sellados con el Espíritu Santo de la promesa. (Efesios 1.13)

AUTOEVALUACIÓN

*¡Lo que usted puede aprender mañana se
edifica sobre lo que aprende hoy!*

**A. Las cinco obras del Espíritu Santo en la salvación
personal son:**

1. C_____
2. R_____
3. M_____
4. B_____
5. S_____

**B. Empareje los seis atributos de Dios con las
definiciones escribiendo en el espacio en blanco la letra
correcta.**

Convicción _____   A. Imparte un nuevo espíritu y
                              vida eterna con Dios.

Regeneración _____   B. *Garantiza* la relación del
                              creyente con Dios.

Morada _____   C. Revela una *necesidad* para
                              cambiar.

Bautismo _____   D. Vive *en* el creyente.

Sello _____   E. *Pone* al creyente,
                              espiritualmente, en el cuerpo
                              de Cristo.

DIEZ GRANDES DOCTRINAS DE LA BIBLIA

(De memoria escriba el nombre de las doctrinas uno a cuatro.
Ver las respuestas en el Apéndice).

CAPÍTULO 25

LA DOCTRINA DE
LOS ÁNGELES

En su libro titulado *Los Ángeles*, Billy Graham cuenta la experiencia del doctor S. W. Mitchell, un bien conocido neurólogo de Filadelfia, a quien despertó una noche lluviosa una niña, mal vestida y muy angustiada. Le dijo que su madre estaba muy enferma, y que él debía ir de inmediato. Él siguió a la niña y halló que la madre estaba seriamente enferma con neumonía. Después de atenderla y arreglar para cuidado médico, elogió a la mujer enferma por la inteligencia y persistencia de su pequeña hija. Como la revista *Selecciones* informó en el relato original, la mujer miró al doctor Mitchell de manera enigmática y le dijo: «Mi hija murió hace un mes». Luego añadió: «Sus zapatos y abrigo están en el clóset aquí». Aturdido, el doctor Mitchell fue al clóset y abrió la puerta. Allí estaba colgado el mismo abrigo que llevaba la niña que le había llevado para atender a su madre. Estaba tibio y seco, y no podía posiblemente haber estado fuera en el clima inclemente.

¿Podría la «niñita» haber sido un ángel, enviado para ayudar a la madre enferma?

El señor Graham también cuenta la experiencia de Juan G. Paton, misionero a las islas Nuevas Hébridas. Una noche los nativos rodearon la propiedad del misionero con la intención de incendiar los edificios y matar al señor Paton y a su esposa. Los misioneros oraron fervientemente toda la noche, y quedaron sorprendidos y aliviados al presenciar que los nativos se iban a la mañana siguiente.

Un año después, el jefe de la tribu hostil se convirtió al cristianismo. Les contó a los Paton que él y su tribu estaban totalmente decididos a destruir la propiedad y matar a los Paton aquella noche fatídica un año atrás, pero que los había detenido el ejército de hombres que rodeaban la propiedad. «¿Quiénes eran todos esos hombres que estaban con ustedes allí?», preguntó el jefe. «No había ningún hombre allí; solo mi esposa y yo», replicó el señor Paton. El jefe argumentó que había visto a muchos hombres estando de guardia; cientos de hombres grandes en vestidos relucientes con espadas desnudas en la mano. Parecían rodear la estación misionera de modo que los nativos tuvieron miedo de atacar.

Esta experiencia es consistente con el ejército invisible de ángeles que se menciona en las Escrituras también (2 Reyes 6.15-17).

En contraste, a veces los ángeles se aparecen disfrazados, y hacen su obra sin que nadie sepa que son ángeles. Se cuentan muchas experiencias de circunstancias extraordinarias que incluyen extraños que se asoman justo en el momento preciso para «salvar el día», tan solo para desaparecer y nunca más volver a saberse de ellos. Concluir que pudieran ser ángeles es consistente con el pasaje de Hebreos que dice: «No os olvidéis de la hospitalidad, porque por ella algunos, sin saberlo, hospedaron ángeles» (13.2).

Cuando el brillante erudito Mortimer Adler acometió editar la obra *Great Books of the Western World* [Grandes libros del mundo occidental] para la compañía Encyclopedia Britannica, incluyó «ángeles» como uno de los grandes temas. Personalmente curioso, el señor Adler pasaría a escribir un libro sobre los ángeles, y al hacerlo, descubriría que desde antes del tiempo de Aristóteles hasta el día presente, los eruditos y filósofos han tomado a los ángeles en serio.

Es difícil demostrar la existencia y la obra de los ángeles. Por lo general no los perciben nuestros cinco sentidos, y por consiguiente no son tema de escrutinio científico. No obstante, se encuentran en toda la Biblia, entrelazados en muchos de los principales acontecimientos de las Escrituras.

I. REPASO

¡La repetición es la clave para la apropiación mental!
(Llene los espacios en blanco).

LA DOCTRINA DE LA BIBLIA

1. R_____
2. I_____
3. I_____
4. I_____

LA DOCTRINA DE DIOS

1. E_____
2. A_____
3. S_____
4. T_____

LA DOCTRINA DE CRISTO

1. D_____
2. H_____
3. R_____
4. R_____

LA DOCTRINA DEL ESPÍRITU SANTO

1. P_____
2. D_____
3. S_____
4. D_____

II. LAS CUATRO SUBDIVISIONES PRINCIPALES DE LA DOCTRINA DE LOS ÁNGELES

Las cuatro subdivisiones principales de la doctrina de los ángeles son:

 1. Ángeles

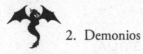 2. Demonios

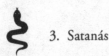 3. Satanás

 4. Defensas

(Al leer las definiciones de las subdivisiones de la doctrina, note las palabras en cursivas. Inmediatamente después de las definiciones, se repiten con espacios en blanco en lugar de las palabras en cursivas. Llene los espacios en blanco).

Símbolo:	Subdivisión:	Definición:
	1. Ángeles:	*Espíritus* ministradores de parte de Dios.

Ángeles: _____ ministradores de parte de Dios.

La Biblia enseña que Dios usa un innumerable ejército de ángeles que ejecutan su voluntad en el cielo y en la tierra, y que entre sus responsabilidades está el ministrar a los cristianos. Tal vez de allí surge el concepto del ángel de la guarda. Son seres personales, *espíritus* que Dios creó antes de Adán y Eva, y no son los «espectros» de personas que han muerto.

Pasaje central:

¿No son [los ángeles] todos espíritus ministradores, enviados para servicio a favor de los que serán herederos de la salvación? (Hebreos 1.14)

Símbolo:	Subdivisión:	Definición:

2. Demonios: Ángeles que *cayeron*.

Demonios: Ángeles que _____.

La Biblia enseña que un gran número de «ángeles justos» se rebelaron contra Dios y ahora forman un ejército perverso bajo el mando del diablo, que lo usa para ejecutar su voluntad, que es contraria a la voluntad de Dios. A esta corrupción a menudo se la menciona como la «caída» de estos ángeles.

Pasaje central:

Y a los ángeles que no guardaron su dignidad, sino que abandonaron su propia morada, los ha guardado bajo oscuridad, en prisiones eternas, para el juicio del gran día. (Judas 6)

Símbolo:	Subdivisión:	Definición:

3. Satanás: El más alto de los ángeles que *cayó*.

Satanás: El más alto de los ángeles que _____.

La Biblia enseña que Satanás originalmente fue el ángel más alto, pero que debido al orgullo *cayó*, rebelándose contra Dios y dirigiendo a muchos ángeles menores a rebelarse también contra Dios. Al hacerlo esto se convirtió en malo y corrupto. Es una entidad real que supervisa las fuerzas de las tinieblas en el mundo y procura neutralizar y trastornar la voluntad de Dios.

Pasaje central:

Sed sobrios, y velad; porque vuestro adversario el diablo, como león rugiente, anda alrededor buscando a quien devorar. (1 Pedro 5.8)

Símbolo:	Subdivisión:	Definición:

4. Defensas: El uso de la *protección* de Dios.

Defensas: El uso de la _____ de Dios.

En la Biblia, a Satanás se le llama engañador y destructor. Engaña a fin de destruir. Una estrategia primaria es hacer que el mal parezca bien, y que lo bueno parezca malo.

La Biblia enseña que para el cristiano hay disponible *protección* contra Satanás. Más adelante se considerarán con mayor detalle estas defensas espirituales.

Pasaje central:

Pasajes seleccionados se verán más adelante.

LA DOCTRINA DE LOS ÁNGELES

(En las líneas a continuación escriba los títulos de las cuatro subdivisiones).

Símbolo: **Subdivisión:**   **Definición:**

1. A_____   *Espíritus* ministradores de parte de Dios.

Pasaje central: Hebreos 1.14

Símbolo: **Subdivisión:**   **Definición:**

2. D_____   Ángeles que *cayeron.*

Pasaje central: Judas 6

Símbolo: **Subdivisión:**   **Definición:**

3. S_____   El más alto de los ángeles que *cayó.*

Pasaje central: 1 Pedro 5.8

Símbolo: **Subdivisión:**   **Definición:**

4. D_____   El uso de la *protección* de Dios.

Pasaje central: Pasajes bíblicos selectos (Ver las páginas 237-238).

LA DOCTRINA DE LOS ÁNGELES

(Mencione las cuatro subdivisiones de la doctrina de los ángeles, y escriba en la definición las palabras clave).

Símbolo: **Subdivisión:**   **Definición:**

1. _____   _____ ministradores de parte de Dios.

Pasaje central: Hebreos 1.14

2. _____   Ángeles que _____.

Pasaje central: Judas 6

Símbolo:	Subdivisión:	Definición:
	3. _____	El más alto de los ángeles que _____.
	Pasaje central:	1 Pedro 5.8

Símbolo:	Subdivisión:	Definición:
	4. _____	El uso de la *protección* de Dios.
	Pasaje central:	Pasajes bíblicos selectos (Ver la página 238).

AUTOEVALUACIÓN

¡Lo que usted puede aprender mañana se edifica sobre lo que aprende hoy!

(Llene los espacios en blanco).

1. A_____   _____ ministradores de Dios.

2. D_____   _____ que cayeron

3. S_____   El más alto de los ángeles que _____.

4. D_____   El uso de la _____ de Dios.

III. CONSIDERACIÓN ADICIONAL DE LAS DEFENSAS DEL CREYENTE

Las defensas del creyente contra los esfuerzos de Satanás para engañar y destruirlo requieren consideración adicional. Hay tres facetas primarias en el sistema de defensa del creyente.

1. Vigilancia: El cristiano debe saber las intenciones de Satanás y estar *alerta* para sus avances.

   Pasaje central:

   Sed sobrios, y velad; porque vuestro adversario el diablo, como león rugiente, anda alrededor buscando a quien devorar. (1 Pedro 5.8)

2. Armadura: El cristiano tiene defensas que metafóricamente se llaman la *armadura*, que le protege de las artimañas de Satanás.

   Pasaje central:

   Por tanto, tomad toda la armadura de Dios, para que podáis resistir en el día malo, y habiendo acabado todo, estar firmes. (Efesios 6.13)

3. Resistencia: Una vez que el cristiano se da cuenta de las intenciones de Satanás y está usando la «armadura espiritual» que se considera en Efesios 6, puede resistir con confianza de victoria cualquier avance de Satanás de que se sospeche.

   Pasaje central:

   Someteos, pues, a Dios; resistid al diablo, y huirá de vosotros. (Santiago 4.7)

AUTOEVALUACIÓN

¡Lo que usted puede aprender mañana se edifica sobre lo que aprende hoy!

A. Las defensas del creyente son:

1. V_____
2. A_____
3. R_____

DIEZ GRANDES DOCTRINAS DE LA BIBLIA

(De memoria escriba el nombre de las doctrinas uno a cinco.
Ver las respuestas en el Apéndice).

2. _____

4. _____   3. _____

5. _____   1. _____

CAPÍTULO 26

LA DOCTRINA DEL HOMBRE

En este capítulo usamos la palabra *hombre* en su sentido clásico y bíblico, sinónimo de «humanidad» o «raza humana». Como vemos en Génesis 1.27, este término incluye tanto al varón como a la mujer.

Si algún individuo manifestara el pleno poder de la mente humana, el mundo daría por sentado que esa persona es un dios. El poder del cerebro supera toda comprensión. Los científicos estiman que el más brillante de nosotros usa tal vez el diez por ciento de su capacidad. Y sin embargo, eso tal vez esté extravagantemente exagerado cuando ponderamos vislumbres de su potencial.

Mozart escribió su primera pieza orquestal completa cuando tenía solo ocho años. Por increíble que eso parezca, palidece en comparación con otras posibilidades.

Una de las más aturdidoras especulaciones surge de la observación de personas que sufren del síndrome de «savant». Estas personas son discapacitadas; y, sin embargo, poseen poderes impresionantes en aspectos muy limitados.

Por ejemplo, hay gemelos en Nueva York que pueden calcular el día de la semana de cualquier fecha que uno menciona. Si se les pregunta en qué meses y años de este siglo el veintiuno caerá en jueves, los hermanos pueden dar la respuesta correcta al instante.

Otro savant puede oír una intrincada y larga pieza clásica de piano por primera vez e inmediatamente sentarse al piano sin la música y reproducirla impecablemente.

Un hombre de Edimburgo, Escocia, era legalmente ciego y tenía una dificultad tan severa que casi ni podía hablar. Y, sin embargo, podía dibujar con creyones que delataban la habilidad de un maestro y vendía por precios fabulosos por todo el mundo.

La mente de un savant es como calculadoras o grabadoras o cámaras, capaces de captar detalles específicos de cuadros, o cantos, o fórmulas matemáticas, y luego usar esos detalles con precisión meticulosa.

Tal vez estos ejemplos nos den un vislumbre de lo que Dios originalmente intentó que nuestra mente fuera capaz de hacer.

Las indicaciones de las Escrituras sugieren que la capacidad del hombre antes de la caída y su capacidad una vez restaurada y glorificada en el cielo son inimaginables para nosotros ahora. Alguien especuló una vez que si lográramos ver nuestro propio yo glorificado caminando por la calle hacia nosotros, nos veríamos tentados a postrarnos y adorarnos nosotros mismos. Tal es el futuro de la humanidad en Cristo.

I. REPASO

¡La repetición es la clave para la apropiación mental!
(Llene los espacios en blanco).

LA DOCTRINA DE LA BIBLIA

1. R_____
2. I_____
3. I_____
4. I_____

LA DOCTRINA DE DIOS

1. E_____
2. A_____
3. S_____
4. T_____

LA DOCTRINA DE CRISTO

1. D_____
2. H_____
3. R_____
4. R_____

LA DOCTRINA DEL ESPÍRITU SANTO

1. P_____
2. D_____
3. S_____
4. D_____

LA DOCTRINA DE LOS ÁNGELES

1. A_____
2. D_____
3. S_____
4. D_____

II. LAS CUATRO SUBDIVISIONES PRINCIPALES DE LA DOCTRINA DEL HOMBRE

Las cuatro subdivisiones principales de la doctrina del hombre son:

 1. Origen

 2. Naturaleza

 3. Distintividad

 4. Destino

(Al leer las definiciones de las subdivisiones de la doctrina, note las palabras en cursivas. Inmediatamente después de las definiciones, se repiten con espacios en blanco en lugar de las palabras en cursivas. Llene los espacios en blanco).

Símbolo:	Subdivisión:	Definición:

1. Origen: Dios *creó* al hombre a su imagen.

   Origen: Dios _____ al hombre a su imagen.

El propósito del hombre es «conocer a Dios y disfrutar con él para siempre». El hombre fue *creado* en perfecta comunión y armonía con Dios, a su imagen. Esto no significa semejanza física, porque Dios no tiene un cuerpo físico. Pero sí significa semejanza psicológica, emocional y espiritual de Dios.

Pasaje central:

Y creó Dios al hombre a su imagen, a imagen de Dios lo creó; varón y hembra los creó. (Génesis 1.27)

Símbolo:	Subdivisión:	Definición:

2. Naturaleza: El hombre tiene una dimensión *espiritual* tanto como una física.

   Naturaleza: El hombre tiene una dimensión _____ tanto como una física.

El hombre es *espiritual* tanto como físico. El cuerpo físico terrenal del hombre está destinado a morir. El momento en que nace, se pone en marcha el proceso para que él muera. Su espíritu, sin embargo, vive para siempre y trasciende sus limitaciones físicas. Después de que el hombre muere, recibe un nuevo cuerpo que vive para siempre.

Pasaje central:

Y el mismo Dios de paz os santifique por completo; y todo vuestro ser, espíritu, alma y cuerpo, sea guardado irreprensible para la venida de nuestro Señor Jesucristo. (1 Tesalonicenses 5.23)

Símbolo:	Subdivisión:	Definición:

3. Distintividad: El hombre tiene *capacidades* que van más allá de las de cualquier animal y le caracterizan como el pináculo de la creación de Dios.

Distintividad: El hombre tiene _____ que van más allá de las de cualquier animal y le caracterizan como el pináculo de la creación de Dios.

El hombre posee intelecto, emoción y voluntad. Con el intelecto puede saber, razonar y pensar. Con la emoción puede sentir, expresar empatía y experimentar. Con la voluntad puede escoger. Estas son características de Dios, y, como tales, son parte de la «imagen de Dios» en el hombre. Además, el hombre tiene capacidad para darse cuenta de sí mismo, darse cuenta de Dios, darse cuenta de la vida en el más allá, y la capacidad de concebir la vida en el futuro bajo diferentes escenarios tales como el cielo y el infierno, etc. El hombre ciertamente tiene características que se superponen con las de los animales, pero sus capacidades no solo van más allá de las de los animales, sino que tiene *capacidades* que ningún animal tiene.

Pasaje central:

Entonces dijo Dios: «Hagamos al hombre a nuestra imagen, conforme a nuestra semejanza; y señoree en los peces del mar, en las aves de los cielos, en las bestias, en toda la tierra, y en todo animal que se arrastra sobre la tierra». (Génesis 1.26)

Símbolo:	Subdivisión:	Definición:

4. Destino: El hombre vivirá *para siempre* en el cielo o en el infierno.

Destino: El hombre vivirá _____ en el cielo o en el infierno.

El destino en el infierno se describe como tormento de agonía, aunque poco se sabe de los detalles específicos de ese tormento. La existencia en el cielo se pinta en mayor detalle, aunque con todo quisiéramos saber más detalles. El cuerpo celestial es hermoso más allá de toda imaginación, extremadamente poderoso, y no está sujeto a limitaciones ni de tiempo ni de espacio. El ciudadano del cielo gobernará en el ámbito celestial y poseerá poder, sabiduría y creatividad ilimitada. Mayor atención se dará al destino del hombre más adelante en este capítulo, y en el capítulo de la doctrina de las cosas futuras.

Pasaje central:

Y de la manera que está establecido para los hombres que mueran una sola vez, y después de esto el juicio. (Hebreos 9.27)

LA DOCTRINA DEL HOMBRE

(En las líneas a continuación escriba los títulos de las cuatro subdivisiones).

Símbolo: **Subdivisión:**   **Definición:**

1. O_____   Dios *creó* al hombre a su imagen.

Pasaje central: Génesis 1.27

Símbolo: **Subdivisión:**   **Definición:**

2. N_____   El hombre tiene una dimensión *espiritual* tanto como una física.

Pasaje central: 1 Tesalonicenses 5.23

Símbolo: **Subdivisión:**   **Definición:**

3. D_____   El hombre tiene *capacidades* que van más allá de las de cualquier animal y le caracterizan como el pináculo de la creación de Dios.

Pasaje central: Génesis 1.26

Símbolo:	Subdivisión:	Definición:
	4. D_____	El hombre vivirá *para siempre* en el cielo o en el infierno.
	Pasaje central:	Hebreos 9.27

LA DOCTRINA DEL HOMBRE

(Mencione las cuatro subdivisiones de la doctrina del hombre, y escriba en la definición las palabras clave).

Símbolo:	Subdivisión:	Definición:
	1. _____	Dios _____ al hombre a su imagen.
	Pasaje central:	Génesis 1.27

Símbolo:	Subdivisión:	Definición:
	2. _____	El hombre tiene una dimensión _____ tanto como una física.
	Pasaje central:	1 Tesalonicenses 5.23

Símbolo:	Subdivisión:	Definición:
	3. _____	El hombre tiene _____ que van más allá de las de cualquier animal y le caracterizan como el pináculo de la creación de Dios.
	Pasaje central:	Génesis 1.26

Símbolo:	Subdivisión:	Definición:
	4. _____	El hombre vivirá _____ en el cielo o en el infierno.
	Pasaje central:	Hebreos 9.27

AUTOEVALUACIÓN

¡Lo que usted puede aprender mañana se edifica sobre lo que aprende hoy!

(Llene los espacios en blanco).

1. O_____ Dios _____ al hombre a su imagen.

2. N_____ El hombre tiene una dimensión _____ tanto como una física.

3. D_____ El hombre tiene _____ que van más allá de las de cualquier animal y le caracterizan como el pináculo de la creación de Dios.

4. D_____ El hombre vivirá _____ en el cielo o en el infierno.

DIEZ GRANDES DOCTRINAS DE LA BIBLIA

(De memoria escriba el nombre de las doctrinas uno a seis. Ver las respuestas en el Apéndice).

CAPÍTULO 27

LA DOCTRINA DEL PECADO

Crecí en el norte rural de Indiana, en donde la crianza de cerdos es común. En mi adolescencia, solía tener que trabajar entre los puercos, dándoles de comer, atendiendo sus necesidades físicas y médicas, y limpiando los chiqueros. Si usted nunca ha trabajado en alguna granja, probablemente no puede imaginarse cuánto hiede un chiquero en un granero cuando los cerdos han estado encerrados todo el invierno. Literalmente hace que las lágrimas se le salten de los ojos, le quitan la respiración, y, en mi caso, hacen que uno anhele un trabajo profesional.

Pero noté una cosa. A los cerdos no les importaba eso. Nunca vi a un cerdo entrar a un chiquero, olfatear el aire con disgusto, y darse la vuelta y salir debido a que el lugar hiede tanto. Al puerco todo le parecía bien. Todo puerco que jamás vi parecía completamente en casa en un chiquero.

Cuando se trata del pecado, todos nos parecemos un poco a los cerdos. La pestilencia del pecado no nos parece tan mala. Ni siquiera notamos mucho de ella. Pero para Dios, hiede como un millar de cerdos tenidos en su sala todo el invierno.

El hombre no capta, ni puede captar, lo horrendo del pecado al grado en que Dios lo capta. Pero por dos razones debemos tratar de captar tanto como podamos. Primero, el pecado es dañino para nosotros; es autodestructivo. Todos los pecados son como los bumerán; regresan para hacernos daño cada vez. Segundo, el pecado nos separa de Dios, y si esperamos vivir una vida en comunión con Él, eso significa aceptar el reto de crecer en justicia.

I. REPASO

¡La repetición es la clave para la apropiación mental!
(Llene los espacios en blanco).

LA DOCTRINA DE LA BIBLIA
1. R_____
2. I_____
3. I_____
4. I_____

LA DOCTRINA DE DIOS
1. E_____
2. A_____
3. S_____
4. T_____

LA DOCTRINA DE CRISTO
1. D_____
2. H_____
3. R_____
4. R_____

LA DOCTRINA DEL ESPÍRITU SANTO
1. P_____
2. D_____
3. S_____
4. D_____

LA DOCTRINA DE LOS ÁNGELES

1. A_____
2. D_____
3. S_____
4. D_____

LA DOCTRINA DEL HOMBRE

1. O_____
2. N_____
3. D_____
4. D_____

II. LAS CUATRO SUBDIVISIONES PRINCIPALES DE LA DOCTRINA DEL PECADO

Las cuatro subdivisiones principales de la doctrina del pecado son:

1. Naturaleza

2. Caída

3. Corrupción

4. Rebelión

(Al leer las definiciones de las subdivisiones de la doctrina, note las palabras en cursivas. Inmediatamente después de las definiciones, se repiten con espacios en blanco en lugar de las palabras en cursivas. Llene los espacios en blanco).

Símbolo:	Subdivisión:	Definición:

1. Naturaleza: El pecado es toda falta de conformidad a la *perfección* moral de Dios.

   Naturaleza: El pecado es toda falta de conformidad a la _____ moral de Dios.

Todo lo que es bueno, recto y agradable viene de Dios. Cualquier cosa que no viene de Dios es lo opuesto. Por definición, debe ser malo, errado y desagradable. Somos criaturas que pecan. Cuando lo hacemos, traemos cosas malas, erradas y desagradables a nuestras vidas, rebajamos la reputación de Dios, puesto que somos sus hijos, y reducimos el interés que el mundo no cristiano pudiera tener en Dios porque no ven la diferencia entre ser cristiano y no serlo.

Pasaje central:

Toda injusticia es pecado. (1 Juan 5.17)

Símbolo:	Subdivisión:	Definición:

2. Caída: Adán y Eva *se separan* de Dios en el huerto del Edén debido al pecado original.

   Caída: Adán y Eva _____ de Dios en el huerto del Edén debido al pecado original.

Todo el dolor, todo el mal, todo el sufrimiento que hay en el mundo, que jamás ha habido en el mundo, y que jamás habrá en el mundo, se puede rastrear hacia atrás a un evento: cuando Adán y Eva desobedecieron a Dios en el huerto. Debido a los efectos negativos cataclísmicos de ese evento, se le ha llamado la caída del hombre.

Pasaje central:

Y vio la mujer que el árbol era bueno para comer, y que era agradable a los ojos, y árbol codiciable para alcanzar la sabiduría; y tomó de su fruto, y comió; y dio también a su marido, el cual comió así como ella. (Génesis 3.6)

Símbolo:	Subdivisión:	Definición:

3. Corrupción: La humanidad como un todo quedó *corrompida* por la caída original.

Corrupción: La humanidad como un todo quedó _____ por la caída original.

El pecado entró en la humanidad, y ahora todos los hombres están *corrompidos* por el pecado. No es que el hombre sea incapaz de hacer cosas buenas (porque ciertamente algunos hacen cosas maravillosas), o incluso que sea tan malo como puede serlo (muchos podían ser peores de lo que son). Es simplemente que el ser humano no puede impedir hacer lo malo, porque su naturaleza esencial ha quedado corrompida. David decía: «En pecado me concibió mi madre» (Salmos 51.5). Esto no quiere decir que su madre pecó, sino que todos los hombres nacen pecadores. No somos pecadores debido a que pecamos. Pecamos porque somos pecadores.

Pasaje central:

Cuando estabais muertos en vuestros delitos y pecados... entre los cuales también todos nosotros vivimos en otro tiempo en los deseos de nuestra carne, haciendo la voluntad de la carne y de los pensamientos, y éramos por naturaleza hijos de ira. (Efesios 2.1, 3)

Símbolo:	Subdivisión:	Definición:

4. Rebelión: Debido a que la naturaleza interna del hombre ha quedado corrompida por el pecado, no puede evitar el cometer pecados *personales*.

Rebelión: Debido a que la naturaleza interna del hombre ha quedado corrompida por el pecado, no puede evitar el cometer pecados _____.

El corazón del hombre ha quedado corrompido, y por consiguiente comete pecados individuales, *personales.* Algunos de estos pecados son pecados de comisión (cosas que no deberíamos hacer, pero que las hacemos) y algunos son pecados de omisión (cosas que deberíamos hacer, pero no las hacemos). Pueden ser actos tangibles, o pueden ser actitudes, motivos, o perspectivas deficientes. Cuando nos comparamos con otros en cuanto a cosas externas, tal vez no nos vaya tan mal. Pero cuando nos comparamos con Jesús, quien no tuvo ninguna imperfección en acción, pensamiento, motivo, palabra u obra, todos nos quedamos lejos.

Pasaje central:

Por cuanto todos pecaron, y están destituidos de la gloria de Dios... Porque la paga del pecado es muerte. (Romanos 3.23; 6.23)

LA DOCTRINA DEL PECADO

(En las líneas a continuación escriba los títulos de las cuatro subdivisiones).

Símbolo:	Subdivisión:	Definición:
	1. N_____	El pecado es toda falta de conformidad a la *perfección* moral de Dios.
	Pasaje central: 1 Juan 5.17	

Símbolo:	Subdivisión:	Definición:
	2. C_____	Adán y Eva *se separan* de Dios en el huerto del Edén debido al pecado original.
	Pasaje central: Génesis 3.6	

Símbolo:	Subdivisión:	Definición:
	3. C_____	La humanidad como un todo quedó *corrompida* por la caída original.
	Pasaje central: Efesios 2.1, 3	

Símbolo:	Subdivisión:	Definición:
⊘	4. R_____	Debido a que la naturaleza interna del hombre ha quedado corrompida por el pecado, no puede evitar el cometer pecados *personales*.
	Pasaje central:	Romanos 3.23; 6.23

LA DOCTRINA DEL PECADO

(Mencione las cuatro subdivisiones de la doctrina del pecado, y escriba en la definición las palabras clave).

Símbolo:	Subdivisión:	Definición:
🍃	1. _____	El pecado es toda falta de conformidad a la _____ moral de Dios.
	Pasaje central:	1 Juan 5.17

Símbolo:	Subdivisión:	Definición:
🍎	2. _____	Adán y Eva _____ de Dios en el huerto del Edén debido al pecado original.
	Pasaje central:	Génesis 3.6

Símbolo:	Subdivisión:	Definición:
☠	3. _____	La humanidad como un todo quedó _____ por la caída original.
	Pasaje central:	Efesios 2.1, 3

Símbolo:	Subdivisión:	Definición:
⊘	4. _____	Debido a que la naturaleza interna del hombre ha quedado corrompida por el pecado, no puede evitar el cometer pecados _____.
	Pasaje central:	Romanos 3.23; 6.23

AUTOEVALUACIÓN

*¡Lo que usted puede aprender mañana se
edifica sobre lo que aprende hoy!*

(Llene los espacios en blanco).

1. N_____ El pecado es toda falta de
conformidad a la _____
moral de Dios.

2. C_____ Adán y Eva _____ de
Dios en el huerto del Edén debido al
pecado original.

3. C_____ La humanidad como un todo
quedó _____ por la caída
original.

4. R_____ Debido a que la naturaleza interna
del hombre ha quedado corrompida
por el pecado, no puede evitar el
cometer pecados _____.

DIEZ GRANDES DOCTRINAS DE LA BIBLIA

(De memoria escriba el nombre de las doctrinas uno a siete. Ver las respuestas en el Apéndice).

2._____

4._____   3._____

5._____   1._____

6._____

7._____

CAPÍTULO 28

LA DOCTRINA DE LA SALVACIÓN

En una conferencia británica sobre religiones comparadas, expertos de todo el mundo debatían cuál creencia, si acaso alguna, era única en la fe cristiana. Empezaron eliminando las posibilidades. ¿Encarnación? Otras religiones tienen diferentes versiones de dioses apareciendo en forma humana. ¿Resurrección? De nuevo, otras religiones tienen relatos de volver de la muerte. El debate siguió por algún tiempo hasta que C. S. Lewis entró al salón.

«¿A qué tanta alharaca?» preguntó, y oyó en respuesta que sus colegas estaban debatiendo la contribución única del cristianismo entre las religiones del mundo. Lewis respondió: «Ah, eso es fácil. Es gracia».

Después de algo de debate, los presentes tuvieron que concordar. La noción de que el amor de Dios nos venga gratuitamente, sin condiciones, parece ir en contra de todo instinto de la humanidad. La senda óctuple budista, la doctrina hindú del karma, el pacto judío, el código musulmán de la ley, cada uno de estos ofrece alguna manera de ganar aprobación. Solo el cristianismo se atreve a hacer incondicional el amor de Dios (*Gracia divina vs. condena humana*, 49).

En todas las demás religiones, debemos hacer algo para ganarnos la salvación. En el cristianismo, la salvación es por gracia y por fe en Jesús.

La fe es crucial porque es lo único que podemos hacer y con todo no hacer nada. Romanos 6.23 dice: «Porque la paga del pecado es muerte, mas la dádiva de Dios es vida eterna en Cristo Jesús Señor nuestro». Con razón al evangelio se le llama las «buenas noticias».

I. REPASO

¡La repetición es la clave para la apropiación mental!
(Llene los espacios en blanco).

LA DOCTRINA DE LA BIBLIA

1. R_____
2. I_____
3. I_____
4. I_____

LA DOCTRINA DE DIOS

1. E_____
2. A_____
3. S_____
4. T_____

LA DOCTRINA DE CRISTO

1. D_____
2. H_____
3. R_____
4. R_____

LA DOCTRINA DEL ESPÍRITU SANTO

1. P_____
2. D_____
3. S_____
4. D_____

LA DOCTRINA DE LOS ÁNGELES

1. Á_____
2. D_____
3. S_____
4. D_____

LA DOCTRINA DEL HOMBRE

1. O_____
2. N_____
3. D_____
4. D_____

LA DOCTRINA DEL PECADO

1. N_____
2. C_____
3. C_____
4. R_____

II. LAS CUATRO SUBDIVISIONES PRINCIPALES DE LA DOCTRINA DE LA SALVACIÓN

Las cuatro subdivisiones principales de la doctrina de la salvación son:

1. Base

2. Resultado

3. Costo

4. Tiempo

(Al leer las definiciones de las subdivisiones de la doctrina, note las palabras en cursivas. Inmediatamente después de las definiciones, se repiten con espacios en blanco en lugar de las palabras en cursivas. Llene los espacios en blanco).

Símbolo:	Subdivisión:	Definición:

1. **Base:** La salvación es una *dádiva* que Dios da a los que creen.

   Base: La salvación es una _____ que Dios da a los que creen.

   No podemos ganarnos la salvación. Somos imperfectos, y no podemos hacernos perfectos nosotros mismos. Y, sin embargo, Dios demanda perfección. En su misericordia Dios ofrece, por gracia y por fe en Jesús, perdonar nuestro pecado y darnos la *dádiva* de la nueva vida en Cristo.

   Pasaje central:

   Porque por gracia sois salvos por medio de la fe; y esto no de vosotros, pues es don de Dios; no por obras, para que nadie se gloríe. (Efesios 2.8, 9)

Símbolo:	Subdivisión:	Definición:

2. **Resultado:** Dios extiende *perdón* del pecado y vida eterna a los que le reciben.

   Resultado: Dios extiende _____ del pecado y vida eterna a los que le reciben.

   La solución de Dios a la separación entre el hombre y Él es ofrecerle *perdón* de sus pecados y hacerle que nazca de nuevo a la vida eterna en Cristo (1 Pedro 1.3), dándole una nueva naturaleza que no es defectuosa por el pecado, creada a la misma semejanza de Dios, santa y justa. (Efesios 4.24)

   Pasaje central:

   Si confesamos nuestros pecados, él es fiel y justo para perdonar nuestros pecados, y limpiarnos de toda maldad. (1 Juan 1.9)

Símbolo:	Subdivisión:	Definición:

3. **Costo:** La pena del pecado es pagada por la muerte *sustitutiva* de Cristo.

   Costo: La pena del pecado es pagada por la muerte _____ de Cristo.

El pecado trae muerte. Puesto que todos hemos pecado, todos hemos muerto, espiritualmente, y estamos separados de Dios (Romanos 3.23; 6.23). Jesús era sin pecado, y voluntariamente murió para que su muerte se pudiera contar como *sustitución* por la nuestra. Si usted cree en Jesús y le recibe como su Salvador personal, Dios entonces cuenta la muerte de Jesús por la suya y le da a usted vida eterna.

Pasaje central:

Porque también Cristo padeció una sola vez por los pecados, el justo por los injustos, para llevarnos a Dios, siendo a la verdad muerto en la carne, pero vivificado en espíritu. (1 Pedro 3.18)

Símbolo:	Subdivisión:	Definición:

4. Tiempo: Nuestra salvación se completa a la *muerte* del *cuerpo*.

Tiempo: Nuestra salvación se completa a la _____ del _____.

El hombre es un espíritu que tiene un cuerpo. Al convertirse en cristiano, el espíritu de la persona nace de nuevo y le es dada vida eterna (Juan 3.3, 16). Sin embargo, su cuerpo, en ese momento, queda sin cambio. Está corrompido por el pecado, es susceptible a la enfermedad y a la muerte, y es esclavo del pecado (Romanos 7.23). El cerebro, que es parte del cuerpo físico, todavía sigue corrupto con la vieja programación que es contraria a la verdad bíblica. Debido a esto, el cristiano experimenta una lucha continua entre el hombre interno nacido de nuevo que desea servir a Dios, y el cuerpo físico, el hombre externo, que es arrastrado al pecado (ver Romanos 7.15-20). Este conflicto continúa hasta la *muerte* del *cuerpo*, en cuyo momento el espíritu nacido de nuevo del cristiano es transportado de inmediato al cielo para recibir un nuevo cuerpo, al que no toca el pecado. (Romanos 8.23)

Pasaje central:

Y no sólo ella, sino que también nosotros mismos, que tenemos las primicias del Espíritu, nosotros también gemimos dentro de nosotros mismos, esperando la adopción, la redención de nuestro cuerpo. (Romanos 8.23)

LA DOCTRINA DE LA SALVACIÓN

(En las líneas a continuación escriba los títulos de las cuatro subdivisiones).

Símbolo: **Subdivisión:**   **Definición:**

1. B_____   La salvación es una *dádiva* que Dios da a los que creen.

Pasaje central: Efesios 2.8, 9

Símbolo: **Subdivisión:**   **Definición:**

2. R_____   Dios extiende *perdón* del pecado y vida eterna a los que le reciben.

Pasaje central: 1 Juan 1.9

Símbolo: **Subdivisión:**   **Definición:**

3. C_____   La pena del pecado es pagada por la muerte *sustitutiva* de Cristo.

Pasaje central: 1 Pedro 3.18

Símbolo: **Subdivisión:**   **Definición:**

4. T_____   Nuestra salvación se completa a la *muerte* del *cuerpo*.

Pasaje central: Romanos 8.23

LA DOCTRINA DE LA SALVACIÓN

(Mencione las cuatro subdivisiones de la doctrina de la salvación, y escriba en la definición las palabras clave).

Símbolo: **Subdivisión:**   **Definición:**

1. _____   La salvación es una _____ que Dios da a los que creen.

Pasaje central: Efesios 2.8, 9

Símbolo:	Subdivisión:	Definición:
	2. _____	Dios extiende _____ del pecado y vida eterna a los que le reciben.
	Pasaje central:	1 Juan 1.9

Símbolo:	Subdivisión:	Definición:
	3. _____	La pena del pecado es pagada por la muerte _____ de Cristo.
	Pasaje central:	1 Pedro 3.18

Símbolo:	Subdivisión:	Definición:
R.I.P.	4. _____	Nuestra salvación se completa a la _____ del _____.
	Pasaje central:	Romanos 8.23

AUTOEVALUACIÓN

¡Lo que usted puede aprender mañana se edifica sobre lo que aprende hoy!

(Llene los espacios en blanco).

1. B_____ La salvación es una _____ que Dios da a los que creen.
2. R_____ Dios extiende _____ del pecado y vida eterna a los que le reciben.
3. C_____ La pena del pecado es pagada por la muerte _____ de Cristo.
4. T_____ Nuestra salvación se completa a la _____ del _____.

DIEZ GRANDES DOCTRINAS DE LA BIBLIA

(De memoria escriba el nombre de las doctrinas uno a ocho.
Ver las respuestas en el Apéndice).

CAPÍTULO 29

LA DOCTRINA DE LA IGLESIA

No es secreto que la iglesia ha tenido sus detractores con el correr de los años. Thomas Paine, padre fundador de Estados Unidos, escribió una vez: «Todas las instituciones nacionales de iglesias… me parecen nada más que invenciones humanas, establecidas para aterrorizar y esclavizar a la humanidad, y monopolizar el poder y el lucro».

Incluso Juan Wesley, padre de la iglesia moderna, dijo una vez: «La iglesia reclutó personas que habían sido almidonadas y planchadas antes de que fueran lavadas».

Y, sin embargo, Gerald Vann acertó mejor cuando dijo: «Si dices que la historia de la iglesia es una larga sucesión de escándalos, están diciendo la verdad; aunque si eso es todo lo que dices, estás distorsionando la verdad».

En tanto que la iglesia no siempre se ha representado a sí misma de manera admirable, el problema ha sido con la ejecución, y no con la institución.

La iglesia, a la que en las Escrituras también se le llama el «cuerpo de Cristo», debe ser la representación física de Cristo en la tierra ahora que Él ha vuelto al cielo. Lo que Cristo dijo, debemos decir. Lo que Cristo hizo, debemos hacer. El mensaje que Cristo proclamó, debemos proclamar, y el carácter que Cristo manifestó, debemos manifestar nosotros. El mundo ya no puede ver a Cristo vivo en la tierra. Él se ha ido físicamente, aunque vive en los corazones de sus hijos. Debido a que el mundo ya no puede ver a Cristo vivo en la tierra, debe poder captar una idea bastante buena de Cristo al mirar a su iglesia.

Como C. S. Lewis escribió una vez: «La iglesia existe nada más que para atraer a los hombres a Cristo, hacer de ellos Cristos pequeños. Si no están haciendo eso, todas las catedrales, clero, misiones, sermones, incluso la Biblia misma, son simplemente un desperdicio de tiempo. Dios se hizo hombre por ningún otro propósito».

Ha llegado el momento de aclarar el propósito de la iglesia, y de un resurgimiento de respeto por la iglesia, de considerarla con el mismo aprecio con que Jesús la considera. Ha llegado el tiempo de creer en la promesa de Jesús según Mateo 16.18: «Yo edificaré mi iglesia». Entonces, humildemente pedirle: «¿Qué quieres que yo haga?».

I. REPASO

¡La repetición es la clave para la apropiación mental!
(Llene los espacios en blanco).

LA DOCTRINA DE LA BIBLIA

1. R_____
2. I_____
3. I_____
4. I_____

LA DOCTRINA DE DIOS

1. E_____
2. A_____
3. S_____
4. T_____

LA DOCTRINA DE CRISTO

1. D_____
2. H_____
3. R_____
4. R_____

LA DOCTRINA DEL ESPÍRITU SANTO

1. P_____
2. D_____
3. S_____
4. D_____

LA DOCTRINA DE LOS ÁNGELES

1. Á_____
2. D_____
3. S_____
4. D_____

LA DOCTRINA DEL HOMBRE

1. O_____
2. N_____
3. D_____
4. D_____

LA DOCTRINA DEL PECADO

1. N_____
2. C_____
3. C_____
4. R_____

LA DOCTRINA DE LA SALVACIÓN

1. B_____
2. R_____
3. C_____
4. T_____

II. LAS CUATRO SUBDIVISIONES PRINCIPALES DE LA DOCTRINA DE LA IGLESIA

Las cuatro subdivisiones principales de la doctrina de la iglesia son:

 1. Universal

 2. Local

 3. Liderazgo

 4. Membresía

(Al leer las definiciones de las subdivisiones de la doctrina, note las palabras en cursivas. Inmediatamente después de las definiciones, se repiten con espacios en blanco en lugar de las palabras en cursivas. Llene los espacios en blanco).

Símbolo:	Subdivisión:	Definición:
	1. Universal:	La iglesia universal es la totalidad de todos *los que creen* en Jesús.
	Universal:	La iglesia universal es la totalidad de todos _____ en Jesús.

La iglesia universal, a la que también se le llama el cuerpo de Cristo (Colosenses 1.24), se refiere a todas las personas, en todas partes del mundo, que se han convertido en cristianas desde el principio de la iglesia, y que llegarán a ser cristianas hasta que Cristo vuelva. La iglesia empezó en el día de Pentecostés (Hechos 2), y culminará cuando Cristo vuelva. Cristo es la cabeza de la iglesia (Colosenses 1.18), y la iglesia universal debe ser la representación de Cristo en la tierra, colectivamente haciendo su voluntad.

Pasaje central:

Y yo también te digo, que tú eres Pedro, y sobre esta roca edificaré mi iglesia; y las puertas del Hades no prevalecerán contra ella. (Mateo 16.18)

Símbolo:	Subdivisión:	Definición:
	2. Local:	Una asamblea local de creyentes *organizada* para llevar a cabo las responsabilidades de la iglesia universal.
	Local:	Una asamblea local de creyentes _____ para llevar a cabo las responsabilidades de la iglesia universal.

La iglesia no es un edificio, sino personas. En cualquier momento y lugar los cristianos deben reunirse para llevar a cabo las responsabilidades de la iglesia universal. Como tales, *se organizan* para gobernarse, seleccionar líderes espirituales, recoger dinero para el ministerio, observar el bautismo y la comunión, ejercer disciplina eclesiástica, interactuar en edificación mutua y evangelización, y adorar a Dios.

Pasaje central:

Pablo, llamado a ser apóstol de Jesucristo por la voluntad de Dios... a la iglesia de Dios que está en Corinto. (1 Corintios 1.1, 2)

Símbolo:	Subdivisión:	Definición:
	3. Liderazgo:	Aquellos en la iglesia dignos de ser seguidos debido a su madurez *espiritual*.
	Liderazgo:	Aquellos en la iglesia dignos de ser seguidos debido a su madurez _____.

El liderazgo en la iglesia local está investido en pastores maestros, ancianos, diáconos y diaconisas. Las Escrituras parecen dar libertad en cuanto a cómo se organiza y funciona este liderazgo, pero es muy específica en cuanto a las cualificaciones *espirituales*. Solo a personas espiritualmente maduras se les deben dar cargos altos de liderazgo espiritual en la iglesia.

Pasaje central:

Pero es necesario que el obispo sea irreprensible, marido de una sola mujer, sobrio, prudente, decoroso, hospedador, apto para enseñar; no dado al vino, no pendenciero, no codicioso de ganancias deshonestas, sino amable, apacible, no avaro; que gobierne bien su casa, que tenga a sus hijos en sujeción con toda honestidad... no un neófito... También es necesario que tenga buen testimonio de los de afuera. (1 Timoteo 3.2-4, 6, 7)

Símbolo:	Subdivisión:	Definición:
	4. Membresía:	El hecho de *pertenecer* a la iglesia universal y a una iglesia local.
	Membresía:	El hecho de _____ a la iglesia universal y a una iglesia local.

Cuando una persona se convierte a Cristo, de inmediato y automáticamente llega a ser miembro de la iglesia universal, el cuerpo de Cristo. En toda la historia del cristianismo, las iglesias locales han tenido requisitos variados para la membresía, que van desde los muy limitados a los muy estrictos. En las Escrituras parece haber un punto de libertad dado a las iglesias locales. Un punto importante, sin embargo, es que toda persona debe ser parte de una iglesia local. Dios nunca intentó que los cristianos traten de marchar solos. Ponerse uno mismo bajo la autoridad espiritual y en ministerio con otros es esencial para la salud espiritual.

Pasaje central:

Y considerémonos unos a otros para estimularnos al amor y a las buenas obras; no dejando de congregarnos, como algunos tienen por costumbre, sino exhortándonos; y tanto más, cuanto veis que aquel día se acerca. (Hebreos 10.24, 25)

LA DOCTRINA DE LA IGLESIA

(En las líneas a continuación escriba los títulos de las cuatro subdivisiones).

Símbolo:	Subdivisión:	Definición:
	1. U_____	La iglesia universal es la totalidad de todos *los que creen* en Jesús.
	Pasaje central:	Mateo 16.18

Símbolo:	Subdivisión:	Definición:
	2. L_____	Una asamblea local de creyentes *organizada* para llevar a cabo las responsabilidades de la iglesia universal.
	Pasaje central:	1 Corintios 1.1, 2

Símbolo:	Subdivisión:	Definición:
	3. L_____	Aquellos en la iglesia dignos de ser seguidos debido a su madurez *espiritual*.
	Pasaje central:	1 Timoteo 3.2-4, 6, 7

Símbolo:	Subdivisión:	Definición:
	4. M_____	El hecho de *pertenecer* a la iglesia universal y a una iglesia local.
	Pasaje central:	Hebreos 10.24, 25

LA DOCTRINA DE LA IGLESIA

(Mencione las cuatro subdivisiones de la doctrina de la iglesia, y escriba en la definición las palabras clave).

Símbolo:	Subdivisión:	Definición:
	1. _____	La iglesia universal es la totalidad de todos _____ en Jesús.
	Pasaje central:	Mateo 16.18

Símbolo:	Subdivisión:	Definición:

2. _____ Una asamblea local de creyentes _____para llevar a cabo las responsabilidades de la iglesia universal.

Pasaje central: 1 Corintios 1.1, 2

Símbolo:	Subdivisión:	Definición:

3. _____ Aquellos en la iglesia dignos de ser seguidos debido a su madurez _____.

Pasaje central: 1 Timoteo 3:2-4, 6, 7

Símbolo:	Subdivisión:	Definición:

4. _____ El hecho de _____ a la iglesia universal y a una iglesia local.

Pasaje central: Hebreos 10:24, 25

AUTOEVALUACIÓN

¡Lo que usted puede aprender mañana se edifica sobre lo que aprende hoy!

(Llene los espacios en blanco).

1. U_____ La iglesia universal es la totalidad de todos _____en Jesús.

2. L_____ Una asamblea local de creyentes _____para llevar a cabo las responsabilidades de la iglesia universal.

3. L_____ Aquellos en la iglesia dignos de ser seguidos debido a su madurez _____.

4. M_____   El hecho de _____ a la
                          iglesia universal y a una iglesia local.

DIEZ GRANDES DOCTRINAS DE LA BIBLIA

(De memoria escriba el nombre de las doctrinas uno a nueve.
Ver las respuestas en el Apéndice).

2. _____

4. _____   3. _____

5. _____   1. _____

6. _____   9. _____

7. _____   8. _____

CAPÍTULO 30

LA DOCTRINA DE LAS COSAS FUTURAS

La experiencia del pequeño Lord Fauntleroy es encantadora e instructiva. El hijo de un conde inglés se casa con una estadounidense y en consecuencia es desheredado. Algunos años después, muere en el mar, y su viuda e hijo viven humildemente en la ciudad de Nueva York. El padre del desheredado, el conde de Darringcourt, envejece y se preocupa por la sucesión de su fortuna y linaje familiar. Su nieto estadounidense de diez años es el único heredero legal, así que envía a un representante a Estados Unidos para ofrecerle a su nieto que vaya a vivir en la fabulosa propiedad como Lord Fauntleroy, y con el tiempo le suceda como conde de Darringcourt.

Cuando el representante del conde llega a Estados Unidos con la propuesta, surge una circunstancia que es análoga a la vida del cristiano. Describe cómo será la vida como Lord Fauntleroy. Riqueza, poder, honor y gloria son suyos. Es el heredero legal. Sin embargo, tiene que esperar hasta llegar a Inglaterra para experimentarlo. Por ahora, tendrá unos cuantos beneficios limitados, pero para la mayor parte, mientras no cruce el Atlántico, la vida de Lord Fauntleroy tiene que esperar.

La Biblia presenta para los cristianos un cuadro de un futuro que es difícil imaginar. Poder, gloria y riqueza y honor son nuestros. Pero en gran medida, debemos esperar hasta llegar al cielo para experimentarlos.

Por ahora, las limitaciones de la tierra están siempre con nosotros. Mientras no crucemos el Atlántico, la vida de Lord Fauntleroy tendrá que esperar.

La información que la Biblia presenta de las cosas futuras es nebulosa. La información profética en la Biblia no es dada para satisfacer nuestra curiosidad innata en cuanto al futuro, sino para animarnos a vivir como realeza mientras todavía estamos aquí en la tierra. Se da, no para impactar nuestra curiosidad, sino nuestro estilo de vida.

Por consiguiente, en tanto que la información es incompleta en cuanto a los detalles que quisiéramos saber, es adecuada para que tomemos en serio nuestra vida presente. Somos realeza con una herencia celestial, y aunque al presente estamos desplazados, con todo debemos vivir como lo que hemos llegado a ser.

I. REPASO

¡La repetición es la clave para la apropiación mental!
(Llene los espacios en blanco).

LA DOCTRINA DE LA BIBLIA

1. R_____
2. I_____
3. I_____
4. I_____

LA DOCTRINA DE DIOS

1. E_____
2. A_____
3. S_____
4. T_____

LA DOCTRINA DE CRISTO

1. D_____
2. H_____
3. R_____
4. R_____

LA DOCTRINA DEL ESPÍRITU SANTO

1. P_____
2. D_____
3. S_____
4. D_____

LA DOCTRINA DE LOS ÁNGELES

1. Á_____
2. D_____
3. S_____
4. D_____

LA DOCTRINA DEL HOMBRE

1. O_____
2. N_____
3. D_____
4. D_____

LA DOCTRINA DEL PECADO

1. N_____
2. C_____
3. C_____
4. R_____

LA DOCTRINA DE LA SALVACIÓN

1. B_____
2. R_____
3. C_____
4. T_____

LA DOCTRINA DE LA IGLESIA

1. U_____
2. L_____
3. L_____
4. M_____

II. LAS CUATRO SUBDIVISIONES PRINCIPALES DE LA DOCTRINA DE LAS COSAS FUTURAS

Las cuatro subdivisiones principales de la doctrina de las cosas futuras son:

1. Retorno

2. Juicio

3. Universo

4. Eternidad

(Al leer las definiciones de las subdivisiones de la doctrina, note las palabras en cursivas. Inmediatamente después de las definiciones, se repiten con espacios en blanco en lugar de las palabras en cursivas. Llene los espacios en blanco).

Símbolo:	Subdivisión:	Definición:

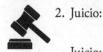

1. Retorno: Jesús *volverá* otra vez a la tierra.

   Retorno: Jesús _____ otra vez a la tierra.

Jesús de Nazaret fue crucificado, sepultado y resucitó alrededor del año 30 A.D. Ascendió al cielo, en donde ha estado por los últimos dos mil años. En algún momento en el futuro, y según la información profética pudiera ser en cualquier momento, Él *volverá* a la tierra. Cuando lo haga, no será como el hijo del carpintero, sino como el Hijo del Monarca, en poder y gloria, revelando su verdadera soberanía cósmica. En su primera visita a la tierra, vino como siervo con un énfasis en su humanidad. En su segunda visita a la tierra vendrá como rey, recalcando su deidad.

Pasaje central:

Porque el Hijo del Hombre vendrá en la gloria de su Padre con sus ángeles. (Mateo 16.27)

Símbolo:	Subdivisión:	Definición:

2. Juicio: Dios *confirmará* el *destino* eterno de todos los individuos.

   Juicio: Dios _____ el _____ eterno de todos los individuos.

En dos tiempos y lugares diferentes, Dios realizará audiencias con toda la humanidad para *confirmar* nuestro *destino* eterno. Los que creyeron en Jesús y le recibieron entonces serán confirmados a la eternidad en el cielo con Él. Los que no creyeron en Él ni le recibieron serán confirmados a la separación eterna de Él en el infierno.

Pasaje central:

Porque es necesario que todos nosotros comparezcamos ante el tribunal de Cristo, para que cada uno reciba según lo que haya hecho mientras estaba en el cuerpo, sea bueno o sea malo. (2 Corintios 5.10)

Y el que no se halló inscrito en el libro de la vida fue lanzado al lago de fuego. (Apocalipsis 20.15)

Símbolo:	Subdivisión:	Definición:

3. Universo: El viejo universo será destruido y *reemplazado* por uno nuevo.

Universo: El viejo universo será destruido y _____ por uno nuevo.

El presente universo quedó corrompido por el pecado en el momento de la «caída» del hombre. Aunque mucho de la naturaleza es hermoso, mucho también es destructivo e inhabitable. El universo será destruido con fuego cósmico apocalíptico y *reemplazado* con un nuevo universo y una nueva tierra que no tendrá ninguna característica dañina. (Ver 2 Pedro 3.12, 13; Apocalipsis 21.4)

Pasaje central:

Vi un cielo nuevo y una tierra nueva; porque el primer cielo y la primera tierra pasaron, y el mar ya no existía más. (Apocalipsis 21.1)

Símbolo:	Subdivisión:	Definición:

4. Eternidad: Los cristianos vivirán con Dios *para siempre*.

Eternidad: Los cristianos vivirán con Dios _____.

Jesús reinará con justicia absoluta. Existirá solo bondad y belleza. Los creyentes gobernarán con Él *para siempre* como vicerregentes. Gobernarán a los seres angélicos y reinos en la nueva tierra. Serán seres de belleza y poder que participarán en ceremonias celestiales gloriosas. Los mismos creyentes recibirán mucha gloria personal por la gracia y bondad de Dios, así como también pasarán tiempo abundante adorando y alabando a Dios. El intelecto, belleza, poder y talento serán virtualmente ilimitados mientras los creyentes sirven tanto al Rey Jesús y gobiernan con Él en un mundo que glorifica a Dios y da gran gozo y satisfacción individual.

Pasaje central:

En la casa de mi Padre muchas moradas hay; si así no fuera, yo os lo hubiera dicho; voy, pues, a preparar lugar para vosotros. Y si me fuere y os preparare lugar, vendré otra vez, y os tomaré a mí mismo, para que donde yo estoy, vosotros también estéis. (Juan 14.2, 3)

Y [los creyentes] reinarán por los siglos de los siglos. (Apocalipsis 22.5)

LA DOCTRINA DE LAS COSAS FUTURAS

(En las líneas a continuación escriba los títulos de las cuatro subdivisiones).

Símbolo:	Subdivisión:	Definición:
	1. R_____	Jesús *volverá* otra vez a la tierra.
	Pasaje central:	Mateo 16.27

Símbolo:	Subdivisión:	Definición:
	2. J_____	Dios *confirmará* el *destino* eterno de todos los individuos.
	Pasaje central:	2 Corintios 5.10; Apocalipsis 20.15

Símbolo:	Subdivisión:	Definición:
	3. U_____	El viejo universo será destruido y *reemplazado* por uno nuevo.
	Pasaje central:	Apocalipsis 21.1

Símbolo:	Subdivisión:	Definición:
	4. E_____	Los cristianos vivirán con Dios *para siempre.*
	Pasaje central:	Juan 14.2, 3; Apocalipsis 22.5

LA DOCTRINA DE LAS COSAS FUTURAS

(Mencione las cuatro subdivisiones de la doctrina de las cosas futuras, y escriba en la definición las palabras clave).

Símbolo:	Subdivisión:	Definición:
1. _____	Jesús _____ otra vez a la tierra.
Pasaje central:	Mateo. 16.27

Símbolo:	Subdivisión:	Definición:
2. _____	Dios _____ el _____ eterno de todos los individuos.
Pasaje central:	2 Corintios 5.10; Apocalipsis 20.15

Símbolo:	Subdivisión:	Definición:
3. _____	El viejo universo será destruido y _____ por uno nuevo.
Pasaje central:	Apocalipsis 21.1

Símbolo:	Subdivisión:	Definición:
4. _____	Los cristianos vivirán con Dios _____.
Pasaje central:	Juan 14.2, 3; Apocalipsis 22.5

AUTOEVALUACIÓN

¡Lo que usted puede aprender mañana se edifica sobre lo que aprende hoy!

(Llene los espacios en blanco).

1. R_____ Jesús _____ otra vez a la tierra.

2. J_____ Dios _____ el_____ eterno de todos los individuos.

3. U_____ El viejo universo será destruido y

_____ por uno nuevo.

4. E_____ Los cristianos vivirán con

Dios _____

DIEZ GRANDES DOCTRINAS DE LA BIBLIA

(De memoria escriba el nombre de todas las doctrinas. Ver las respuestas en el Apéndice).

2. _____

4. _____

3. _____

5. _____

1. _____

10. _____

6. _____

9. _____

7. _____

8. _____

En las líneas en blanco a continuación escriba los nombres de las doctrinas y sus subdivisiones:

1. B_____

    R _____

    I _____

    I _____

    I _____

2. D_____

    E _____

    A _____

    S _____

    T _____

3. C_____

    D _____

    H _____

    R _____

    R _____

4. E_____ S_____

    P _____

    D _____

    S _____

    D _____

5. Á_____

    Á _____

    D _____

    S _____

    D _____

6. H _____
    O _____
    N _____
    D _____
    D _____

7. P _____
    N _____
    C _____
    C _____
    R _____

8. S _____
    B _____
    R _____
    C _____
    T _____

9. I _____
    U _____
    L _____
    L _____
    M _____

10. C_____ F_____
    R _____
    J _____
    U _____
    E _____

¡Felicitaciones! Usted acaba de completar un vistazo general de las diez doctrinas principales de la Biblia. Todavía hay mucho más

en cuanto a las doctrinas bíblicas que hay que aprender. Esto no es lo máximo que usted necesita saber; es lo mínimo. No es el fin de su aprendizaje, sino el principio... ¡y un buen principio!

En un sentido, usted ha aprendido un bosquejo muy amplio, y mucho de la Biblia se dedica a llenar los detalles. Con todo, ahora usted tiene una estructura para adquirir conocimiento avanzado de las doctrinas bíblicas.

NANOSUMARIO DE
LA BIBLIA

Entendiendo la Biblia
en 3000 palabras

Empezamos diciendo que la Biblia es un libro enorme, muy complicado y difícil de entender. Así que, para tener una mejor comprensión, dimos un vistazo desde como a diez mil metros de altitud (captando el cuadro en grande de la historia y las doctrinas, dejando a un lado muchos detalles, pero captando el panorama), como pasando de las piezas individuales de un rompecabezas que están al azar sobre la mesa, a mirar el cuadro que aparece encima de la caja del rompecabezas.

Pero para completar nuestro vistazo general de la Biblia, queremos subir incluso más, para captar una vista de satélite desde como a trescientos kilómetros de altitud. Desde allí, podemos ver incluso menos detalles, pero tener un cuadro incluso mejor del «todo».

Desde esa altitud, queremos mirar tres cosas que completarán nuestra comprensión del vistazo general:

La historia de la Biblia en 1000 palabras (las personas, lugares y acontecimientos de la Biblia).

Las enseñanzas de la Biblia en 1000 palabras (la verdad que debemos creer).

El principal mensaje de la Biblia en 1000 palabras (la oferta que debemos recibir).

LA HISTORIA DE LA BIBLIA EN 1000 PALABRAS

Las personas, lugares y acontecimientos de la Biblia

El Antiguo Testamento empieza cuando Dios creó a Adán y Eva en un paraíso perfecto. Adán y Eva pecaron luego y fueron expulsados del huerto del Edén, obligados a vivir «[d]el sudor de [s]u rostro» en un mundo imperfecto (Génesis 3.19). Conforme sus descendientes se multiplicaban, el pecado también se multiplicó. Con el tiempo la humanidad pecó tanto que, como castigo, Dios destruyó la tierra con un diluvio mundial, preservando solo a Noé y su familia inmediata en el arca para repoblar la tierra.

El pecado mantuvo su garra sobre la humanidad, no obstante, y de nuevo las personas se olvidaron de Dios. Con el paso de los años, Dios se reveló a Abraham (dos mil años antes de Cristo), prometiéndole una nación, muchos descendientes, y una bendición que en última instancia se extendería a toda persona sobre la tierra. Abraham creyó a Dios y llegó a ser padre de los hebreos. Abraham tuvo un hijo, Isaac; e Isaac tuvo un hijo, Jacob. Las promesas que Dios le hizo a Abraham pasaron a Isaac y a Jacob. Jacob tuvo doce hijos, y las promesas pasaron a todos ellos, que llegaron a ser los padres de las doce tribus de Israel.

Jacob y su familia de como setenta personas vivían en la tierra de Canaán cuando hubo una hambruna. Fueron obligados a migrar a Egipto para conseguir alimento. Con el tiempo, llegaron a ser tan numerosos que los egipcios los consideraron una amenaza, y los esclavizaron. Después de casi cuatrocientos años en Egipto, Dios levantó a Moisés para que sacara del cautiverio a los hebreos. Con muchos milagros asombrosos, incluyendo el cruce del mar Rojo, salieron de Egipto y fueron al monte Sinaí, en donde recibieron los Diez Mandamientos. Poco después se rebelaron de nuevo contra Dios, rehusando entrar a la Tierra Prometida debido a que tuvieron miedo a los gigantes que vivían allí, y como castigo peregrinaron por el desierto por los próximos cuarenta años. Entonces murió Moisés, y bajo el liderazgo de Josué, entraron a la Tierra Prometida y la conquistaron.

Israel vivió en la Tierra Prometida en un sistema de gobierno flexible gobernado por jueces por los siguientes cuatrocientos años. Sansón y Samuel están entre los jueces más conocidos. Entonces Israel insistió en establecer una monarquía (aproximadamente mil años antes de Cristo), y los hebreos fueron gobernados por reyes por los siguientes cuatrocientos años. Saúl, David y Salomón fueron los tres primeros reyes, que gobernaron sobre una monarquía unida por 120 años (cuarenta años cada uno). Cuando Salomón murió, la nación se dividió debido a los impuestos. Ahora había un reino del norte, que mantuvo el nombre de Israel debido a que una mayoría (diez) de las tribus fueron leales al norte, y un reino del sur, que se llamó Judá, porque Judá era la más grande de las dos tribus del sur.

Debido a la acumulación del pecado de Israel, Asiria, una nación al noreste, invadió y conquistó a Israel y esparció a muchos de sus pobladores por esa parte del mundo. Como 150 años más tarde, debido al pecado acumulado de Judá, Babilonia invadió y conquistó a Judá, destruyó Jerusalén, y llevó a muchos cautivos a Babilonia.

Como setenta años después, Persia derrotó a Babilonia, que previamente había derrotado a Asiria. Así, Persia gobernó desde las orillas orientales del Mediterráneo hasta las fronteras de India. El rey de Persia permitió que los israelitas que habían estado cautivos en Babilonia volvieran a Jerusalén para reconstruirla. Cincuenta mil personas volvieron (aproximadamente como quinientos años antes de Cristo), reconstruyeron la ciudad y el templo, y restauraron las ceremonias de adoración a Dios. Vivieron de esa manera por los próximos cuatrocientos años. Mientras tanto, Persia cayó ante Grecia, que a su vez cayó ante Roma. Roma gobernaba esa parte del mundo cuando Jesús nació.

Al ministerio de Jesús precedió el ministerio de su primo, Juan el Bautista, quien advirtió a los judíos que se prepararan para la venida del Mesías. Jesús nació en Belén, cerca de Jerusalén, en cumplimiento de la profecía del Antiguo Testamento. Entonces Jesús y sus padres, María y José, se mudaron a Nazaret, en el norte del país, justo al oeste del mar de Galilea. Allí Jesús vivió en lo que parece ser una niñez normal hasta que tuvo treinta años, cuando los maestros, según la costumbre judía, comenzaban su ministerio. Jesús empezó su ministerio en Judea; y se caracterizó tanto por enseñanza autoritativa como por milagros asombrosos.

Debido a la creciente oposición de los dirigentes religiosos judíos a su ministerio, Jesús fue al norte, a la región del mar de Galilea, haciendo de Capernaúm, en la orilla norte, su base. Una gran parte de su ministerio de tres años lo realizó en la región alrededor de Capernaúm, aunque muchos acontecimientos en realidad no tuvieron lugar en Capernaúm. A la larga, Jesús fue a Jerusalén, y, debido a la envidia de los dirigentes religiosos, pronto fue crucificado. Tres días después resucitó de los muertos, y se presentó a sus discípulos varias veces en los próximos cuarenta días. Luego, con sus discípulos reunidos con Él en el Monte de los Olivos, justo fuera de Jerusalén, visiblemente ascendió al cielo.

Había comisionado a sus discípulos a que llevaran su nuevo mensaje de salvación por Cristo a Jerusalén, Judea y Samaria (las regiones vecinas), y hasta lo último de la tierra. La iglesia fue establecida en Jerusalén, y los primeros cristianos fueron judíos. Los apóstoles de Jesús supervisaban a la iglesia. El esparcimiento del evangelio a la región vecina y hasta lo último de la tierra fue acometido en gran parte por el apóstol Pablo, que realizó viajes misioneros a las regiones del Asia Menor y Grecia. Finalmente, Pablo fue arrestado y llevado a Roma, en donde a la larga fue ejecutado por su fe. Sin embargo, había suficientes discípulos, no solo en Jerusalén, sino también en Asia Menor, Grecia y Roma, por lo que el mensaje no solo siguió viviendo, sino que creció hasta llegar a ser la religión dominante del mundo.

LAS ENSEÑANZAS DE LA BIBLIA EN 1000 PALABRAS
La verdad que debemos creer

Cuando reunimos a todos los autores de la Biblia, así como también todos los libros de la Biblia, y los reducimos a su mínimo irreducible, aprendemos la verdad fundamental sobre *diez temas principales*. Este sumario, por cierto, no es todo lo que uno debería saber en cuanto a la verdad revelada, sino que se presenta como una introducción, algo así como *mojarnos los pies* en la búsqueda de un conocimiento mayor y más profundo.

1. **La Biblia:** Aprendemos que Dios reveló la Biblia al hombre. Es decir, Dios hizo saber a la humanidad, por medios sobrenaturales, incluyendo visiones, sueños, conversación directa, inspiración divina y cosas así, lo que Él quería que la humanidad supiera (Hebreos 3.7). Algo de esta revelación está anotada en la Biblia. Esa información fue inspirada, lo que quiere decir que Dios cuidó que al escribir los hombres su revelación, lo hicieran sin error (2 Pedro 1.21). No obstante, los seres humanos no captan naturalmente las verdades espirituales más profundas de las Escrituras. Por consiguiente, el Espíritu Santo capacita a los cristianos sinceros y fervientes para que comprendan gradualmente y abracen la verdad de la Biblia, iluminando sus mentes para que entiendan las cosas más profundas que Dios tiene para ellos (1 Corintios 2.12). Sin embargo, los cristianos deben ser estudiantes diligentes de las Escrituras, a fin de beneficiarse del ministerio iluminador del Espíritu Santo, estudiándolas con una actitud de fe y obediencia (2 Timoteo 2.15).

2. **Dios:** En las Escrituras aprendemos que Dios existe, según se ve por la naturaleza y nuestra consciencia (Romanos 1.20). Además, aprendemos sus características, cómo es Él. Sus características son muchas, pero incluyen que Él es Todopoderoso (Job 42.2), presente en todas partes simultáneamente (Salmos 139.8), y omnisciente (Salmos 139.4). Aprendemos también que Él es santo (Isaías 5.16), es amor

(1 Juan 4.8), y justo (Salmos 19.9). Dios es soberano, y puede hacer cualquier cosa que quiera (Salmos 135.5, 6); y existe en la Trinidad, lo que quiere decir que hay solo un Dios, pero tres Personas coiguales y coeternas, siendo las mismas en substancia, pero distintas en subsistencia (Deuteronomio 6.4; 2 Corintios 13.14).

3. **Cristo:** Jesús de Nazaret es Dios encarnado, el segundo miembro de la Trinidad (Juan 1.1). Él es plenamente humano (Juan 1.14) y, sin embargo, al mismo tiempo plenamente divino, el único Dios-hombre que jamás ha existido. Vivió una vida sin pecado, fue crucificado, y resucitó de los muertos (Romanos 1.4). Ahora está en el cielo, pero volverá a la tierra un día para completar el plan de Dios (Tito 2.13).

4. **Espíritu Santo:** El Espíritu Santo, tercer miembro de la Trinidad (2 Corintios 13.14), también es Dios, un ser personal, y no una fuerza impersonal religiosa tal como el «espíritu escolar» (Efesios 4.30). El Espíritu Santo desempeña un papel instrumental en la salvación de cada persona, incluyendo la convicción: revelando la necesidad de arrepentirnos (Juan 16.8); regeneración: impartición de un nuevo espíritu y vida eterna (Tito 3.5); morada: vive en nosotros una vez que somos verdaderos cristianos (Romanos 8.9); bautismo: colocando al creyente en el cuerpo de Cristo (1 Corintios 12.13); y sellado: garantizando la relación del creyente con Dios (Efesios 1.13, 14). Dios quiere que cada uno de nosotros sirvamos y ministremos a otros, así que el Espíritu Santo nos da a cada uno dones especiales para hacerlo (1 Corintios 12.4, 11).

5. **Ángeles:** Los ángeles son seres espirituales que sirven a Dios y hacen su voluntad (Hebreos 1.14). Los demonios en un tiempo fueron ángeles justos que cayeron, se rebelaron contra Dios y

siguieron a Satanás (Judas 6). Satanás es el ángel más alto, que una vez fue justo y que cayó, convirtiéndose en malo y corrupto. Es una persona real que supervisa a los demonios y procura neutralizar y trastornar la voluntad de Dios (1 Pedro 5.8). Dios nos ha dado defensas sobrenaturales para protegernos contra los esfuerzos de Satanás por desalentarnos, derrotarnos e incluso destruirnos. Estas defensas se llaman la armadura de Dios (Efesios 6.13-17).

6. **Hombre:** En Génesis el término *hombre* incluye por igual al hombre y a la mujer (1.27). Dios creó a los seres humanos como el pináculo de su creación. Fuimos creados a imagen de Dios en lo espiritual, intelectual, emocional y moral (1.27). Nuestro propósito es glorificar a Dios y disfrutar con Él para siempre. Los seres humanos tenemos una dimensión espiritual tanto como una física (1 Tesalonicenses 5.23), y nuestros espíritus viven para siempre, bien sea en el cielo o en el infierno (Hebreos 9.27). El hombre es distinto de la creación de Dios, teniendo capacidades más altas que las de los animales (Génesis 1.26).

7. **Pecado:** El pecado es la falta de conformidad a la perfección moral de Dios. Todos los seres humanos están contaminados por el pecado (1 Juan 5.17). Adán y Eva, los primeros seres humanos, fueron los primeros en pecar. Su pecado introdujo al mundo todo el dolor, mal y sufrimiento que ha pasado a todos los demás seres humanos, y fue tan malo que se le llama la «caída» de la humanidad (Génesis 3.6). No somos pecadores debido a que pecamos, sino que pecamos porque somos pecadores (Efesios 2.1, 3). Debido a que nuestra naturaleza interna quedó corrompida, no podemos evitar el pecar (Romanos 3.23; 6.23), hecho que trae la muerte espiritual a cada uno de nosotros.

8. **Salvación:** La salvación es una dádiva que Dios da a los que creen (Efesios 2.8, 9). Estamos separados de Dios debido a nuestro pecado, y cuando creemos en Jesús y le recibimos como nuestro Señor y Salvador, Dios nos perdona nuestro pecado y nos da vida eterna (1 Juan 1.9). Jesús pagó el castigo de nuestro pecado cuando murió en la cruz por nuestro pecado, a lo que se le llama la muerte sustitutiva de Cristo (1 Pedro 3.18). Nuestra salvación espiritual empieza cuando recibimos a Cristo, pero nuestra salvación última queda completa cuando morimos, o cuando Jesús vuelva, lo que sea que venga primero (Romanos 8.23).

9. **Iglesia:** La iglesia universal es la totalidad de todos los que creen en Jesús, desde su primera venida hasta su segunda venida, y debe ser la representación de Cristo en la tierra, colectivamente haciendo su voluntad (Mateo 16.18). Una iglesia local es una asamblea local de creyentes que se organizan para llevar a cabo los ideales de la iglesia universal (1 Corintios 1.1, 2). En la iglesia local deben dirigir los pastores maestros, ancianos y diáconos. Solo a personas espiritualmente maduras se les debe dar cargos de liderazgo espiritual (1 Timoteo 3.2-4, 6, 7). Cuando una persona se convierte a Cristo, instantáneamente llega a ser miembro de la iglesia universal, y también debe comprometerse a una iglesia local, colocándose a sí mismo bajo la autoridad espiritual del liderazgo cualificado e interviniendo en el ministerio mutuo a otros creyentes (Hebreos 10.24, 25).

10. **Cosas futuras:** Cuando ciertos eventos futuros empiecen a tener lugar, Cristo volverá a la tierra como Rey para establecer justicia (Mateo 16.27). En dos lugares y tiempos diferentes Dios juzgará a toda la humanidad para confirmar su destino eterno, bien sea en el cielo o en el infierno (2 Corintios 5.10;

Apocalipsis 20.15). Luego el viejo universo será destruido (2 Pedro 3.7, 10) y hecho nuevo (Apocalipsis 21:1), y los cristianos vivirán con Dios en la gloria, gozo y amor para siempre (Apocalipsis 22.5).

EL PRINCIPAL MENSAJE DE LA BIBLIA EN 1000 PALABRAS

La oferta que debemos recibir

Se ha dicho que el mensaje de la Biblia es tan sencillo que el niño más pequeño puede entenderlo y, sin embargo, tan hondo que el erudito más entendido no puede sumergirse a sus profundidades. En su nivel más sencillo, la Biblia nos dice que Dios nos creó a su imagen y nos ama con un amor tan grande que no podemos comprenderlo. Por razones ocultas en el misterio de la voluntad de Dios, la humanidad pecó contra Él. Ese pecado separó de Dios a toda la humanidad, y nos destinó a una eternidad en el infierno. Sin embargo, debido a que Dios amó de tal manera a cada uno de nosotros, envió a su Hijo, Jesús, a morir en nuestro lugar. Si Jesús no hubiera sido humano, no podría haber muerto por nuestros pecados, y si no fuera Dios, no habría importado que muriera. Debido a que fue humano y Dios, el Padre estuvo dispuesto a poner sobre Jesús nuestro pecado e impartirnos la justicia de Jesús. Él hace esto cuando creemos en Jesús como el Hijo resucitado de Dios, y le recibimos como nuestro Dios. Esto debemos hacerlo por un acto sencillo de fe. Cuando, por fe, reconocemos ante Dios que creemos en Jesús y le recibimos como nuestro Señor y Salvador personal, estando dispuestos a dejar nuestra propia vida para seguirle, Dios perdona nuestro pecado —pasado, presente y futuro— y nos da vida eterna. Desde ese momento, estamos destinados al cielo como hijos de Dios. Dios quiere que vivamos para Él mientras estamos todavía en la tierra, así que debemos comprometer nuestra vida a seguir a Dios lo mejor que podamos. Discernimos su voluntad para nuestras vidas al leer las Escrituras y hacer lo que hallamos allí, lo mejor que podamos. Además, oramos e integramos nuestra vida con otros cristianos comprometidos que también pueden ayudarnos a llevar la vida a que hemos sido llamados. Jesús dijo que el más grande mandamiento es amar al Señor nuestro Dios de todo corazón, alma y mente, y que el segundo es amar a nuestro prójimo como a nosotros mismos (Mateo 22.37-40). Esta es nuestra tarea, en su sentido más amplio, mientras estamos en la tierra. Cuando muramos, iremos al cielo.

Si usted nunca se ha convertido a Cristo, y ahora está preparado para responder a Dios de esta manera, dígale que ha decidido confiar en Jesús para su salvación y seguirle como Señor lo mejor que pueda. Si le gustaría algo de dirección lea las siguientes porciones bíblicas y ore según ellas.

1. Crea que Dios le ha creado y le ama, y quiere que usted tenga una vida significativa en la tierra y vida eterna con Él en el cielo (Juan 3.16; 10.3; Efesios 1.3-8).

2. Dígale a Dios que usted sabe que ha pecado y por consiguiente está separado de Él, destinado a una eternidad en el infierno, y que usted quiere ser salvado de su pecado y sus consecuencias (Hechos 16.30, 31; Romanos 3.23; 6.23).

3. Crea que Jesús es el único camino para que sus pecados puedan ser perdonados y que usted sea hecho justo delante de Dios (Juan 14.6; Romanos 5.8).

4. Reciba a Jesús como Señor de su vida, entregándose a Él para confiar en Él y obedecerle, primordialmente al leer las Escrituras, orar y participar con otros cristianos sinceros en una iglesia local. Crea que usted verdaderamente puede ser justificado delante de Dios, por su acto de fe en Jesús (Juan 1.12; Efesios 2.8, 9; Apocalipsis 3.20).

Si está listo para entregarle a Jesús su vida, puede elevar una oración como la que sigue:

Padre celestial: creo en ti, y confío en que me amas y quieres darme una vida significativa aquí en la tierra, y vida eterna en el cielo. Reconozco que he pecado contra ti. Estoy listo para dejar mi pecado lo mejor que pueda. Por favor, perdona mis pecados. Quiero ser salvado de mi pecado y sus terribles consecuencias. Creo que solo por Jesús pueden mis pecados ser perdonados. Creo en Él y le invito a que venga a mi vida y sea mi Salvador y Señor. Viviré por Él lo mejor que pueda, tratando lo mejor que pueda de discernir su voluntad para mi vida al leer las Escrituras, orar y unirme a una iglesia de cristianos sinceros que me ayudarán. Sé que fallaré repetidas veces, pero te invito a que vengas a mi vida y me hagas la clase de persona que tú quieres que sea, y llévame al cielo cuando muera. Amén.

Si usted elevó esta oración, diciéndola con sinceridad, entonces ya es un cristiano. Sus pecados están perdonados. La Biblia dice que el Espíritu Santo viene a su vida para ayudarle a llegar a ser lo que Dios quiere que sea. Es un proceso imperfecto. A veces usted se sentirá como que está dando un paso hacia adelante y dos hacia atrás. Pero Dios será fiel y le ayudará. Nunca se dé por vencido, pase lo que pase. Únase a una buena iglesia de cristianos sinceros que crean y sigan la Biblia. Esa será la clave para su éxito. De otra manera usted vacilará. Consígase una Biblia y empiece a leerla. No se preocupe por lo que no entiende. Probablemente será mucho. Simplemente trate de seguir lo que sí entiende. El Espíritu Santo gradualmente le permitirá que entienda más y más.

También, ore a Dios. Dígale sus pensamientos más profundos. Pídale que le guíe, que le ayude a discernir su voluntad para su vida, y que bendiga su vida conforme usted vive por Él. Aprenda más acerca de la oración al leer la Biblia y unirse con otros cristianos que oran.

Hay muchos buenos predicadores por televisión y por radio, pero asegúrese de comparar con las Escrituras todo lo que dicen. También hay algunos que le descarriarán si usted no tiene cuidado. Hay buenos libros, también. Pídale al Señor que le guíe en la ayuda que necesita para crecer en Él. Puede conseguir *The New Christian's Handbook* [Nuevo manual del cristiano], otro libro que he escrito, que le dará un vistazo general de su nueva vida en Cristo y cómo empezar a crecer.

CÓMO DOMINAR LA BIBLIA TAN BIEN DE MODO QUE LA BIBLIA LO DOMINE A USTED

A hora que ha terminado los treinta capítulos repasando la historia y doctrinas de la Biblia, y ahora que ha leído los muy concentrados nanosumarios de lo que dice la Biblia, las enseñanzas de la Biblia, y el principal mensaje de la Biblia, usted tiene el cimiento necesario para empezar a dominar la Biblia tan bien de modo que la Biblia lo domine a usted.

Hay una conexión muy estrecha entre Dios y su Palabra. A Jesús mismo se le llama *el Verbo de Dios* (Juan 1.1, 14; Apocalipsis 19.13). Para conocer a Dios, usted debe conocer su Palabra; para honrar a Dios, debe honrar su Palabra; para estar en contacto con Dios, debe estar en contacto con su Palabra. Muchas promesas son dadas a los que dominan la Biblia tan bien de modo que la Biblia los domine a ellos.

Se nos promete estabilidad espiritual, fruto y verdadera prosperidad cuando meditamos en su Palabra día y noche (Salmos 1.1-3).

Cuando las palabras de Jesús moran en nosotros, nos serán dados nuestros deseos, conforme a la voluntad de Dios (Juan 15.7).

Meditar en la Palabra de Dios conduce a prosperidad y éxito en nuestros esfuerzos (Josué 1.8).

Tendremos más sabiduría que nuestros enemigos, más discernimiento que nuestros maestros, y más entendimiento que los ancianos (Salmos 119.97-100).

Tendremos gran poder sobre el pecado (Salmos 119.11).

Tendremos consuelo en la aflicción (Salmos 119.50).

Al acercarnos a Dios, tenemos la promesa de que Él se acercará a nosotros (Santiago 4.8).

Estas observaciones asombrosas, estas afirmaciones imponentes, estas promesas profundas, nos ayudan a darnos cuenta de lo importante que es la Biblia, y qué potencial impresionante traemos a nuestras vidas cuando nos convertimos en estudiantes serios de las Escrituras. Por eso es tan importante comprometernos a dominar la Biblia tan bien de modo que la Biblia nos domine a nosotros.

Hay cuatro pasos para dominar la Biblia tan bien de modo que la Biblia lo domine a usted:

1. Lea la Biblia
2. Estudie la Biblia
3. Memorice la Biblia
4. Medite en la Biblia

Parece sencillo; obvio, incluso, para los que han sido cristianos por un tiempo. Sin embargo, pocos dan los cuatro pasos. Muchos dan un paso. Otros dan dos pasos. Unos pocos dan tres pasos. Muy pocos dan todos los pasos. Como resultado, muy pocos alguna vez experimentan la plena transformación de la vida, la comunión con Dios, la estabilidad y fortaleza espiritual, el poder en el ministerio, el gozo en la adoración, y la prosperidad espiritual que la Biblia promete a los que la dominan tan bien que ella lo domina a ellos.

PASO #1: LEA LA BIBLIA PARA AMPLITUD DE CONOCIMIENTO.

Para empezar a dominar la Biblia, debe leer la Biblia. Esto puede parecerles evidente en sí mismo a algunos, pero para otros, que nunca han cultivado el hábito, esto es poner la primera piedra. Algunos cristianos no leen la Biblia, o leen solamente los diminutos fragmentos que se incluyen en devocionales diarios. Esto no lo llevará a donde quiere ir. Usted debe empezar a leer la Biblia ampliamente.

Es solo al cubrir un amplio territorio en las Escrituras que usted adquiere una amplitud de conocimiento. Si nunca lee el Antiguo Testamento, nunca tendrá un conocimiento general del mismo. O si solo lee los Evangelios, o las Epístolas, nunca tendrá una noción básica de las otras secciones de la Biblia. Como resultado, su vida quedará sin que la toque una verdad importante, además su capacidad para conectar los puntos de varios pasajes diferentes de las Escrituras —componente esencial de la experiencia del cristiano maduro— será limitada.

El Nuevo Testamento nos dice que muchas de las narraciones del Antiguo Testamento «están escritas para amonestarnos a nosotros, a quienes han alcanzado los fines de los siglos» (1 Corintios 10.11). Si nunca leemos esos relatos del Antiguo Testamento, nunca captaremos la noción, el poder o la libertad que son nuestros cuando lo hacemos.

Las buenas noticias son que hay una manera sencilla para leer buscando amplitud de conocimiento. Si usted lee la Biblia por cinco minutos al día, ¡leerá la Biblia más de treinta horas al año! (5 minutos x 365 días igual 1825 minutos, dividido por 60 minutos por hora ¡igual a 30,4 horas!).

¡Piénselo! ¡Treinta horas al año! Tal vez ninguna otra disciplina proveerá una amplitud de conocimiento de la Biblia más fácilmente. Si quiere dominar la Palabra de Dios tan bien de modo que la Palabra lo domine a usted, empiece leyéndola.

Muy temprano en mi experiencia cristiana me presentaron el reto de leer la Biblia por lo menos cinco minutos al día. Acepté el reto, y no me he perdido mi tiempo diario en la Palabra de Dios en más de cuarenta años. ¡Como resultado, he leído la Biblia por algo así como dos mil horas! Y todo fue hecho en el ritmo manejable de cinco minutos al día. No hay manera más fácil en que yo pudiera haber adquirido y mantenido la amplitud de conocimiento de las Escrituras que dando ese paso sencillo. Le insto a que usted también dé este primer paso.

Seleccione una traducción legible. Para empezar, seleccione una traducción que sea fácil de leer para usted. Muchos cristianos tienen la Biblia en la *Nueva Versión Internacional,* que es una traducción fácilmente legible. Yo estudio de la *New American Standard Bible,* [Nueva Biblia Estadounidense Estándar], que es una buena Biblia de estudio porque la traducción es muy literal. Sin embargo, para aquellas ocasiones de simplemente leer por el relato y la fluidez, y la amplitud de conocimiento, he hallado que traducciones más conversacionales a veces permiten que la Biblia cobre vida de una manera que la NASB no lo hace. He experimentado por años con Biblias más conversacionales y, francamente, me han desencantado por dos razones. Primero, a menudo interpretan pasajes no claros para hacerlos más legibles para uno, y no siempre concuerdo con la interpretación de los traductores. Segundo, en su esfuerzo por ser conversacionales, a menudo entorpecen el vocabulario de modo que es insatisfactorio leer.

Sin embargo, he hallado que *The New Living Translation* [Nueva Traducción Viviente] es una Biblia para una lectura efectiva. Esta versión empezó como una paráfrasis que el autor y publicador Ken Taylor escribió para ayudar a sus hijos pequeños a entender mejor la Biblia. En una paráfrasis, se empieza con una Biblia en inglés y se la refrasea para hacerla más fácil de entender. Pero, en 1995, Taylor comisionó a un equipo de expertos en traducción para que volvieran a los manuscritos originales hebreos y griegos y cambiaran lo que fuera necesario cambiar a fin de llevar la versión al nivel de una traducción. En mi opinión, hicieron un trabajo digno de encomio.

Todas las versiones de la Biblia tienen sus puntos fuertes y puntos débiles. Traducciones más literales tienen el punto fuerte de acercarse más a los idiomas originales, pero su punto débil es que a veces son más difíciles de entender. Traducciones más conversacionales a menudo son más fáciles de entender, pero a veces esa claridad viene al costo de la precisión, especialmente cuando un pasaje difícil puede tener dos significados posibles en el idioma original.

Por esas razones prefiero tener tanto una traducción más literal para estudiar, y una traducción más conversacional para leer. De esta manera puedo comparar ambas traducciones para captar una comprensión más completa.

Separe un tiempo para leer. Yo leo antes de irme a la cama. Por experimentación, aprendí que siempre puedo hallar cinco minutos antes de irme a la cama. Pero cuando he tratado de leer por la mañana, a veces me ocupo tanto que me olvido, y acabo teniendo que leer por la noche, así que siempre simplemente cambié para leer por la noche.

Hallé que siempre puedo quedarme despierto por cinco minutos adicionales para leer. Sin que importe cuán tarde sea, otros cinco minutos no van a determinar o impedir mi descanso por la noche. Ha habido ocasiones en que he estado tan cansado que he tenido que leer de pie a fin de no quedarme dormido, pero lo hice. Se me ha acusado de ser legalista. No lo soy. Soy realista y disciplinado. He aprendido que si me disculpo yo mismo un día, con toda probabilidad me disculparé yo mismo otro día, y otro día. Así que, simplemente no me voy a dar yo mismo una disculpa. Y más de dos mil horas de lectura de la Biblia después, con una amplitud de conocimiento de las Escrituras que nunca habría ganado o mantenido de otra manera, me alegro de que no me las di.

Otros han hallado que deben leerla primero por la mañana. En realidad, no importa cuándo usted lee. La cuestión de fondo es: lea cuando sea el momento mejor para usted.

Lea por compresión. Esta fue una recomendación que me dio el hombre que me condujo al Señor. Me dijo: «Cuando leas, no te empantanes en algo que no entiendes. Simplemente sáltalo, y lee por las cosas que sí entiendes... y subraya todo lo que te parezca especialmente importante». Este consejo fue extremadamente valioso para mí, y me puso en un curso de adquisición de conocimiento de la Biblia que no estoy seguro de que habría seguido de alguna otra manera. Sin ese consejo, cada vez que llegaba a algo en el texto que no entendía, me hubiera detenido en seco, y me habría visto obligado a dejar de leer y empezar a estudiar, que son dos cosas que destruyen el propósito original.

Lea con un plan: Muchos son motivados por la meta de leer toda la Biblia en un año. Pienso que eso es algo que toda persona tal vez quiera hacerlo por lo menos una vez, simplemente para saber que uno ha leído toda la Biblia. Sin embargo, no es tarea fácil, y muchos que empiezan el proyecto no lo completan. Usted tal vez puede fijar una meta de leer toda la Biblia sin comprometerse a hacerlo en un año. Simplemente lea cinco minutos al día, y tómese tanto tiempo como le sea necesario para leer toda la Biblia. Otros planes de lectura se pueden hallar en línea.

Si la Biblia es nueva para usted, le recomiendo lo que mi mentor me recomendó cuando llegué a ser cristiano. Lea el Evangelio de Juan seis veces seguidas, sin preocuparse por lo que no entiende, pero subrayando todo lo que le parezca especialmente importante. Entonces puede leer el resto de los Evangelios, y después el Nuevo Testamento. Después de eso, puedes empezar a leer los primeros diecisiete libros del Antiguo Testamento, conocidos como libros históricos. O, hay once libros primordialmente históricos con los que puede empezar: Génesis, Éxodo, Números, Josué, Jueces, 1 Samuel, 2 Samuel, 1 Reyes, 2 Reyes, Esdras y Nehemías. Esos son los once libros que relatan toda la historia del Antiguo Testamento. Los otros libros del Antiguo Testamento dan información adicional, pero no avanzan significativamente la historia del Antiguo Testamento.

Después, leer Salmos y Proverbios es siempre una experiencia provechosa.

Por otro lado, si usted es un cristiano más experimentado y está familiarizado de manera general con la Biblia, lea lo que le interesa en sus circunstancias presentes... pero ábrase para estirarse a sí mismo a otro territorio de cuando en cuando, recordando la importancia de leer para obtener amplitud de conocimiento.

PASO #2: ESTUDIE LA BIBLIA PARA ADQUIRIR PROFUNDIDAD DE CONOCIMIENTO.

Pocos de nosotros podemos adquirir profundidad de conocimiento sin sentarnos bajo maestros diestros. Así que, la mayoría de las personas deben sentarse bajo la predicación efectiva de la Biblia e involucrarse en un estudio bíblico enseñado por un maestro efectivo. Para beneficio máximo, el estudio bíblico debe tener asignaciones para ponerlo a estudiar e interactuar con la Biblia por cuenta propia. Para adquirir conocimiento profundo, usted no puede ser pasivo. Tiene que ser activo en el proceso de ahondar su conocimiento. Gatee antes de andar, y camine antes de correr, pero esta debe ser su meta. Es la única manera en que usted puede progresar a una profundidad de conocimiento.

Si esto es nuevo para usted, empiece asistiendo a una iglesia que esté comprometida con enseñar la Biblia, no solo desde el púlpito durante los sermones, sino también en grupos pequeños o en clases de Escuela Dominical. También puede hallar información útil en las librerías cristianas o en línea. Cristianos más experimentados también pueden darle sugerencias útiles. Si es un lector ávido, hay una riqueza de conocimiento disponible para usted, así como también buenos libros disponibles en línea o en las librerías cristianas. En la página de recursos, he incluido una breve lista de unos pocos ministerios excelentes que ofrecen estudios bíblicos en línea.

PASO #3: MEMORICE PARA DOMINAR LA BIBLIA.

Al hacer la transición de saber acerca de la Biblia, por la lectura y el estudio, a saber la Biblia por memorización, empezamos a dominar la Biblia. Hasta entonces, nuestro conocimiento de las Escrituras a menudo permanece latente en nuestro banco de la memoria durante los altibajos de la vida, y tal vez no impacte nuestros pensamientos y emociones inmediatas.

La clave es memorizar las Escrituras profundamente... tan profundamente que usted pueda repetirlas sin batallar, tan profundamente que puede repetirlas tan fácilmente como puede repetir la Promesa a la Bandera, tan profundamente que alguien lo despertara a medianoche y le dijera: «Rápido, ¿qué dice Romanos 12.1, 2?», y usted podría repetirlo sin titubear.

Solía pensar que era mejor memorizar muchos versículos, pero en mi esfuerzo por memorizar tantos versículos como era posible, los había memorizado superficialmente. Tal vez tenía que batallar para empezar, o llegaba a medias en un pasaje y tenía que parafrasear el resto. Ahora, me doy cuenta de que es mucho mejor haber memorizado muy profundamente unos pocos versículos; de allí es donde viene el poder. En lugar de memorizar un kilómetro de ancho y dos centímetros de profundidad, es mejor memorizar dos centímetros de ancho y un kilómetro de profundidad. Esa es una diferencia clave, porque solo cuando memorizamos profundamente los versículos bíblicos, y dedicamos tiempo para meditar en ellos, la verdad de los pasajes penetra profundamente en nuestro subconsciente para influir en nuestros pensamientos, actitudes, acciones y emociones.

Cuando memorizamos las Escrituras así de profundo, a menudo afloran a nuestra mente como nuestra primera reacción a las circunstancias de la vida, ayudando a guiar nuestras decisiones e influir en nuestras emociones. Incluso Jesús, cuando fue tentado por el diablo en

Mateo 4, citó las Escrituras en respuesta a la tentación. Cuando sabemos las Escrituras lo suficientemente bien como para citarlas de inmediato en respuesta a los retos de la vida, la Biblia empieza a cobrar un poder que no tenía previamente en nuestras vidas.

Memorice los pasajes que le parezcan especialmente importantes a usted, en cualquiera que sea la temporada de su vida espiritual en que se halle al momento. Al leer la Biblia, subraye los versículos que se destacan para usted. Luego, dedique tiempo para memorizar los más significativos para usted.

Tal como aquellos superalimentos que empacan una extraordinaria potencia nutritiva, así hay superversículos que empacan extraordinaria potencia espiritual. Una clave es cultivar su propia lista de superversículos, empezando con los más importantes, memorizándolos tan profundamente que usted puede repetirlos sin titubear, y luego añadiendo otros.

La clave, sin embargo, es repasar regularmente sus superversículos. Yo repaso los míos casi a diario. Cuando uno añade un nuevo versículo o pasaje, debe seguir repasando los anteriores. Si uno los ha memorizado profundamente, no le lleva mucho tiempo. Es asombroso cuántos pasajes puede uno revisar a la velocidad de un rematador.

Memorice un versículo a fin de que pueda repetirlo sin vacilar. Luego, memorice otro, pero enlácelo con el primero. Luego memorice un tercero, pero enlácelo con los dos primeros, y así sucesivamente. Siga haciéndolo por el resto de su vida. Muy pronto su dominio de las Escrituras tendrá un kilómetro de ancho y un kilómetro de profundidad.

Como sugerencia práctica, no muerda más de lo que puede masticar. Si usted memoriza lenta pero fielmente, a la larga eso pagará grandes dividendos. Yo no soy muy bueno para memorizar, pero he trabajado en ello a un ritmo manejable ya por años. Y cuando uno persiste en algo por tanto tiempo, los resultados son asombrosos. Tal como leer la Biblia cinco minutos al día pronto empieza a acumular resultados impresionantes, lo mismo el memorizar versículos a un ritmo manejable. Al persistir con la práctica, añadiendo versículos que son importantes para nosotros sin dejar a un lado los anteriores, hallamos que con el tiempo tenemos memorizados muy profundamente muchos, muchos versículos. Esa es la meta última.

Sea una tortuga espiritual, y no una liebre espiritual.

PASO #4: MEDITE PARA QUE LA BIBLIA LO DOMINE A USTED.

Un diccionario define la meditación como «el acto de pensar profunda o cuidadosamente sobre algo». La meditación bíblica pudiera añadir la idea de frecuentemente: «el acto de pensar profundamente, cuidadosamente y frecuentemente en las Escrituras». Meditar en las Escrituras simplemente quiere decir pensar en ella vez tras vez, repitiéndola repetidas veces de memoria en un esfuerzo por adquirir una nueva noción de ella, junto con una aplicación adicional a la vida de uno. También, la repetición la ahonda más profundamente en nuestro corazón y mente subconsciente.

Muchas personas saben pasajes de las Escrituras, pero no han pasado tiempo suficiente meditando en ellos, lo suficiente como para que la verdad de los pasajes penetre profundamente en su mente y corazón.

En su libro *Cambia tu corazón, cambia tu vida*, Gary Smalley presenta un caso contundente para meditar en las Escrituras. Dice que aquello en lo que pensamos todo el día, en períodos largos de tiempo, a la larga penetra a nuestro corazón como creencias controladoras. Cuando aprendemos los pensamientos correctos, y mentalmente los rumiamos vez tras vez, día tras día, eso se afinca en nuestro corazón como creencias, y esas creencias llegan a ser las influencias controladoras de nuestras vidas. Si no pensamos lo suficiente en las Escrituras, la verdad de las Escrituras puede estar en nuestras cabezas como conocimiento, pero no en nuestros corazones como creencias profundas, controladoras.

Aquello en lo que pensamos todo el día determina nuestras creencias controladoras, así que incluso si sabemos muchos versículos, si no dedicamos tiempo a pensar en ellos, no llegarán a ser creencias controladoras en nuestras vidas.

Smalley nos presenta el reto de meditar, pensar al respecto, ponderar y repetir las Escrituras hasta que las Escrituras lleguen a ser una *senda* en nuestra mente y corazón... y entonces ponderarla algo más hasta que las Escrituras lleguen a ser un *camino* en nuestra mente y corazón... y luego ponderarlas más hasta que se vuelvan una *autopista de cuatro carriles*. Entonces, y solo entonces, las Escrituras migrarán de información en nuestra cabeza a creencias profundas, controladoras, en nuestros corazones. Solo entonces la Biblia empezará a transformar completamente nuestra emoción y a potenciar nuestra vida. Solo entonces el Espíritu Santo tendrá en nuestras vidas la libertad de gobernar nuestros pensamientos, actitudes y acciones.

El punto es que un versículo al día no mantiene alejado al diablo. Más bien, requiere lavar la mente con la Palabra de Dios mediante meditación frecuente y con el tiempo. Le animo a que considere conseguir el libro *Cambia tu corazón, cambia tu vida* para ayuda adicional en su búsqueda de esta meta.

El científico George Washington Carver halló cientos de usos para el maní o cacahuate. El número de usos fue tan impresionantemente alto que la gente quería saber de qué peregrina manera se le ocurrieron tantos. Cuando le preguntaron, respondió: «Si uno ama algo lo suficiente, ese algo le revelará sus secretos a uno». Si eso es cierto en cuanto al maní, ¿cuánto más lo es en cuanto a las Escrituras? Cuando se piensa en la Biblia, más allá del proceso natural que eso incluye, también hay un proceso sobrenatural. El Espíritu Santo nos revelará verdades más profundas conforme dedicamos tiempo para repasar mentalmente las Escrituras (Salmos 119.97-100).

Por mi experiencia al enseñar este material, he aprendido que la mayoría de los cristianos están ocupados; tan ocupados que tienen dificultad para disciplinarse a sí mismos para implementar el proceso de cuatro pasos de dominar la Biblia tan bien de modo que la Biblia lo domine a ellos. Si ese es el caso para usted, le ofrezco dos respuestas. Primero, le animo a que empiece, incluso a un nivel modificado y muy pequeño. Empiece leyendo la Biblia cinco minutos al día. Escoja un versículo para memorizar, y empiece a meditar en él. También, asegúrese de asistir regularmente a una iglesia que enseña la Biblia en donde pueda obtener buena instrucción bíblica.

Una vez que haya empezado, es fácil ampliar sus esfuerzos. *¡La clave es simplemente empezar!* De esa manera, eso ayudará a prepararlo para el próximo asunto serio que levante olas en el mar de su vida. Usted estará muy por delante en el juego de lidiar con eso.

Segundo, espero que usted empiece de inmediato, pero *si no lo hace,* entonces asegúrese de recordar este libro, y póngalo en algún lugar en donde pueda hallarlo fácilmente. A lo mejor se halla necesitándolo desesperadamente en el futuro, y entonces tendrá la motivación para empezar. Mi estrés emocional tal vez no fue tan grande como el de Smalley, pero fue severo. Fue tan severo que estaba afectándome negativamente desde un punto de vista físico, tanto como emocional y espiritual. Los resultados de este nivel de estrés pueden ser significativos. Esta información puede fácilmente ser su línea vital a la gracia de Dios.

Si usted se compromete a este proceso de cuatro pasos, empezará a dominar la Biblia tan bien que la Biblia empezará a dominarlo a usted. Y conforme la Biblia empieza a dominarlo, usted disfrutará de la paz interna, el amor y gozo que es fruto del Espíritu Santo. Además, experimentará en su vida y ministerio la paz y el poder que el Espíritu Santo da a quienes meditan y practican su palabra.

CONCLUSIÓN

Los espeleólogos exploran cavernas llevando cascos de minero que tienen adheridas luces eléctricas pequeñas. Muy adentro en las cuevas, la oscuridad es tan completa que sin las luces, pocos exploradores alguna vez volverían. Los exploradores de cuevas responsables llevan luces en los cascos, linternas de mano, y un puñado de baterías de repuesto.

Las luces eléctricas en los cascos son sorprendentemente débiles. Mientras más débil el bulbo, más dura la batería. El hecho es que, allá en la completa oscuridad, no se necesita mucha luz. Apenas un destello de luz es suficiente para permitirle a uno hallar el camino para salir de la cueva. Pero sin la luz, no habría manera de escapar de algunas de las cuevas más complejas.

Cuando uno no puede ver nada, es víctima del entorno. Uno tropieza en peligros que no ve. Sin saberlo pasa de largo las vías de escape. Está aprisionado por la ceguera, condenado a una suerte fuera del control de uno.

Pero... simplemente enciende una lámpara, y la liberación está en el camino.

Esto da nuevo significado a las Escrituras: «Lámpara es a mis pies tu palabra, y lumbrera a mi camino» y «La exposición de tus palabras alumbra; hace entender a los simples» (Salmos 119.105, 130). La metáfora es clara. Si no sabemos la Palabra de Dios, o si no hemos dominado la Palabra de Dios lo suficiente como para que penetre en nuestra mente y corazón, y controle nuestras creencias, emociones y conducta, estamos andando a tientas por la oscuridad de la vida, sin una luz. Tropezamos con peligros que no vemos, y sin saberlo pasamos de largo avenidas de escape. Deambulamos en círculos, condenados a una suerte que está fuera de nuestro control.

Pero, simplemente añada la verdad de Dios a nuestras vidas, y de repente podemos ver. Ella nos impide tropezar en peligros o tomar el sendero errado. Es la luz que necesitamos para hallar nuestro camino en este mundo oscuro, y andar en paz y poder con Dios.

Le insto: ¡no trate de avanzar por la oscuridad sin una luz! Dé los cuatro pasos para dominar la Biblia tan bien de modo que la Biblia lo domine a usted.

Que la gracia de Dios sea suficiente para usted, mientras usted fielmente sigue la luz de su Palabra. Recuerde las poderosas promesas de Dios para los que lo hacen.

SECCIÓN 6

PLAN DE ENSEÑANZA

INTRODUCCIÓN

El libro *30 días para entender la Biblia* es una herramienta excelente para los que quieren aprender más de la Biblia y su mensaje que transforma la vida. El libro contiene ayudas didácticas tales como mapas, cuadros, tablas, ejercicios de repaso, y pruebas de autoevaluación para animar la interacción del lector con el material a fin de aumentar el aprendizaje y la comprensión.

El estudio en grupo de *30 días* añade otra dimensión al proceso de aprendizaje. En un grupo los estudiantes pueden interactuar con el maestro tanto como unos con otros para profundizar sus nociones en cuanto a la naturaleza y propósito de la Biblia. Las siguientes sugerencias para la enseñanza están diseñadas para ayudarle a dirigir un estudio efectivo de grupo de este importante libro.

De sus estudiantes se espera que lean el libro por cuenta propia. Pero asistirán al estudio en grupo para procesar lo que están aprendiendo, conversar con otros sus ideas, aclarar las nociones de información a la cual están siendo expuestos, y tal vez incluso celebrar unos con otros las bendiciones que brotan de una mayor comprensión de la Palabra de Dios.

VISTAZO PREVIO DEL ESTUDIO

Los primeros treinta capítulos de *30 días para entender la Biblia* se cubrirán en las siguientes trece sesiones:

Sesión 1: Estructura de la Biblia, geografía del Antiguo Testamento y los libros históricos (Caps. 1-3).

Sesión 2: La historia del Antiguo Testamento, creación-conquista (Caps. 4-7).

Sesión 3: La historia del Antiguo Testamento, Jueces-silencio (Caps. 8-12).

Sesión 4: Libros poéticos y proféticos (Caps. 13 y 14).

Sesión 5: Geografía y estructura del Nuevo Testamento (Cap. 15).

Sesión 6: Eras de los Evangelios e iglesia (Caps. 16 y 17).

Sesión 7: Era de las misiones y epístolas (18 y 19).

Sesión 8: Fundamentos de la creencia cristiana (Caps. 20 y 21).

Sesión 9: Dios y su Hijo (Caps. 22 y 23).

Sesión 10: El Espíritu Santo y ángeles (Caps. 24 y 25).

Sesión 11: El hombre y el pecado (Caps. 26 y 27).

Sesión 12: Salvación y la iglesia (Caps. 28 y 29).

Sesión 13: La doctrina de las cosas futuras (Cap. 30).

IMÁGENES REPRODUCIBLES PARA LA ENSEÑANZA

Visite Biblein30Days.com para descargar e imprimir imágenes que se pueden usar para presentaciones electrónicas. Escogidas de varios lugares de todo este libro, estas imágenes se usarán en varias sesiones durante todo este estudio. Para su conveniencia, esta es una lista completa de estas imágenes. (Los detalles de cómo usarlas aparecen en los planes de sesiones individuales que siguen a continuación).

- Libros del Antiguo Testamento/Libros del Nuevo Testamento.
- Las tres clases de libros del Antiguo Testamento.
- Las tres clases de libros del Nuevo Testamento.
- Mapa de trabajo: Lugares del Antiguo Testamento.
- Mapa: Estado de Texas/Tierra de la Biblia.
- Vistazo general de la historia del Antiguo Testamento.
- Arco de la historia bíblica.

- Cuerpos de agua en los Evangelios.
- La geografía de Hechos de los Apóstoles.
- Vistazo general de la historia del Nuevo Testamento.
- Cronología del Nuevo Testamento.
- Mapa de Galilea, Samaria y Judea.
- Mapa del mundo del Nuevo Testamento.
- Diez grandes doctrinas de la Biblia.
- Cuatro subdivisiones principales de la doctrina de la Biblia.
- Cuatro subdivisiones principales de la doctrina de Dios.
- Cuatro subdivisiones principales de la doctrina de Cristo.
- Cuatro subdivisiones principales de la doctrina del Espíritu Santo.
- Cuatro subdivisiones principales de la doctrina de los ángeles.
- Cuatro subdivisiones principales de la doctrina del hombre.
- Cuatro subdivisiones principales de la doctrina del pecado.
- Cuatro subdivisiones principales de la doctrina de salvación.
- Cuatro subdivisiones principales de la doctrina de la iglesia.
- Cuatro subdivisiones principales de la doctrina de las cosas futuras.
- Repaso de las diez grandes doctrinas y sus subdivisiones.

PREPARACIÓN GENERAL PARA EL ESTUDIO

A fin de dirigir a los estudiantes en el estudio de la Biblia, usted mismo debe prepararse bien. Estos son algunos pasos prácticos que puede dar para asegurarse de que está listo antes de que llegue el momento de la sesión 1.

1. Lea este libro con detenimiento por lo menos una vez. Tómese tiempo para completar los ejercicios que incluye el libro. Esto

le dará una buena idea de los retos y recompensas que sus estudiantes enfrentarán al estudiar el material.

2. Examine los planes de enseñanza para las trece sesiones. Note especialmente las sesiones que sugieren que usted les asigne de antemano tareas a los estudiantes. Tome nota de los estudiantes a quienes pedirá que hagan estas tareas adicionales. Empiece ya a buscar estudiantes de antemano para estas tareas.

3. Reúna una selección de libros de referencia que pudieran serles útiles a los estudiantes que acepten hacer estas tareas adicionales. Diccionarios de la Biblia, manuales bíblicos, y libros que dan un vistazo general de toda la Biblia deben ser especialmente útiles.

4. Prepare el salón arreglando las sillas en círculo a fin de generar diálogo y debate entre los estudiantes. Reúna todo el equipo y ayudas de aprendizaje que necesite: computador, televisor, pizarrón, o pizarrón de tinta seca, lápices o plumas, marcadores, y cosas por el estilo.

5. Ore que el Señor bendiga su enseñanza y que los estudiantes se abran y sean receptivos a las verdades y nociones que se presentarán durante este estudio.

6. Recuerde que estos bosquejos de lecciones son guías, y no chaquetas de fuerza. Siéntase libre de enmendarlas para que se ajusten a sus necesidades. Usted puede añadir o restar material basado en el conocimiento previo de sus estudiantes, o en la cantidad de tiempo de que dispone. Tal vez quiera cubrir el material en seis sesiones o dieciséis en lugar de trece. Los procedimientos que se ofrecen aquí dan por sentado una sesión de clase de entre cuarenta y cinco minutos y una hora.

NOTA: Antes de la primera clase, pida que los estudiantes lean los capítulos 1-3, pero que no llenen los espacios en blanco de sus libros.

SESIÓN 1: ESTRUCTURA DE LA BIBLIA, GEOGRAFÍA DEL ANTIGUO TESTAMENTO Y LOS LIBROS HISTÓRICOS

Vistazo general: Esta sesión cubre el material en los capítulos 1-3.

Antes de la sesión

1. Prepare los siguientes artículos del sitio web para mostrar durante esta sesión:
   - Libros del Antiguo Testamento/Libros del Nuevo Testamento.
   - Las tres clases de libros del Antiguo Testamento.
   - Las tres clases de libros del Nuevo Testamento.
   - Mapa de trabajo: Lugares del Antiguo Testamento.
   - Mapa: Estado de Texas/Tierra de la Biblia.
   - Vistazo general de la historia del Antiguo Testamento.

2. Repase los capítulos 1-3 para refrescar en su mente el contenido que se cubrirá en esta sesión. Asegúrese de completar todas las pruebas de autoevaluación, escribiendo en su libro las respuestas a las preguntas.

3. Lea con cuidado la Sección 4 de este libro: «Nanosumario de la Biblia», mientras que mira el mapa de la «Geografía del Antiguo Testamento» para asegurarse de que tiene en mente el cuadro panorámico del relato.

4. Prepare un cartelón con los títulos de todas las trece sesiones de este estudio (ver «Vistazo previo del estudio» más arriba). Ponga este cartelón en un lugar prominente en el salón. Deje el cartelón durante todo el estudio como un recordatorio visible para los estudiantes del progreso que están haciendo. Si quiere puede colocar una marca de comprobación en cada sesión

cuando se completa, y puede recordarles al principio de cada sesión las lecciones que ya han completado.

Durante la sesión

1. Empiece con una oración para que este sea un estudio provechoso y alentador para todos.

2. Como rompehielos, haga que los estudiantes se dividan en pares (dando por sentado que no se conocen el uno al otro), que se presenten a sí mismos el uno al otro y que conversen por dos o tres minutos. Luego pídales que cada uno presente a su respectivo compañero al resto del grupo, diciendo el nombre y otra información tal como familia, trabajo, pasatiempos y cosas por el estilo.

3. Dirija la atención de los estudiantes al cartelón que está en la pared con el bosquejo de las trece sesiones del estudio, comentando sobre el alcance de esta retadora oportunidad de aprendizaje. Recuérdeles que se espera que terminen la lectura de cada sesión en sus libros antes de venir a clases, pero que no llenen los espacios en blanco. Esto lo harán en la clase después de revisar el material. Si quieren rendir la prueba en casa al leer los capítulos, pídales que escriban las respuestas en otra hoja de papel.

4. Muestre la tabla «Libros del Antiguo Testamento/Libros del Nuevo Testamento». Repase la información, y luego pídales que cierren los libros, y pregúnteles cuántos libros hay en el Antiguo Testamento, en el Nuevo Testamento, y después en toda la Biblia.

Finalmente, pídales que escriban las respuestas en sus libros.

NOTA: Este patrón de hacer ejercicios orales con los estudiantes hasta que parezca que saben las respuestas, y luego pedirles que llenen los espacios en blanco de sus libros se usará frecuentemente por todo este libro.

5. Muestre la tabla de «Las tres clases de libros del Antiguo Testamento», y luego la de «Las tres clases de libros del Nuevo Testamento». Repase la información de estas tablas, y luego haga el ejercicio con los estudiantes hasta que puedan dar fácilmente las respuestas. Luego, pídales que completen las pruebas de autoevaluación de las páginas 14-15. Recuérdeles que aprenderán más de estos libros y las categorías de literatura a la que pertenecen en sesiones posteriores de este estudio.

6. Pida que una o más personas lean en voz alta el «Nanosumario de la Biblia». En el mapa del Antiguo Testamento, trace flechas para cada número en el relato que muestra el movimiento de la narración.

7. Muestre el mapa del «Estado de Texas/Tierra de la Biblia». Explique que todo el territorio que se conoce como el «Mundo del Antiguo Testamento» es aproximadamente del mismo tamaño que el estado de Texas. La mayoría de los estudiantes se sorprenderán al enterarse de que el mundo del Antiguo Testamento no era más grande que esto. Pregunte: «¿Cómo puede esto compararse con lo que usted pensaba previamente en cuanto al tamaño del mundo del Antiguo Testamento?».

8. Muestre el «Mapa de trabajo: Lugares del Antiguo Testamento». Señale los lugares A a G y 1-8 en este mapa, comentando brevemente sobre la importancia de cada uno. Luego vuelva a señalar cada uno de estos lugares, pidiendo que los estudiantes digan el nombre correcto. Después, haga que los estudiantes hagan lo mismo en pares, y viceversa. Finalmente, pídales que llenen la autoevaluación.

9. Muestre el cuadro «Vistazo general de la historia del Antiguo Testamento», explicando que esta tabla es un sumario de todo el material cubierto en el capítulo 3 de los libros. Más de dos mil años de historia bíblica están representados en esta tabla.

Cubra el cuadro de manera que no se vea nada de la información. Luego pida a los estudiantes que busquen en el capítulo 3 de los libros la siguiente información. Cuando ubican y dicen la información, descúbrala:
   - Las nueve eras de la historia del Antiguo Testamento.
   - La figura principal o personalidad bíblica de cada era.
   - El lugar geográfico primario de los eventos en estas nueve eras diferentes.
   - La cronología que resume estas nueve eras, sus personalidades y sus lugares.

10. Si el tiempo lo permite, divida a los estudiantes en equipos de dos personas. Pídales que trabajen juntos para completar las restantes autoevaluaciones de los capítulos 1-3. Si el tiempo no lo permite, usted puede decirles las respuestas para llenar todas las autoevaluaciones restantes.

11. Cierre con una oración.

Mirando hacia adelante a la próxima sesión

Recuerde a los estudiantes que en la siguiente sesión se cubrirán los capítulos 4-7. Ellos deben leer el material, pero no llenar los espacios en blanco de sus libros. Esto se hará en la clase.

SESIÓN 2: LA HISTORIA DEL ANTIGUO TESTAMENTO (CREACIÓN-CONQUISTA)

Vistazo general: Esta sesión cubre el material en los capítulos 4-7.

Antes de la sesión

1. Prepare los siguientes artículos de la parte posterior de este libro o del sitio web para mostrarlos durante esta sesión:
   - Vistazo general de la historia general del Antiguo Testamento
   - Arco de la historia bíblica

2. Reúna los materiales necesarios para preparar un «mapa» en el piso, de modo que al repasar la historia del Antiguo Testamento, Creación-Conquista, pueda señalar/caminar en el mapa del piso al lugar en donde ocurrieron los acontecimientos. Use el mapa de trabajo del Antiguo Testamento como su guía. El mapa en el piso necesita solo aproximarse a la precisión de un mapa real, especialmente puesto que puede exhibir el mapa real al preparar el mapa en el piso. Usted necesitará:
   - Cuerda/cordón/soga de largo suficiente para usar como la línea de la costa del mar Mediterráneo.
   - Cuerdas/cordones/sogas/más cortas para los ríos Jordán, Tigris y Éufrates.
   - Un libro pequeño en rústica (o cualquier otra cosa) para representar el mar de Galilea.
   - Dos libros más grandes (o cualquier otra cosa) para representar el mar Muerto.
   - Vasos de espuma/plástico en las cuales pueda escribir, con un marcador de felpa, los nombres de las ciudades, países, etc.

   Haga el mapa lo más grande que permita el salón. Luego, al relatar la narración, pueden caminar o señalar el lugar apropiado en el mapa del piso.

3. Prepare una presentación de entre 15 y 30 minutos (dependiendo de cuánto tiempo dure su sesión) de la historia del Antiguo

Testamento, Creación-Conquista. Siga la narración del libro. Asegúrese de destacar la información que se pide en el material de autoevaluación. Es deseable que usted suplemente el material de libro con su propio conocimiento y que pueda responder a preguntas. Si necesita ayuda para prepararse, consulte un manual bíblico, atlas bíblico, u otro material.

4. Lea los capítulos 4-7 y complete los ejercicios de autoevaluación y aprendizaje. ¡Recuerde que un buen maestro siempre debe estar por lo menos un paso o dos más adelante que sus estudiantes!

Durante la sesión

1. Empiece con una oración pidiendo la dirección y bendición de Dios durante esta sesión.

2. Como repaso para los estudiantes, muestre el «Vistazo general de la historia del Antiguo Testamento», que usó en la sesión pasada. Diríjalos para que identifiquen las nueve eras de la historia del Antiguo Testamento.

3. Muestre el «Arco de la historia bíblica», señalando que las primeras cuatro eras de la historia del Antiguo Testamento (Creación-Conquista) están representadas por los primeros cuatro íconos en la tabla (los otros cinco representan las siguientes cinco eras de la historia del Antiguo Testamento, y los tres íconos restantes representan la historia del Nuevo Testamento). Señale cada ícono, y pida que los estudiantes nombren estas cuatro eras. Pida que los estudiantes se pregunten uno a otro en equipos de dos hasta que puedan fácilmente identificar la era al señalar el dibujo. Pueden usar sus libros para este repaso.

4. Cuente la historia de la Creación-Conquista, caminando por el mapa al hacerlo. Después de que lo ha hecho a profundidad

una vez, repásela rápidamente una o dos veces. Después de que ha terminado con los eventos de una era dada, señale el ícono en el «Arco de la historia bíblica» para reforzar la era con los eventos.

5. Si el tiempo lo permite, haga que cada persona ayude a la otra mientras llenan todo el material de autoevaluación. Si el tiempo no lo permite, dígales usted mismo las respuestas.

6. Cierre con una oración de agradecimiento por las personas del Antiguo Testamento que obedecieron a Dios y transmitieron a generaciones subsiguientes su mensaje, y que nos ayudan a entender cómo vivir por fe.

Mirando hacia adelante a la próxima sesión

Recuerde a los estudiantes que lean los capítulos 8-12 antes de la próxima sesión.

SESIÓN 3: LA HISTORIA DEL ANTIGUO TESTAMENTO (JUECES-SILENCIO)

Vistazo general: Esta sesión cubre el material en los capítulos 8-12.

Antes de la sesión

Haga los mismos preparativos para esta sesión (Jueces-Silencio, capítulos 8-12) como lo hizo para la sesión pasada.

Durante la sesión

Use exactamente los mismos procedimientos para esta sesión, como lo hizo en la sesión pasada, pero relate la información sobre Jueces-Silencio, que se halla en los capítulos 8-12.

Mirando hacia adelante a la próxima sesión

Recuerde a los estudiantes que lean los capítulos 13 y 14 antes de la próxima sesión.

SESIÓN 4: LIBROS POÉTICOS Y PROFÉTICOS

Vistazo general: Esta sesión cubre el material en los capítulos 13 y 14.

Antes de la sesión

1. Prepare los siguientes artículos del sitio web para mostrarlos durante esta sesión:
   - Las tres clases de libros del Antiguo Testamento
   - Mapa de trabajo: Lugares del Antiguo Testamento

2. Pida a un estudiante de su clase que haga una investigación de los libros poéticos del Antiguo Testamento y que se prepare para presentar un informe de cinco minutos sobre este tema durante la sesión 4. (Si esto no se ajusta a sus circunstancias, prepare usted mismo el informe).

3. Pida que otro estudiante haga una investigación sobre los libros proféticos del Antiguo Testamento, y que se prepare para presentar un informe de cinco minutos sobre este tema durante la sesión 4 (o hágalo usted mismo).

4. Repase los capítulos 13 y 14 para refrescar en su mente el contenido que se cubrirá en la sesión 4. Asegúrese de completar las autoevaluaciones de las páginas 120 y 124-125, anotando en su libro las respuestas a estas preguntas.

5. Pida a un estudiante que lea un breve salmo del libro de los Salmos, y que dirija a la clase en una oración al principio de la sesión, si es apropiado. Si su clase está encaminada a los buscadores o a cristianos jóvenes o nuevos, tenga cuidado de no abochornarlos.

Durante la sesión

1. Llame al estudiante a quien solicitó leer un salmo breve y dirigir a la clase en oración.

2. Recuerde a los estudiantes que este salmo que se leyó al principio de la clase procede del libro de los Salmos, uno de los grandes libros poéticos del Antiguo Testamento. Luego diga que en esta sesión estudiarán los libros poéticos y proféticos del Antiguo Testamento.

3. Muestre la tabla «Las tres clases de libros del Antiguo Testamento» para señalar que los libros poéticos forman una de las categorías principales de la literatura del Antiguo Testamento.

4. Pida al estudiante que presente el informe sobre los libros poéticos del Antiguo Testamento. Dígales a los demás estudiantes que abran sus libros a las páginas 118-120 mientras el estudiante está presentando este informe, y que comparen el informe con la información impresa. Tal vez quieran anotar al margen de sus libros en estas páginas cualquier información importante que presenta el estudiante en su informe.

5. Después del informe del estudiante, haga el ejercicio de la autoevaluación con los estudiantes. Luego, hágalos que revisen el material con su respectivo compañero. Finalmente, permita que los estudiantes completen la autoevaluación de la página 120.

6. Muestre de nuevo la tabla «Las tres clases de libros del Antiguo Testamento». Pregunte a cuáles de estos libros se los conoce como los *profetas mayores,* y a cuáles se les llama los *profetas menores.* ¿Qué significan estos dos términos: *profetas mayores* y *profetas menores*?

7. Pida al estudiante que está colaborando que presente el informe sobre los libros proféticos del Antiguo Testamento. Luego

pida que la clase pase a la información sobre la «Estructura de los libros proféticos» (pp. 125-126). Destaque que los libros proféticos se dirigieron a muchas regiones diferentes en el mundo del Antiguo Testamento, bajo muchas situaciones y condiciones diferentes.

8. Muestre el «Mapa de trabajo: lugares del Antiguo Testamento». Pida que los estudiantes ubiquen en este mapa las diferentes naciones y regiones a las cuales se dirigieron los libros proféticos del Antiguo Testamento.

9. Examine a los estudiantes sobre la base de la autoevaluación de los libros proféticos. Luego pídales que la repasen con sus compañeros. Finalmente, solicite que completen la autoevaluación en las páginas 127-128.

10. Pida que un estudiante dirija en la oración de clausura, si es apropiado, expresando gracias especiales por los libros poéticos y proféticos del Antiguo Testamento. Si sus estudiantes no están acostumbrados a hablar en público, eleve usted mismo la oración de cierre.

Mirando hacia adelante a la próxima sesión

Recuerde a la clase que deben leer el capítulo 15 de sus libros antes de la próxima clase, sesión 5.

SESIÓN 5: GEOGRAFÍA Y ESTRUCTURA DEL NUEVO TESTAMENTO

Vistazo general: Esta sesión cubre el material en el capítulo 15.

Antes de la sesión

1. Prepare los siguientes artículos del sitio web para mostrarlos durante esta sesión:

- Cuerpos de agua en los Evangelios
- Geografía de Hechos de los Apóstoles
- Vistazo general de la historia del Antiguo Testamento
- Arco de la historia bíblica

2. Repase el capítulo 15 para refrescar en su mente el contenido que se cubrirá en esta sesión. Asegúrese de completar la autoevaluación en las páginas 138-139, anotando en su libro las respuestas en los espacios en blanco.

3. Pida en oración la dirección del Espíritu Santo al prepararse para dirigir la clase en esta sesión importante de introducción al Nuevo Testamento.

Durante la sesión

1. Empiece con una oración de agradecimiento a Dios por las dos grandes divisiones de la Biblia: el Antiguo Testamento y el Nuevo Testamento. Pida la perspectiva y la dirección de Dios en este estudio introductorio del Nuevo Testamento.

2. Llame la atención hacia el cartelón con los títulos de todas las trece sesiones de este estudio de la Biblia. Recuerde a los estudiantes que ya han completado todas las sesiones sobre el Antiguo Testamento, y esta sesión marca el principio de los estudios sobre el Nuevo Testamento. Use las siguientes preguntas para generar interés y conversación sobre el Nuevo Testamento y su relación con el Antiguo Testamento.

   - ¿Cuál es su sección favorita de la Biblia: el Antiguo Testamento o el Nuevo Testamento? ¿Por qué?
   - ¿Cuál es la diferencia principal entre el Antiguo Testamento y el Nuevo Testamento?
   - ¿Cuál es más importante: el Antiguo Testamento o el Nuevo Testamento?

- ¿Cuál es más fácil de entender: el Antiguo Testamento o el Nuevo Testamento?

3. Muestre el gráfico «Cuerpos de agua en los Evangelios», pidiendo que los estudiantes identifiquen cada cuerpo de agua en el mundo del Nuevo Testamento y escriban los nombres en sus libros (pp. 133-134).

4. Pida que los estudiantes abran sus libros en las páginas 136-138 mientras muestra el gráfico «La geografía de Hechos de los Apóstoles». Mencione cada uno de estos sitios y su importancia, señalando su lugar en la transparencia. Luego divida la clase en equipos de dos personas y permítales que trabajen para aprender estos nombres y sus ubicaciones, completando el mapa en blanco en la página 140 de sus libros.

5. Muestre el «Vistazo general de la historia del Nuevo Testamento». Y luego presente brevemente el «Vistazo general de la historia del Antiguo Testamento», seguido del «Vistazo general de la historia del Nuevo Testamento». Note que la historia del Antiguo Testamento muestra nueve eras diferentes cubriendo algo así como dos mil años, en tanto que la historia del Nuevo Testamento tiene solo tres eras diferentes, y cubren unos cien años. Refuerce esta verdad mostrando el «Arco de la historia bíblica», que presenta reunidas todas las doce eras de la historia bíblica.

6. Pida que los estudiantes pasen a la página 140 de sus libros. Luego guíelos para que completen los ejercicios en las páginas 141 y 143-144, y que escriban en sus libros las respuestas. Dedique tiempo para contestar preguntas o proveer información según sea necesario para ampliar su comprensión de la geografía y estructura del Nuevo Testamento.

7. Cierre con una oración.

Mirando hacia adelante a la próxima sesión

Recuerde a la clase que deben leer los capítulos 16 y 17 de sus libros antes de la próxima clase, sesión 6.

SESIÓN 6: ERAS DE LOS EVANGELIOS Y LA IGLESIA

Vistazo general: Esta sesión cubre el material en los capítulos 16 y 17.

Antes de la sesión

1. Prepare el mapa de Galilea, Samaria y Judea descargándolo del sitio web y teniéndolo listo para mostrar durante esta sesión.

2. Repase los capítulos 16 y 17 para refrescar su mente en cuanto al contenido que se cubrirá en esta sesión. Asegúrese de completar las autoevaluaciones, escribiendo en su libro las respuestas a estas preguntas.

3. Reúna los materiales necesarios para el mapa en el piso del área del Nuevo Testamento.

4. Escriba el siguiente bosquejo en la pizarra o en una hoja grande de papel, dejando espacio adecuado después de cada punto para escribir los principales eventos de la vida de Jesús:

SUCESOS PRINCIPALES EN LA VIDA DE JESÚS

1. Vida temprana: Niñez y bautismo
2. Ministerio temprano: Aceptación inicial
3. Ministerio posterior: Rechazo creciente
4. Muerte y resurrección: Rechazo final

Note que este bosquejo surge de las páginas 149-151 del libro.

Durante la sesión

1. Dirija una oración de agradecimiento por la vida y ministerio de Jesús y su poder salvador, y pidiendo sus bendiciones sobre la sesión.

2. Recuerde a los estudiantes que el estudio de hoy se concentra en la vida y ministerio de Jesús y el principio de la iglesia cristiana. Destaque que el ministerio de Jesús duró aproximadamente tres años, y lo llevó a cabo en una región que tiene solo como cincuenta kilómetros de ancho y unos ciento cincuenta kilómetros de largo.

3. Muestre el mapa de Galilea, Samaria y Judea, destacando el tamaño relativamente pequeño de la región. Pida que los estudiantes identifiquen en la vida de Jesús la importancia de cada uno de estos cinco lugares en el mapa:

   • Belén
   • Egipto
   • Nazaret
   • Capernaúm
   • Jerusalén

4. Empleando los mismos materiales que usó para el Antiguo Testamento, prepare en el piso del salón un mapa de la región del Nuevo Testamento. Dirija la atención de los estudiantes al bosquejo: «Sucesos principales en la vida de Jesús», que usted ha colocado en el salón. Pídales que le ayuden a llenar este bosquejo recordando los sucesos principales de la vida y ministerio de Jesús y anotándolos bajo cada punto del bosquejo. Escriba estos sucesos en el bosquejo conforme la clase los menciona. Al irlos identificando, trace los movimientos geográficos en el mapa en el piso. Estos son unos cuantos de los sucesos principales, por si acaso los estudiantes no los

mencionan debidamente. (Asegúrese de que usted sabe en dónde tienen lugar todos estos sucesos):

    i. Vida temprana

        Nacimiento en Belén

        Huida a Egipto

        Presentación como infante en el templo

        Debate en el templo con eruditos entendidos

    ii. Ministerio temprano: Aceptación

        Tentaciones en el desierto

        Milagros de sanidad

        Sermón del monte

        Llamamiento de sus discípulos

   iii. Ministerio posterior: Rechazo

        Choque con fariseos y saduceos

        Retiro con sus discípulos

        Enseñanza a sus discípulos sobre su muerte venidera

        Confesión de Pedro en Cesárea de Filipos

    iv. Muerte y resurrección

        Entrada triunfal en Jerusalén

        Última cena con sus discípulos

        Oración agonizante en el huerto de Getsemaní

        Crucifixión

        Resurrección

        Apariciones posteriores a la resurrección

5. Pida que los estudiantes pasen a la página 150 de sus libros y repasen con su compañero antes de completar la autoevaluación y otros ejercicios.

6. Presente el «Mapa de la Tierra Santa» de nuevo, y muestre en este mapa cómo la iglesia se extendió de Jerusalén a Judea y a Samaria, después de la ascensión de Jesús, de acuerdo con la

promesa y predicción de Jesús. Escriba «Judea» y «Samaria» en el mapa. Explique que esta etapa de crecimiento de la iglesia se describe en los capítulos 1-12 del libro de Hechos de los Apóstoles.

7. Concluya con una oración de agradecimiento por Jesús, por el evangelio y la iglesia.

Mirando hacia adelante a la próxima sesión

Recuerde a la clase que deben leer el texto y completar los ejercicios de los capítulos 18 y 19 de sus libros antes de la próxima reunión, sesión 7.

SESIÓN 7: ERA DE LAS MISIONES/EPÍSTOLAS

Vistazo general: Esta sesión cubre el material en los capítulos 18 y 19.

Antes de la sesión

1. Prepare a los siguientes artículos de la parte posterior de este libro o del sitio web para mostrarlos durante esta sesión:
   • Cronología del Nuevo Testamento
   • Mapa del mundo del Nuevo Testamento

2. Pida que dos estudiantes hagan una investigación y preparen dos informes diferentes de cinco minutos cada uno sobre el apóstol Pablo para presentarlos durante la sesión 7. Un informe debe concentrarse en la «Vida y viajes misioneros de Pablo», en tanto que el otro debe cubrir «Las epístolas y contribución teológica de Pablo». Si no halla voluntarios, prepárelos usted mismo.

3. Repase los capítulos 18 y 19 para refrescar su mente en cuanto al contenido que se cubrirá en esta sesión. Asegúrese de completar las autoevaluaciones.

Durante la sesión

1. Empiece la clase con una oración, pidiendo que el Espíritu Santo dirija a la clase durante la sesión al concentrarse en los emocionantes años de la expansión de la iglesia temprana.

2. Muestre el «Mapa del mundo del Nuevo Testamento». Pida que los estudiantes abran sus libros en las páginas 167-168. Explique que la persona que encabezó la iniciación de las iglesias por todo el mundo del Nuevo Testamento durante el primer siglo de la era cristiana fue el apóstol Pablo. Las páginas 167-168 de sus libros dan un bosquejo de los viajes misioneros de este gran «apóstol a los gentiles».

3. Presente al estudiante a quien le ha pedido que dé el informe sobre la «Vida y viajes misioneros de Pablo». Pida que los demás estudiantes tomen notas durante esta presentación, comparando los hechos presentados con el bosquejo de los viajes de Pablo en las páginas 167-168 de sus libros. Después de esta presentación, genere una conversación adicional sobre Pablo con preguntas tales como las que siguen:

   • A su modo de pensar, ¿por qué Pablo llegó a ser el gran «apóstol de los gentiles»? ¿De qué manera estuvo él singularmente cualificado para este papel como el primer gran misionero del cristianismo?

   • ¿Cómo se sostenía Pablo durante sus viajes misioneros?

   • ¿Quiénes fueron algunos de los ayudantes clave y compañeros que ayudaron a Pablo en su obra?

4. Después de esta conversación, pida que los estudiantes pasen a la página 168 de sus libros, y repasen con sus respectivos compañeros antes de completar la autoevaluación sobre los principales sucesos de la vida de Pablo.

5. Muestre la «Cronología del Nuevo Testamento». Pida que los estudiantes pasen a la página 177 de sus libros. Solicite que identifiquen el período de veinte años durante los cuales fueron escritas las epístolas de Pablo, comparando estas epístolas con la cronología. Señale que Pablo fue más que un gran misionero al principio del cristianismo; también fue un gran teólogo y escritor de cartas, que escribió trece de los veintisiete libros del Nuevo Testamento.

6. Pida que los estudiantes abran sus libros en las páginas 177-180, que considera las epístolas de Pablo a las iglesias y a individuos. Luego solicite al estudiante que colabora que presente el informe sobre «Las epístolas y contribución teológica de Pablo». Pídales a los estudiantes que llenen los espacios en blanco en sus libros respecto a las epístolas de Pablo mientras escuchan la presentación sobre este tema.

7. Refiera a los estudiantes a la información en cuanto a las epístolas generales en la página 181 de sus libros. Dirija un debate sobre estos libros, ayudándoles a llenar los espacios en blanco con la información faltante acerca de estas epístolas.

8. Pida que un estudiante, si es apropiado, concluya con una oración de agradecimiento por el apóstol Pablo y su contribución al reino de Dios.

SESIÓN 8: FUNDAMENTOS DE LA CREENCIA CRISTIANA

Vistazo general: Esta sesión cubre el material en los capítulos 20 y 21.

Antes de la sesión

1. Prepare los siguientes artículos de la parte posterior de este libro o del sitio web para mostrarlo durante esta sesión:

- Diez grandes doctrinas de la Biblia
- Cuatro subdivisiones principales de la doctrina de la Biblia

2. Repase los capítulos 20 y 21 del libro para refrescar en su mente el contenido que se cubrirá en esta sesión. Asegúrese de completar las autoevaluaciones en las páginas 193 y 200-201, escribiendo en su libro las respuestas a estas preguntas.

3. Busque y lea los pasajes bíblicos que se relacionan con las cuatro principales subdivisiones de la Biblia: Hebreos 3.7; 2 Pedro 1.21; 1 Corintios 2.12; y 2 Timoteo 2.15. Lea estos pasajes en varias traducciones y prepárese para conversar sobre ellos con los estudiantes.

4. Escriba en el pizarrón las diez grandes doctrinas la Biblia.

Durante la sesión

1. Empiece con una oración para que esta sea una experiencia provechosa y productiva de aprendizaje para todos los estudiantes.

2. Muestre las «Diez grandes doctrinas de la Biblia». Explique que las seis sesiones finales de este estudio enfocarán estas diez doctrinas principales.

3. Dirija la atención de los estudiantes a las diez doctrinas principales que usted ha escrito en el pizarrón. Pídales que emparejen estas palabras con el logo apropiado en la tabla de «Diez grandes doctrinas». Escriba estas palabras en los espacios adecuados mientras los estudiantes las emparejan correctamente.

4. Después de que se han emparejado correctamente los logos y palabras, genere una conversación sobre estas doctrinas haciendo preguntas tales como las que siguen:

- De estas diez doctrinas, ¿cuál es la más importante, en su opinión?
- A su modo de pensar, ¿por qué la Biblia se menciona como la primera de estas diez doctrinas?
- ¿Por qué se agrupa a Dios, Cristo y el Espíritu Santo?

5. Muestre las «Cuatro subdivisiones principales de la doctrina de la Biblia». Explique que estas son palabras importantes en cuanto a la Biblia: revelación, inspiración, iluminación e interpretación, que todo cristiano debe entender.

6. Pida que un estudiante lea en voz alta Hechos 3.7, que otro lea 2 Pedro 1.21, un tercero lea 1 Corintios 2.12, y que otro lea 2 Timoteo 3.15. Solicite que los demás estudiantes sigan en sus Biblias con la vista mientras estos pasajes se leen en voz alta. Luego pídales que emparejen estos versículos bíblicos con las «Cuatro subdivisiones principales de la doctrina de la Biblia».

7. Oriente que los estudiantes pasen a las páginas 199-200 de sus libros y completen el repaso y los ejercicios de autoevaluación sobre la Biblia.

8. Concluya con una oración de agradecimiento por estas diez grandes doctrinas de la fe cristiana, especialmente la Biblia y su influencia en la vida de los creyentes.

Mirando hacia adelante a la próxima sesión

Recuerde a la clase que lea el texto y complete los ejercicios de aprendizaje de los capítulos 22 y 23 de sus libros, antes de la próxima clase, sesión 9.

SESIÓN 9: DIOS Y SU HIJO

Vistazo general: Esta sesión cubre el material en los capítulos 22 y 23.

Antes de la sesión

1. Prepare los siguientes artículos del sitio web para mostrarlos durante esta sesión:
    - Diez grandes doctrinas de la Biblia
    - Cuatro subdivisiones principales de la doctrina de Dios
    - Cuatro subdivisiones principales de la doctrina de Cristo

2. Repase los capítulos 22 y 23 para refrescar la mente sobre el contenido que se cubrirá en esta sesión. Asegúrese de completar las autoevaluaciones de las páginas 210 y 218, escribiendo en su libro las respuestas a estas preguntas.

3. Pida de antemano que un estudiante haga algo de investigación sobre la doctrina de Dios, y que se prepare para presentar un informe de cinco minutos sobre el tema durante la sesión. Un buen diccionario bíblico en un volumen debe tener un artículo sobre este tema. Pídale que en su informe se concentre específicamente en los nombres y atributos de Dios.

Durante la sesión

1. Pida que un estudiante diga una oración para que el Espíritu Santo dirija esta sesión.

2. Refiera a los estudiantes al cartelón con el bosquejo del estudio de trece sesiones, recordándoles que durante esta sesión estarán estudiando en cuanto a Dios y su Hijo Jesús.

3. Muestre las «Diez grandes doctrinas de la Biblia», guiando a los estudiantes para que repasen y rememoren estas diez doctrinas principales. Señale el triángulo encima y recuérdeles que en esta sesión estudiarán sobre dos personas de la Trinidad: Dios y su Hijo.

4. Muestre las «Cuatro subdivisiones principales de la doctrina de Dios». Comente brevemente sobre los puntos de «existencia», «soberanía» y «Trinidad» en esta tabla. Luego traiga al estudiante a quien le ha pedido de antemano que presente un breve informe sobre los nombres y atributos de Dios. Después del informe, ayude a los estudiantes a aclarar su pensamiento haciendo preguntas como las que siguen y guiándolos en un debate general:
   - ¿Qué queremos decir con el término «atributos» de Dios?
   - ¿Qué queremos decir cuando decimos que Dios es «soberano»?
   - ¿Cómo sabemos que Dios existe?

5. Divida a los estudiantes en varios grupos pequeños. La mitad de los grupos trabajará en la sección de «atributos divinos» de sus libros (páginas 208-209), en tanto que los demás grupos trabajarán en la sección de «atributos personales» (página 209). Pídales que busquen todas las porciones bíblicas mencionadas y que hablen sobre ellas en sus grupos pequeños, escribiendo las respuestas en sus libros.

6. Muestre las «Cuatro subdivisiones principales de la doctrina de Cristo». Divida la clase en cuatro grupos pequeños. El grupo 1 debe buscar en sus Biblias evidencia para la deidad de Cristo; en tanto que el grupo 2 debe buscar evidencia para su humanidad; el grupo 3, en cuanto a su resurrección; y el grupo 4, en cuanto a su retorno. Si el tiempo lo permite, pida que cada grupo dé ante la clase un breve informe de sus hallazgos.

7. Trabajando individualmente, los estudiantes deben completar las autoevaluaciones en sus libros, sobre Dios (página 206) y Cristo (página 218).

8. Concluya pidiendo en oración que las verdades que han descubierto en cuanto a Dios y Cristo provean dirección y guía para la vida diaria de cada miembro de la clase.

Mirando hacia adelante a la próxima sesión

1. Recuerde a la clase que debe leer el texto y completar los ejercicios de aprendizaje de los capítulos 24 y 25 de sus libros, antes de la próxima sesión.

2. Pida a los estudiantes que en su tiempo antes de la próxima sesión estén alerta en cuanto a «evidencia de ángeles», tales como artículos en periódicos y revistas, libros sobre ángeles en las librerías, testimonios de personas que aducen que han tenido encuentros con ángeles, etc. La clase conversará sobre esta «evidencia de ángeles» en la sesión 10.

SESIÓN 10: EL ESPÍRITU SANTO Y ÁNGELES

Vistazo general: Esta sesión cubre el material en los capítulos 24 y 25.

Antes de la sesión

1. Prepare los siguientes artículos del sitio web para mostrarlos durante esta sesión:
   • Diez grandes doctrinas de la Biblia
   • Cuatro subdivisiones principales de la doctrina del Espíritu Santo
   • Cuatro subdivisiones principales de la doctrina de los ángeles

2. Repase los capítulos 24 y 25 para refrescar en su mente el contenido que se cubrirá en esta sesión. Asegúrese de completar las autoevaluaciones en las páginas 229 y 237-238, escribiendo en su libro las respuestas a estas preguntas.

Durante la sesión

1. Empiece con una oración de agradecimiento por las verdades y nociones que están aprendiendo en cuanto a las grandes doctrinas de la fe cristiana.

2. Asegúrese de que los estudiantes están leyendo el material y completando los ejercicios en sus libros, pidiendo las respuestas a las autoevaluaciones en las páginas 229 y 237-238. Recuerde a la clase que deben estar completando los ejercicios *antes* de las sesiones.

3. Muestre las «Diez grandes doctrinas de la Biblia» y dirija a la clase para identificar las tres grandes verdades que ya han estudiado: la Biblia, Dios y su Hijo. Recuérdeles que en esta sesión estarán estudiando la tercera persona de la Trinidad, el Espíritu Santo, así como también la doctrina de los ángeles.

4. Muestre las «Cuatro subdivisiones principales de la doctrina del Espíritu Santo». Comente brevemente sobre el significado de «personalidad» y «deidad». Luego pida que los estudiantes busquen en sus libros el significado de las siglas CRMBS, que representa «salvación». Cuando los estudiantes hallen esta información y la digan en voz alta, anote esto en el pizarrón:

    C-onvicción

    R-egeneración

    M-orada

    B-autismo

    S-ello

5. Pida que un estudiante lea en voz alta 1 Corintios 12.4, 11, uno de los pasajes clásicos del Nuevo Testamento sobre los dones espirituales que el Espíritu Santo da a los creyentes. Pregunte

cuáles dones espirituales son necesarios para el funcionamiento apropiado de una iglesia.

6. Muestre las «Cuatro subdivisiones principales de la doctrina de los ángeles». Dirija a la clase en una conversación general sobre la «evidencia de ángeles» en nuestra cultura contemporánea, derivando de las observaciones de este fenómeno durante la semana pasada. Pregúnteles por qué hay en nuestra sociedad una fascinación en cuanto a los ángeles. ¿Tienen algunas personas una noción falsa de quiénes son los ángeles y lo que hacen? Pídales que busquen la definición bíblica de los ángeles en sus libros (p. 234 junto al ícono del ángel).

7. Refiera a los estudiantes a los logos de los demonios y Satanás en la transparencia. Pregunte: ¿Por qué se incluye a los *demonios* y *Satanás* en esta consideración de los ángeles? Luego pídales que busquen los tres pasajes de las Escrituras que aparecen en sus libros y que representan la protección o defensa disponible para los cristianos en su lucha contra Satanás. Conforme descubren estos pasajes (pp. 237-238), escríbalos en el pizarrón:
    - 1 Pedro 5.8
    - Efesios 6.13
    - Santiago 4.7

8. Pida que un estudiante concluya en oración, agradeciéndole a Dios por su provisión del Espíritu Santo y los ángeles para guía y protección de los creyentes.

Mirando hacia adelante a la próxima sesión

Recuerde a la clase que deben leer el texto y completar los ejercicios de aprendizaje de los capítulos 26 y 27 de sus libros antes de la próxima clase.

SESIÓN 11: EL HOMBRE Y EL PECADO

Vistazo general: Esta sesión cubre el material en los capítulos 26 y 27.

Antes de la sesión

1. Prepare los siguientes artículos del sitio web para mostrarlos durante esta sesión:

   - Diez grandes doctrinas de la Biblia.
   - Cuatro subdivisiones principales de la doctrina del hombre.
   - Cuatro subdivisiones principales de la doctrina del pecado.

2. Repase los capítulos 26 y 27 para refrescar en su mente el contenido que se cubrirá en esta sesión. Asegúrese de completar las autoevaluaciones en las páginas 247-248 y 256-257, escribiendo en su libro las respuestas a estas preguntas.

Durante la sesión

1. Empiece pidiendo en oración la dirección de Dios para esta sesión.

2. Muestre las «Cuatro subdivisiones principales de la doctrina del hombre». Comente brevemente sobre los puntos destacados de esta doctrina, derivando del material en las páginas 243-246 del libro.

3. Destaque que la doctrina del hombre se relaciona estrechamente con otra doctrina principal de la fe cristiana: el pecado del hombre. Muestre las «Cuatro subdivisiones principales de la doctrina del pecado». Comente brevemente sobre esta doctrina, derivando del material en las páginas 252-254 del libro.

4. Muestre las «Diez grandes doctrinas de la Biblia».

5. Divida a la clase en varios grupos pequeños, de tres o cuatro personas cada uno. Dígales que trabajarán como grupos pequeños durante el resto de la sesión. Buscarán juntos en la Biblia evidencia en cuanto a la naturaleza de pecado del hombre y cómo Dios lidia con el pecado. También trabajarán juntos para repasar todas las grandes doctrinas que han estudiado hasta aquí, completando el ejercicio de repaso en las páginas 250-251 de sus libros. En sus grupos, conversarán sobre todo lo que han estudiado hasta aquí, aclarándose unos a otros sus pensamientos y acudiendo a secciones previas de sus libros para buscar la información necesaria. Esté disponible para todos los grupos como persona de recurso para ayudarles en este proceso de repaso.

6. Después de que los grupos pequeños hayan concluido su trabajo, diríjase a la clase en una conversación general sobre las doctrinas del hombre y del pecado, suplementando sus ideas, según sea necesario, con información adicional. Responda las preguntas que haya en cuanto a cualquier doctrina que han estudiado hasta este punto.

7. Pida que un miembro de la clase dirija en una oración de agradecimiento por esta sesión en que han trabajado de estudiante a estudiante.

Mirando hacia adelante a la próxima sesión

Recuerde a la clase que deben leer el texto y completar los ejercicios de aprendizaje de los capítulos 28 y 29 de sus libros antes de la próxima sesión.

SESIÓN 12: LA SALVACIÓN Y LA IGLESIA

Vistazo general: Esta sesión cubre el material en los capítulos 28 y 29.

Antes de la sesión

1. Prepare los siguientes artículos del sitio web para mostrarlos durante esta sesión:
   - Cuatro subdivisiones principales de la doctrina de la salvación
   - Cuatro subdivisiones principales de la doctrina de la iglesia
2. Repase los capítulos 28 y 29 para refrescar en su mente el contenido que se cubrirá en esta sesión. Asegúrese de completar las autoevaluaciones de las páginas 264-265 y 273-274, escribiendo en su libro las respuestas a estas preguntas.
3. Haga copias del siguiente ejercicio para llenar los espacios en blanco, para repartirlas a los estudiantes durante esta sesión. (Hallará estas declaraciones en las páginas 267-269, y 269-271 del libro).

DATOS IMPORTANTES EN CUANTO A LA IGLESIA

1. La iglesia no es un edificio, sino _____ _____ .
2. La iglesia empezó en _____ ___ .
3. Agustín dijo: «_____ ».
4. A la iglesia universal también se le llama la _____ _____ .
5. Todo creyente debe ser una parte de una _____ _____ .
6. Solo a _____ se les debe dar cargos altos de liderazgo espiritual en la iglesia.
7. La iglesia universal debe ser la _____ _____ , haciendo colectivamente su voluntad.

Durante la sesión

1. Recuerde a los estudiantes que la doctrina del pecado, que se consideró en la sesión 11, conduce lógicamente a la doctrina de la salvación. La provisión de Dios de la salvación es necesaria debido a nuestro pecado.

2. Muestre las «Cuatro subdivisiones principales de la doctrina de la salvación». Pida que mencionen algunas verdades auténticas en cuanto a la salvación. Dirija a la clase a destacar las verdades en cuanto a la salvación que se consideran en las páginas 261-262 de los libros.

3. Muestre las «Cuatro subdivisiones principales de la doctrina de la iglesia». Reparta las hojas del ejercicio para llenar los espacios en blanco: «Datos importantes en cuanto a la iglesia».

   Dé a los estudiantes entre cinco y diez minutos para buscar en sus libros las respuestas a estas preguntas, y luego dirija una conversación general de estas verdades y nociones en cuanto a la iglesia.

Mirando hacia adelante a la próxima sesión

Recuerde a la clase que deben leer el texto y completar los ejercicios de aprendizaje en el capítulo 30 de sus libros antes de la próxima sesión. Pídales que se aseguren de completar el repaso de las diez principales doctrinas que se halla en las páginas 284-285, puesto que dedicarán algún tiempo en la sesión 13 para repasar lo que ya han aprendido.

SESIÓN 13: LA DOCTRINA DE LAS COSAS FUTURAS

Vistazo general: Esta sesión cubre el material del capítulo 30.

Antes de la sesión

1. Prepare los siguientes artículos del sitio web para mostrarlos durante esta sesión:
   - Diez grandes doctrinas de la Biblia
   - Cuatro subdivisiones principales de la doctrina de las cosas futuras
   - Repaso de las diez grandes doctrinas y sus subdivisiones

2. Repase el capítulo 30 para refrescar en su mente el contenido que se cubrirá en esta sesión. Asegúrese de completar la autoevaluación de las páginas 282-283, escribiendo en su libro las respuestas a estas preguntas.

3. Pida de antemano a cuatro estudiantes que presenten informes breves sobre las cuatro subdivisiones principales de la doctrina de las cosas futuras: (1) retorno, (2) juicio, (3) universo y (4) eternidad.

Durante la sesión

1. Pida que un estudiante dirija en oración.

2. Muestre las «Cuatro subdivisiones principales de la doctrina de las cosas futuras». Luego presente a los estudiantes que han aceptado presentar informes breves sobre estas cuatro subdivisiones. Continúe con una conversación general de los pasajes bíblicos centrales que respaldan estos puntos y el significado de estas verdades para los creyentes.

3. Muestre las «Diez grandes doctrinas de la Biblia» y dirija a los estudiantes para que mencionen estas diez doctrinas emparejándolas con los logos apropiados.

4. Pida que los estudiantes abran sus libros en el repaso más detallado de estas doctrinas principales, en las páginas 275-286 de sus libros. Muestre el «Repaso de las diez grandes doctrinas

y sus subdivisiones». Con sus libros cerrados (si es posible) y el
repaso en su lugar, diríjalos para que completen cada subpun-
to mencionándolo en voz alta conforme usted señala la línea
respectiva en la tabla.

5. Dirija a la clase en una conversación general de las verdades que
   recuerdan en cuanto a cada doctrina. Anótelas en el pizarrón
   conforme las mencionan.

6. Concluya con una oración de agradecimiento por estas diez
   grandes doctrinas de la Biblia y su significado en las vidas de
   los creyentes.

SECCIÓN 7

CAPÍTULOS EXTRAS

CAPÍTULO 31

UNA COMPARACIÓN DE LOS CUATRO EVANGELIOS

Hace muchos años, durante una calma en la acción cerca del frente de guerra en Vietnam, un amigo mío empezó a leer por primera vez el Nuevo Testamento que le había dado el ejército. No sabía nada al respecto, así que cuando leyó Mateo, un relato de la vida de Cristo, fue lo que él esperaba. Cuando terminó, y empezó Marcos, se sorprendió al ver que eso, también, era un relato de la vida de Cristo. Así que cuando empezó a leer Lucas, y luego Juan, vio el patrón: el Nuevo Testamento es una sucesión de diferentes relatos de la vida de Cristo.

Imagínese su sorpresa, cuando pasó al libro de Hechos de los Apóstoles. ¡Dio un salto! ¡No era un relato de la vida de Cristo! Ni tampoco el resto de los libros del Nuevo Testamento.

Muchas preguntas inundaron su mente, pero una de ellas era: «Si no todos los libros del Nuevo Testamento son relatos de la vida de Cristo, entonces, ¿por qué hay cuatro?».

Mientras más grande es una persona, más libros se escriben sobre ella después de que muere. Por ejemplo, usted hallará muchos grandes libros escritos sobre líderes tales como Thomas Jefferson, Abraham Lincoln y Winston Churchill. La razón es que varios autores tienen diferentes perspectivas y diversos fragmentos de información respecto a los grandes personajes.

Ese, en esencia, es el porqué hay cuatro Evangelios en el Nuevo Testamento. Todos estos cuatro hombres, bien sea conocieron a Jesús, o aprendieron mucho en cuanto a Él de otros que lo conocieron. Todos tenían diferentes perspectivas sobre su vida. Escribieron para diferentes públicos. Mateo era un judío y cobrador de impuestos. Lucas era un gentil y médico. Juan fue el mejor amigo de Jesús en la tierra. Cada uno tenía una perspectiva significativamente diferente de la vida de Jesús, y al contar con libros escritos por más de un autor con más de una perspectiva, tenemos un cuadro más completo.

El Nuevo Testamento empieza con los cuatro libros llamados Evangelios porque presentan las «buenas noticias» (el significado literal de *evangelio*) de que Dios ha venido a morir por el hombre, para que este pueda vivir con Dios. Los cuatro Evangelios están dirigidos a diferentes públicos, y cada uno enfatiza un aspecto distintivo de la identidad y la misión de Jesús. Juntos, estos relatos complementarios proveen un cuadro rico y claro de Jesús. A Mateo, Marcos y Lucas se les llama Evangelios Sinópticos (literalmente «vistos juntos») porque, en contraste con Juan, ven la vida de Cristo más o menos desde el mismo punto de vista, y tienen muchos detalles en común. Juan es diferente a los Evangelios Sinópticos y se destaca como un cuadro único de la vida de Cristo.

1. MATEO

a. Panorama

Mateo es el Evangelio más adecuado para servir de puente entre el Antiguo Testamento y el Nuevo. Presenta a Jesús como el rey mesiánico prometido a Israel. Fue escrito por un judío para convencer a un público judío, y por eso tiene un fuerte sabor judío. El libro empieza con una genealogía que retrocede hasta Abraham, el padre de todos los judíos, para mostrar el derecho legal de Jesús al trono de David. Mateo hace esfuerzos especiales para demostrar que todos los sucesos significativos de la vida de Jesús —su nacimiento, lugar donde nació, su lugar de residencia, ministerio y muerte—, cumplen directamente la profecía del Antiguo Testamento, y cita de este más que cualquier otro escritor de los Evangelios.

b. Autoría

Mateo, también conocido como Leví (Marcos 2.14; Lucas 5.27), era un publicano, un cobrador judío de impuestos que recaudaba para el gobierno romano de ocupación, pero que se convirtió en uno de los doce discípulos de Jesús.

c. Ocasión y propósito

Mateo quería convencer a los judíos incrédulos de que Jesús es el Mesías.

Resumen: El Evangelio de Mateo fue escrito por un judío a un público de judíos para convencerles de que Jesús era el Mesías, el *Rey* de los judíos.

Repaso

El Evangelio de Mateo fue escrito por un judío a un público de judíos para convencerles de que Jesús era el Mesías, el _____ de los judíos.

2. MARCOS

a. Panorama

El Evangelio de Marcos presenta a Jesús como el Siervo que vino «para servir, y para dar su vida en rescate por muchos» (10.45). Es el más corto de los Evangelios y es directo y al punto, enfatizando la acción antes que la enseñanza detallada. La palabra *inmediatamente* se encuentra una vez tras otra por todo el libro.

b. Autoría

Marcos era un judío cristiano que no era uno de los doce discípulos de Jesús. Puede haber llegado a ser cristiano bajo la influencia de Pedro (nótese 1 Pedro 5.13, donde Pedro se refiere a él como «mi hijo»).

c. Ocasión y propósito

El Evangelio de Marcos presenta a Jesús como el Siervo que vino «para servir, y para dar su vida en rescate por muchos» (10.45);

Resumen: Marcos escribió a gentiles cristianos romanos, presentando a Jesús como un *Siervo* perfecto.

Repaso

Marcos escribió a cristianos romanos, presentando a Jesús como un _____ perfecto.

3. LUCAS

a. Panorama

Lucas escribió su Evangelio para los gentiles y presenta a Jesús como el perfecto «Hijo del Hombre» que «vino a buscar y a salvar lo que se había perdido» (19.10). Lucas enfatiza la perfecta humanidad, que sería de particular interés para su audiencia prevista.

b. Autoría

Lucas era un médico (Colosenses 4.14) y compañero misionero del apóstol Pablo.

c. Ocasión y propósito

El Evangelio de Lucas está dedicado al «excelentísimo Teófilo» (1.3), nombre que significa «amado de Dios» o «amigo de Dios». El título «excelentísimo» o «nobilísimo» indica una alta posición social (compárese con Hechos 23.26; 24.3 y 26.25, en donde se lo usa para describir a funcionarios del gobierno).

El propósito de Lucas era presentar a Jesús como el Hijo del Hombre que ha traído la salvación del reino de Dios a todos los que le siguen.

Resumen: Lucas escribió a un público griego para convencerles de que Jesús era el perfecto Hijo del *Hombre.*

Repaso

Lucas escribió a un público griego para convencerles de que Jesús era el perfecto Hijo del _____.

4. JUAN

a. Panorama

Juan escribió para convencer a un público universal de que Jesús es el Hijo de Dios, para que así puedan tener vida eterna al creer en Él (20.30-31). Para este fin Juan nos dice que redacta su Evangelio en base a siete señales milagrosas que Jesús hizo. En adición a esas señales, Juan registra siete grandes dichos de Cristo que empiezan con las palabras «Yo soy».

b. Autoría

Juan y su hermano Jacobo eran los hijos de Zebedeo; Jesús les apodó «hijos del trueno» (Marcos 3.17). Juan era un pescador galileo antes de convertirse en uno de los doce discípulos de Jesús.

c. Ocasión y propósito

Este Evangelio claramente indica su propósito: «Estas [señales milagrosas] quedan escritas para que ustedes crean que Jesús es el Cristo, el Hijo de Dios, y para que al creer tengan vida en su nombre» (Juan 20.31, NVI). Juan escogió ciertas señales para demostrar que Jesús era digno de fe. Escribió no tanto para presentar nueva información, como para confrontar a sus lectores con la necesidad de tomar una decisión para que pudieran tener la vida eterna.

Resumen: Juan escribió a un público universal para convencerlos de que Jesús era el Hijo de *Dios.*

Repaso

Juan escribió a un público universal para convencerlos de que Jesús era el Hijo de _____.

REPASO

¡La repetición es la clave para la apropiación mental!

1. Panorama:
A. Los cuatro Evangelios registran la vida de Jesús, cada uno desde una *perspectiva* diferente.

B. Tres de los Evangelios son llamados Sinópticos (literalmente «vistos juntos») porque presentan la vida de Cristo básicamente desde el mismo punto de vista *histórico.* Son Mateo, Marcos y Lucas.

C. Juan presenta la vida de Cristo desde un punto de vista *temático,* destacando siete milagros y siete «dichos» de Cristo.

2. Evangelios:
D. Mateo era un judío, escribiendo a un público judío para convencerles de que Jesús era el Mesías, el *Rey* de los judíos.

E. Marcos escribió a cristianos gentiles romanos, presentando a Jesús como un *Siervo* perfecto.

F. Lucas escribió a un público griego para convencerles de que Jesús era el perfecto Hijo del *Hombre.*

G. Juan escribió a un público universal para convencerlos de que Jesús era el Hijo de *Dios*.

AUTOEVALUACIÓN

¡Lo que usted puede aprender mañana se edifica sobre lo que aprende hoy!

1. Panorama:

A. Los cuatro Evangelios registran la vida de Jesús, cada uno desde una _____ diferente.

B. Tres de los Evangelios son llamados Sinópticos (literalmente «vistos juntos») porque presentan la vida de Cristo básicamente desde el mismo punto de vista _____. Son Mateo, Marcos y Lucas.

C. Juan presenta la vida de Cristo desde un punto de vista _____, destacando siete milagros y siete «dichos» de Cristo.

2. Evangelios:

A. Mateo era un judío, escribiendo a un público judío para convencerles de que Jesús era el Mesías, el _____ de los judíos.

B. Marcos escribió a cristianos gentiles romanos, presentando a Jesús como un _____ perfecto.

C. Lucas escribió a un público griego para convencerles de que Jesús era el perfecto Hijo del _____.

D. Juan escribió a un público universal para convencerlos de que Jesús era el Hijo de _____.

CAPÍTULO 32

LAS PARÁBOLAS
DE JESÚS

A todos nos gusta un buen relato, así que a todos nos agrada quien sabe contarlo. Una persona que puede contar una buena historia nunca carecerá de público. Todos los comediantes son, en esencia, simplemente buenos para relatar una historia. Los oradores más populares son, con frecuencia, buenos para contar historias. El presidente John Kennedy tenía habilidad para contar historias. Su humor, ingenuidad y capacidad para reírse, incluso de sí mismo, fueron características atractivas que le ganaron el corazón de los estadounidenses.

Durante la Segunda Guerra Mundial, Kennedy tuvo una comisión en la Armada de Estados Unidos y sirvió en el Pacífico. En agosto de 1943, en el estrecho Blackout en las Islas Salomón, un destructor japonés embistió su nave. Kennedy y algunos otros lograron llegar a una isla cercana, pero hallaron que estaba en poder de los japoneses. Entonces él y otro oficial nadaron hasta otra isla, en donde persuadieron a los habitantes para que enviaran un mensaje a otros de las fuerzas de Estados Unidos, las cuales los rescataron. Después de su elección como presidente, el comentario de Kennedy respecto a su reputación como héroe fue: «Fue algo involuntario. Ellos me hundieron el barco».

Jesús fue un gran narrador de historias. No en el mismo sentido que Kennedy. Los cuentos de Kennedy con frecuencia eran cómicos. Y mientras que las historias de Jesús a veces contenían elementos humorísticos, Él las relató principalmente para impartir información espiritual y sabiduría. Esas historias se llaman *parábolas*. Aproximadamente un tercio de la enseñanza de Jesús se registra en los Evangelios en esta forma literaria distintiva. En verdad, Jesús la usó tan a menudo que Mateo escribió que «sin parábolas no les hablaba» (Mateo 13.34). ¿Qué son las parábolas? ¿Por qué Jesús las empleó tan frecuentemente? ¿Cómo se han de interpretar las parábolas? ¿Cuáles son algunas de las verdades clave que Cristo trató de comunicar mediante esta forma? Estas son las preguntas que responderemos en este capítulo.

1. LA NATURALEZA DE LAS PARÁBOLAS

Una parábola es una historia que trata de presentar claramente un punto que el que la relata quiere enfatizar, ilustrándola a partir de una situación familiar de la vida común.

La forma parabólica que Jesús usó con más frecuencia para enseñar a sus oyentes fue la historia. Ella enseña la verdad contando una historia como una ilustración o ejemplo de una verdad más grande. Consecuentemente, Jesús empezó sus historias parabólicas con palabras tales como «Un hombre tenía dos hijos» (Lucas 15.11), y, «Había en una ciudad un juez» (Lucas 18.2). La historia parabólica es lo que la mayoría de la gente imagina cuando piensa en una parábola.

Resumen: Una parábola es una historia que tiene la intención de comunicar una verdad espiritual, ilustrándola con una situación familiar de la vida común.

Repaso

Una parábola es una historia que tiene la intención de comunicar una verdad _____, ilustrándola con una situación familiar de la vida común.

2. EL PROPÓSITO DE LAS PARÁBOLAS

¿Por qué usó Jesús las parábolas tan extensamente?

Primero, para revelar la verdad a los creyentes. Las parábolas pueden comunicar la verdad más vívida y poderosamente que el diálogo ordinario. Por ejemplo, Cristo podría haber simplemente instruido a sus oyentes a ser persistentes en la oración. En lugar de eso, les contó una historia de una viuda cuya continua súplica de ayuda finalmente persuadió a un juez injusto a concederle sus peticiones, a fin de que no lo fastidiara más (Lucas 18.1-8). La lección: si un juez injusto e insensible responde a los ruegos continuos, ¿cuánto más la oración persistente será contestada por un amante Padre celestial? La parábola hizo que la respuesta fuera más vívida, más memorable y más probable de aprender y seguir.

El segundo propósito básico de las parábolas era esconder la verdad de aquellos que ya habían endurecido sus corazones contra ella. Cristo enseñó a un público mixto, algunos de los cuales habían puesto su fe en su persona y mensaje, mientras que otros ya habían decidido rechazarle. Jesús anhelaba enseñar a los creyentes, sin aumentar la responsabilidad (y culpa) de los que no querían creer, revelándoles verdad adicional (ver Lucas 12.47-49). La resistencia a la verdad espiritual conocida endurece el corazón y le hace a uno menos y menos capaz de entender y responder en fe.

Resumen: Jesús enseño en parábolas para *revelar* la verdad a los creyentes y *esconderla* de los incrédulos.

Repaso

Jesús enseñó en parábolas para _____ la verdad a los creyentes y _____ de los incrédulos.

3. LA INTERPRETACIÓN DE LAS PARÁBOLAS

Cada parábola está destinada a comunicar una idea central; los detalles son significativos solo en tanto y en cuanto se relacionen con esa idea. Por ejemplo, la parábola de la viuda persistente (Lucas 18.1-8) se concentra no en el carácter del juez, sino en la persistencia de la viuda, como una ilustración de la manera en que debemos persistir en la oración. Si damos atención indebida al detalle del carácter del juez, podemos (falsamente) concluir que Dios es una persona injusta e insensible que solo responderá a nuestras oraciones si lo hostigamos con nuestras peticiones.

Resumen: Las parábolas deben ser interpretadas a la luz del *punto principal* que están enfatizando.

Repaso

Las parábolas deben ser interpretadas a la luz del _____ que están enfatizando.

4. EL AMBIENTE HISTÓRICO DE LAS PARÁBOLAS

Usted no puede entender la parábola del sembrador a menos que comprenda el proceso de la siembra. No puede entender la parábola de poner vino nuevo en odres viejos a menos que comprenda a cabalidad el proceso de la fabricación del vino en los días de Jesús. Necesitamos comprender los detalles desde la perspectiva de los oyentes originales de Cristo. Instrumentos tales como una enciclopedia bíblica o un comentario bíblico sobre costumbres bíblicas pueden ayudarle a comprender la cultura, costumbres y vida diaria de aquellos con quienes Cristo se comunicaba.

Resumen: Las parábolas deben ser interpretadas a la luz del ambiente *histórico* en el cual ocurrieron.

Repaso

Las parábolas deben ser interpretadas a la luz del ambiente _____ _____ en el cual ocurrieron.

REPASO

¡La repetición es la clave para la apropiación mental!

1. Una parábola es una historia que tiene la intención de comunicar una verdad *espiritual,* ilustrándola con una situación familiar de la vida común.

2. Jesús enseñó en parábolas para *revelar* la verdad a los creyentes y *esconderla* de los incrédulos.

3. Las parábolas deben ser interpretadas a la luz del *punto principal* que están enfatizando.

4. Las parábolas deben ser interpretadas a la luz del ambiente *histórico* en el cual ocurrieron.

AUTOEVALUACIÓN

¡Lo que usted puede aprender mañana se edifica sobre lo que aprende hoy!

1. Una parábola es una historia que tiene la intención de comunicar una verdad _____, ilustrándola con una situación familiar de la vida común.

2. Jesús enseñó en parábolas para _____ la verdad a los creyentes y _____ de los incrédulos.

3. Las parábolas deben ser interpretadas a la luz del _____ _____ que están enfatizando.

4. Las parábolas deben ser interpretadas a la luz del ambiente _____ en el cual ocurrieron.

CAPÍTULO 33

LOS MILAGROS EN LA BIBLIA

Aunque a Dios no se lo puede restringir a ningún marco de trabajo, es importante entender la naturaleza de los milagros y lo que nos revelan en cuanto al Dios que los hizo. En este capítulo consideraremos los milagros de la Biblia para lograr una comprensión más clara y un mayor aprecio de ellos.

1. LA POSIBILIDAD Y LA NATURALEZA DE LOS MILAGROS

Un milagro es un acontecimiento que sucede contrario a los procesos observados de la naturaleza, pero es *posible* si Dios existe. En la Biblia se usan diferentes palabras para referirse a los milagros. Estos términos destacan diferentes aspectos de la naturaleza de los milagros. La palabra *maravilla* revela que tales sucesos eran asombrosos, mientras que el término *poder* implica la necesidad de algo más que la capacidad humana. La palabra *señal* indica que se dan para un propósito.

Algunas personas han opinado que milagros tales como los descritos en la Biblia son imposibles. Pero solo se puede negar su posibilidad si se niega la existencia de Dios. La definición misma de Dios incluye su habilidad para hacer milagros. ¿De qué sirve un Dios que no puede hacer milagros? Él solo sería uno de nosotros.

Resumen: Los milagros son sucesos que ocurren al contrario de lo que se conoce de la naturaleza, pero son *posibles* si Dios existe.

Repaso

Los milagros son sucesos que ocurren al contrario de lo que se conoce de la naturaleza, pero son _____ si Dios existe.

2. EL PROPÓSITO DE LOS MILAGROS BIBLICOS

Los milagros en la Biblia a menudo servían para validar la autoridad de un mensaje divino, así como un mensajero divino. Por ejemplo, en Hebreos 2.2-4, leemos que se dieron señales y prodigios y varios milagros para validar el mensaje del evangelio

Además, en Éxodo 4.5 Dios instruyó a Moisés a que realizara milagros, ya que «por esto creerán que se te ha aparecido Jehová, el Dios de tus padres». De la misma manera, respaldaban las afirmaciones de Jesús, y demostraban, como lo hicieron en el caso de Moisés (Deuteronomio 18.15), que era el profeta prometido. Nicodemo reconoció que Jesús era un maestro venido de Dios debido a las señales milagrosas que realizaba (Juan 3.2).

Resumen: Los milagros *validaron* la autoridad de un mensaje divino, así como un mensajero divino.

Repaso

Los milagros _____ la autoridad de un mensaje divino, así como un mensajero divino.

3. LOS PERIODOS DE LOS MILAGROS BÍBLICOS

La mayoría de los milagros bíblicos giraron alrededor del otorgamiento de una nueva revelación, en tres breves períodos de la historia: la era de dos generaciones de Moisés y Josué, Elías y Eliseo, y Jesús y los apóstoles. Por supuesto, se encuentran otros milagros en otros momentos de la Biblia, pero comparativamente pocos milagros se registran durante los siglos intermedios. Demos un vistazo a cada uno de estos períodos.

a. Moisés y Josué (1441-1370 A.C.)

Durante la vida de Moisés y de Josué se realizaron muchos milagros estupendos, pero siempre con el propósito de estimular la fe del pueblo a creer en Dios y confiarle su vida diaria a través de la obediencia.

b. Elías y Eliseo (870-785 A.C.)

La adoración del falso dios Baal había llegado a ser una seria amenaza a la existencia de Israel como nación bajo Dios. Parecía increíble, pero incluso los israelitas estaban adorando al falso dios. Por consiguiente, Dios levantó a Elías y a Eliseo como profetas para promover el despertamiento y llamar al pueblo al arrepentimiento. Los milagros fueron usados para demostrar que estos hombres venían de Dios, y que Él era superior a Baal. Un ejemplo digno de notarse se halla en 1 Reyes 18.20-40, en donde hay una gran competencia, por así decirlo, entre Dios y Baal. Dios ganó a través de una demostración de su poder.

c. Jesús y los apóstoles (c. 30-70 A.D.)

Se necesitaba prueba para demostrar que Jesús era tanto Dios como hombre. Juan nos dice que Jesús hizo muchas señales mila-grosas que Juan no registró, pero que las señales que incluyó fueron escritas «para que creáis que Jesús es el Cristo, el Hijo de Dios, y para que creyendo, tengáis vida en su nombre» (Juan 20.31). Los milagros de Jesús también nos revelan el corazón de Dios. Siete veces los escritores de los Evangelios conectaron la compasión de

Jesús con la realización de un milagro (Mateo 14.14; 15.32; 20.34; Marcos 1.41; 5.19; Lucas 7.13, 14).

Aun cuando Dios puede realizar un milagro cuando quiera que lo decida, Pablo escribió que una de las razones para los milagros de los apóstoles era demostrar su autoridad (2 Corintios 12.12) mientras enseñaban el nuevo mensaje de Dios hecho carne.

Resumen: Los milagros ocurrieron principalmente en *tres* períodos concentrados de la historia, aunque Dios puede realizar un milagro cuando quiera.

Repaso

Los milagros ocurrieron principalmente en _____ períodos concentrados de la historia, aunque Dios puede realizar un milagro cuando quiera.

REPASO

¡La repetición es la clave para la apropiación mental!

1. Los milagros son sucesos que ocurren al contrario de lo que se conoce de la naturaleza, pero son *posibles* si Dios existe.
2. Los milagros *validaron* la autoridad del mensaje divino, así como un mensajero divino.
3. Los milagros ocurrieron principalmente en *tres* períodos concentrados de la historia, aunque Dios puede realizar un milagro cuando quiera.

AUTOEVALUACIÓN

*¡Lo que usted puede aprender mañana se
edifica sobre lo que aprende hoy!*

1. Los milagros son sucesos que ocurren al contrario de lo
   que se conoce de la naturaleza pero son _____ si
   Dios existe.

2. Los milagros _____ la autoridad del mensaje divino,
   así como un mensajero divino.

3. Los milagros ocurrieron principalmente en _____
   períodos concentrados de la historia , aunque Dios puede
   realizar un milagro cuando quiera.

CAPÍTULO 34

PROFECÍAS MESIÁNICAS

Es bastante asombroso cuando alguien puede predecir el futuro. Todos los años, los tabloides sensacionalistas están llenos de predicciones de Año Nuevo; sin embargo, ninguna de esas predicciones se cumple en algún nivel creíble. Pero en el Antiguo Testamento, si un profeta predecía algo que no se cumplía, lo apedreaban hasta matarlo.

Si a los que escriben para los tabloides sensacionalistas los apedrearan por las predicciones que yerran, las páginas estarían en blanco cada enero.

Dios pone su credibilidad en juego al declarar eventos de antemano, dándonos razón para creer en él.

1. LA IMPORTANCIA DE LA PROFECÍA MESIÁNICA

La verdadera divinidad de Dios se demuestra por su capacidad de revelar sucesos de antemano (ver, por ejemplo, Isaías 48.3, 5). Dios puso en el Antiguo Testamento más de trescientas referencias al Mesías, y fueron cumplidas por Jesucristo para ayudar a los judíos a reconocer a su Mesías cuando vino.

A pesar de ello los discípulos de Cristo y sus contemporáneos no comprendieron de inmediato cómo Él cumplió todas las profecías. Fue solo después de la resurrección que pudieron entender (Lucas 24.44, 45).

Una vez que los discípulos comprendieron plenamente estas cosas, el cumplimiento de Cristo en cuanto a las profecías mesiánicas del

Antiguo Testamento llegó a ser central en su presentación del evangelio. Pablo escribió a los corintios que el evangelio era «que Cristo murió por nuestros pecados, *conforme a las Escrituras*; y que fue sepultado, y que resucitó al tercer día, *conforme a las Escrituras*» (1 Corintios 15.3, 4, énfasis añadido).

Resumen: La capacidad de predecir sucesos antes de que ocurran demuestra el *poder* de Dios.

Repaso

La capacidad de predecir sucesos antes de que ocurran demuestra el _____ de Dios.

2. PROFECÍAS MESIÁNICAS CLAVE CUMPLIDAS POR JESÚS

Jesús cumplió sesenta y una profecías principales del Antiguo Testamento. Algunas de las profecías clave incluyen:

	Profetizado	Cumplido
De la tribu de Judá	Génesis 49.10: No será quitado el cetro de Judá, Ni el legislador de entre sus pies, Hasta que venga Siloh; Y a Él se congregarán los pueblos.	Lucas 3.33: Hijo de Aminadab, hijo de Aram, hijo de Esrom, hijo de Fares, hijo de Judá.
Heredero del trono de David	Isaías 9.7: Lo dilatado de su imperio y la paz no tendrán límite, sobre el trono de David y sobre su reino, disponiéndolo y confirmándolo en juicio y en justicia desde ahora y para siempre. El celo de Jehová de los ejércitos hará esto.	Lucas 1.32, 33: Este será grande, y será llamado Hijo del Altísimo; y el Señor Dios le dará el trono de David su padre; y reinará sobre la casa de Jacob para siempre, y su reino no tendrá fin.

Nacido en Belén	Miqueas 5.2: Pero tú, Belén Efrata, pequeña para estar entre las familias de Judá, de ti me saldrá el que será Señor en Israel; y sus salidas son desde el principio, desde los días de la eternidad.	Lucas 2.4, 5, 7: Y José subió de Galilea, de la ciudad de Nazaret, a Judea, a la ciudad de David, que se llama Belén, por cuanto era de la casa y familia de David; para ser empadronado con María, su mujer, desposada con él, la cual estaba encinta... Y dio a luz a su hijo primogénito, y lo envolvió en pañales, y lo acostó en un pesebre, porque no había lugar para ellos en el mesón.
Moriría por nuestros pecados	Isaías 53.5, 6: Mas él herido fue por nuestras rebeliones, molido por nuestros pecados; el castigo de nuestra paz fue sobre él, y por su llaga fuimos nosotros curados. Todos nosotros nos descarriamos como ovejas, cada cual se apartó por su camino; mas Jehová cargó en él el pecado de todos nosotros.	Lucas 23.33: Cuando llegaron al lugar llamado de la Calavera, le crucificaron allí, y a los malhechores, uno a la derecha y otro a la izquierda.
Sería resucitado	Salmos 16.10: Porque no dejarás mi alma en el Seol, ni permitirás que tu santo vea corrupción.	Mateo 28.6: No está aquí, pues ha resucitado, como dijo. Venid, ved el lugar donde fue puesto el Señor.

Resumen: Cristo *cumplió* sesenta y una profecías principales del Antiguo Testamento.

Repaso

Cristo _____ sesenta y una profecías principales del Antiguo Testamento.

3. EL PROPÓSITO DE LA PROFECÍA

El propósito de la profecía no es satisfacer nuestra curiosidad, sino cambiar vidas. Siempre es dada para que vivamos apropiadamente. En el capítulo 3 de su segunda carta, el apóstol Pedro, después de anunciar algunas profecías más bien asombrosas respecto al fin del mundo, dijo: «Puesto que todas estas cosas han de ser deshechas, ¡cómo no debéis vosotros andar en santa y piadosa manera de vivir!» (2 Pedro 3.11). Su propósito al hablarles acerca de las cosas del futuro era purificar sus vidas ahora.

Resumen: El propósito de la profecía no es satisfacer nuestra curiosidad, sino *purificar* nuestras vidas.

Repaso

El propósito de la profecía no es satisfacer nuestra curiosidad, sino _____ nuestras vidas.

REPASO

¡La repetición es la clave para la apropiación mental!

1. La capacidad de predecir sucesos antes de que ocurran demuestra el *poder* de Dios.
2. Cristo *cumplió* sesenta y una profecías principales del Antiguo Testamento.
3. El propósito de la profecía no es satisfacer nuestra curiosidad, sino *purificar* nuestras vidas.

AUTOEVALUACIÓN

*¡Lo que usted puede aprender mañana se
edifica sobre lo que aprende hoy!*

1. La capacidad de predecir sucesos antes de que ocurra
   demuestra el _____ de Dios.
2. Cristo _____ sesenta y una profecías principales del
   Antiguo Testamento.
3. El propósito de la profecía no es satisfacer nuestra
   curiosidad, sino _____ nuestras vidas.

CAPÍTULO 35

LA PASCUA Y LA CENA DEL SEÑOR

En su maravilloso librito, *Tramp for the Lord* [Vagabunda por el Señor] Corrie ten Boom relató la ocasión cuando estaba hablando a un grupo de jóvenes respecto a Jesús. Después los estudiantes se unieron con ella para tomar café:

> Un estudiante me dijo:
>
> —Quisiera pedirle a Jesús que venga a mi corazón, pero no puedo. Soy judío.
>
> Le dije:
>
> —¿No puedes pedirle a Jesús que venga a tu corazón porque eres judío? Entonces no entiendes que con el Judío (Jesús) en tu corazón, eres doblemente judío.
>
> Él replicó:
>
> —Oh, entonces, ¿es posible?
>
> —Respecto a lo divino Él era el Hijo de Dios. En cuanto a lo humano era judío. Cuando le aceptas no te conviertes en gentil. Te vuelves más judío que antes. Serás todo un judío.
>
> Con gran gozo el joven recibió al Señor Jesús como su Salvador (p. 186).

El eslabón entre el judaísmo y el cristianismo es mucho más fuerte de lo que mucha gente se da cuenta. El cristianismo es meramente el judaísmo llevado a su conclusión lógica. «El judaísmo y el cristianismo son tan inseparables como la semilla y la flor, o el árbol y el fruto. En ninguna parte puede observarse más claramente la relación orgánica entre los dos que en la Pascua de los judíos y la Cena del Señor que fue ordenada por Jesús, cuando Él y sus doce discípulos se sentaron alrededor de la mesa de la Pascua» *(The Gospel in the Feasts of Israel* [El evangelio en las fiestas de Israel], p. 1). Pablo enfatizó esta conexión crucial cuando identificó a Cristo como el verdadero Cordero pascual, al escribir a los corintios que «nuestra pascua, que es Cristo, ya fue sacrificada por nosotros» (1 Corintios 5.7).

1. EL SIGNIFICADO DE LA PASCUA EN EL ANTIGUO TESTAMENTO

La Pascua conmemora la liberación por parte del Dios de Israel del cautiverio en Egipto. La última de las diez plagas con las cuales Dios juzgó a Egipto fue la muerte de todo primogénito (Éxodo 11.5). Éxodo 12.13 explica el nombre de la fiesta: Dios «pasaría» sobre las casas hebreas que exhibían la sangre de un cordero sacrificial en los postes y el umbral de las puertas sin quitarle la vida al primogénito.

La Pascua en los días de Jesús tenía una significación doble. Primero, miraba al pasado, en conmemoración de la liberación de Israel de la opresión egipcia (Éxodo 12.14, 17). Segundo, veía al futuro en expectación de la venida del Cordero de Dios, que quitaría el pecado el mundo.

La Pascua representaba un nuevo nacimiento, un nuevo comienzo, para la nación de Israel. Por la fe (colocando la sangre en los postes de sus puertas), fueron liberados de la esclavitud en Egipto. La Pascua les preparó para entrar en un nuevo pacto con Dios en el Sinaí, el cual les establecería como un reino de sacerdotes y una nación santa (Éxodo 19.6).

Los israelitas debían observar la Pascua cada año hasta la venida del Mesías.

Resumen: La significación de la Pascua en el Antiguo Testamento es que miraba al pasado, a la liberación de Israel de la esclavitud en Egipto, y al futuro, a la liberación final espiritual por medio del *Mesías*.

Repaso

La significación de la Pascua en el Antiguo Testamento es que miraba al pasado, a la liberación de Israel de la esclavitud en Egipto, y al futuro, a la liberación final espiritual por medio del _____.

2. CRISTO OBSERVA LA PASCUA CON SUS APÓSTOLES (LA CENA DEL SEÑOR)

«La Cena del Señor» es una comida ceremonial diseñada para conmemorar y comunicar una verdad espiritual, dando un cuadro de la muerte de Cristo para proveer la expiación por nuestro pecado. Cuando Jesús observó la Pascua final con sus discípulos la noche antes de que fuera traicionado, también estableció la primera Cena del Señor (a veces también llamada «comunión» y «eucaristía»). La Pascua miraba hacia atrás, a la liberación de Israel de su esclavitud física en Egipto mediante el sacrificio fiel de un cordero, en tanto que la Cena del Señor mira hacia atrás, a la liberación del cristiano de la esclavitud espiritual al pecado por fe en el sacrificio de Jesús, el Cordero de Dios.

Resumen: Jesús observó la Pascua con sus discípulos la noche antes de su muerte, no solo en fidelidad como judío, sino también en simbolismo *profético* de su propia crucifixión que se avecinaba.

Repaso

Jesús observó la Pascua con sus discípulos la noche antes de su muerte, no solo en fidelidad como judío, sino también en simbolismo _____ de su propia crucifixión que se avecinaba.

REPASO

¡La repetición es la clave para la apropiación mental!

1. La significación de la Pascua en el Antiguo Testamento es que miraba al pasado, a la liberación de Israel de la esclavitud en Egipto, y al futuro, a la liberación final espiritual por medio del *Mesías*.

2. Jesús observó la Pascua con sus discípulos la noche antes de su muerte, no solo en fidelidad como judío, sino también en simbolismo *profético* de su propia crucifixión que se avecinaba.

AUTOEVALUACIÓN

¡Lo que usted puede aprender mañana se edifica sobre lo que aprende hoy!

1. La significación de la Pascua en el Antiguo Testamento es que miraba al pasado, a la liberación de Israel de la esclavitud en Egipto, y al futuro a la liberación final espiritual por medio del _____.

2. Jesús observó la Pascua con sus discípulos la noche antes de su muerte, no solo en fidelidad como judío, sino también en simbolismo _____ de su propia crucifixión que se avecinaba.

CAPÍTULO 36

LA RESURRECCIÓN DE JESUCRISTO

La resurrección de Jesús es el acontecimiento más importante en la historia del mundo, por no mencionar que es el suceso principal de la redención. Pablo avanzó al punto de afirmar que la fe cristiana y la salvación que promete permanecen o caen con la resurrección: «Y si Cristo no resucitó, vuestra fe es vana; aún estáis en vuestros pecados. Entonces también los que durmieron en Cristo perecieron. Si en esta vida solamente esperamos en Cristo, somos los más dignos de conmiseración de todos los hombres». Si Cristo fue resucitado de entre los muertos, entonces se puede confiar en todo lo que Él dijo. Si no resucitó, no se puede confiar en nada de lo que dijo. Es verdad: todo permanece o cae dependiendo de la resurrección.

Hay tres intentos comunes de desprestigiar la resurrección.

1. LA TEORÍA DEL ROBO

El primer intento de descartar la resurrección de Cristo fue la aseveración de que se habían robado su cuerpo. Esta teoría no es creíble. Los discípulos no podían haberse robado el cadáver, porque la tumba estaba guardada por soldados romanos (Mateo 26.62-66). Por supuesto, los judíos no se habrían robado el cuerpo, porque no querían que empezara a correr algún rumor de una resurrección potencial; y si lo hubieran hecho, los judíos simplemente hubieran presentado el cuerpo para probar que la resurrección no había sucedido.

Resumen: La teoría del robo afirma que los *discípulos* se robaron el cuerpo de Jesús de la tumba después de que Él murió. No es creíble porque había soldados romanos *guardando* el cuerpo.

Repaso

La teoría del robo afirma que los _____ se robaron el cuerpo de Jesús de la tumba después de que Él murió. No es creíble porque había soldados romanos _____ el cuerpo.

2. LA TEORÍA DEL DESMAYO

Esta teoría afirma que Cristo en realidad no murió en la cruz. Más bien pareció estar muerto, pero solamente se había desmayado, cayendo en un coma que parecía muerte debido al agotamiento, al dolor y a la pérdida de sangre, no solo por la crucifixión, sino también por la flagelación brutal que recibió antes de la crucifixión. Revivió cuando fue colocado en la tumba fría. Después de salir de ella apareció a sus discípulos, quienes erróneamente concluyeron que había resucitado de los muertos.

Esta teoría no es creíble. La magnitud de las heridas que Jesús sufrió, tanto por la flagelación como por la crucifixión, hacen imposible de creer que alguien pudiera *sobrevivir*, y mucho menos ser capaz de realizar una actividad normal tan pronto después de las heridas. Cualquiera que alguna vez se haya torcido un tobillo y que le haya llevado semanas poder volver a caminar normalmente sabe que es absurdo sugerir que pudiera haber alguien a quien le hubieran atravesado los pies con clavos y caminara tan pronto... mucho menos con todas las otras lesiones. Es simplemente imposible de creer. No solo eso, sino que la lanza del soldado romano perforó el cuerpo de Jesús, y confirmó la muerte en la escena (Juan 19.33, 34).

Resumen: La teoría del desmayo afirma que Jesús no murió en la cruz, sino que meramente cayó en un *coma* que parecía muerte, del cual depertó después de que fue puesto en la tumba fría. Esta teoría no es creíble debido a que la severidad de las heridas que Jesús sufrió hace imposible de creer que alguien pudiera *sobrevivir*, y mucho menos ser capaz de realizar una actividad normal tan pronto después de las heridas.

Repaso

La teoría del desmayo afirma que Jesús no murió en la cruz, sino que meramente cayó en un _____ que parecía muerte, del cual despertó después de que fue puesto en la tumba fría. Esta teoría no es creíble debido a que la severidad de las heridas que Jesús sufrió hace imposible de creer que alguien pudiera _____, y mucho menos ser capaz de realizar una actividad normal tan pronto después de las heridas.

3. LA TEORÍA DE LA TUMBA ERRADA

Esta teoría dice que los discípulos fueron a la tumba errada, una tumba vacía, y erróneamente concluyeron que Jesús había resucitado de los muertos. Esta teoría no es creíble porque cuando empezaron a circular los rumores de la resurrección, los judíos simplemente hubieran tenido que ubicar la tumba correcta y presentar el cadáver. Los mismos fariseos dijeron que si se regaba el rumor de que Jesús había resucitado de los muertos, estarían en peor situación que antes, y habrían hecho lo que fuera necesario para impedir que eso sucediera.

Resumen: La teoría de la tumba errada dice que los discípulos de Jesús fueron a la tumba errada, una tumba vacía, y *erróneamente* concluyeron que Jesús había resucitado de los muertos. Esta teoría no es creíble, porque cuando empezaron a circular los rumores de la resurrección, los judíos habrían *ubicado* la tumba correcta y presentado el cuerpo.

Repaso

La teoría de la tumba errada dice que los discípulos de Jesús fueron a la tumba errada, una tumba vacía, y _____ concluyeron que Jesús había resucitado de los muertos. Esta teoría no es creíble, porque cuando empezaron a circular los rumores de la resurrección, los judíos habrían _____ la tumba correcta y presentado el cuerpo.

4. LA RESURRECCIÓN COMO HISTORIA

Si se aplican a la resurrección las mismas pruebas cómo se aplicarían a cualquier otro suceso histórico, y si se hace sin ninguna presuposición antisobrenatural, uno resulta concluyendo que la resurrección de Jesús sucedió en realidad. Toda prueba de la historia la revalida.

Incluimos de nuevo la cita del libro *Sorprendido por la alegría*. C. S. Lewis cuenta una poderosa historia respecto a la evidencia de la resurrección. Poco antes de su reacia conversión del ateísmo al cristianismo:

> El más recalcitrante de todos los ateos que conocía estaba sentado en mi habitación al otro lado de la chimenea, y comentó que la evidencia para la historicidad de los Evangelios era sorprendentemente buena. «Cosa rara», prosiguió. «Todo ese parloteo de Frazer respecto al Dios muriéndose. Cosa rara. Casi parece como si en realidad hubiera ocurrido alguna vez». Para comprender el impacto terrible de eso uno necesitaría conocer al hombre (que ciertamente jamás desde entonces ha mostrado el menor interés en el cristianismo). Si él, el incrédulo de incrédulos, el más empedernido de los empedernidos no estaba —como yo todavía

lo diría, «seguro»—, ¿a dónde acudiría yo? ¿No había entonces escape? (pp. 223-224).

Si la resurrección no sucedió, ¿cómo puede uno explicar los registros históricos que sugieren que Él lo hizo? ¿Cómo puede uno explicar el hecho de que más de quinientas personas le vieron después de su resurrección? (1 Corintios 15.6). ¿Cómo explica uno la transformación de los seguidores de Jesús, desalentados y derrotados, en un grupo dinámico, gozoso, de individuos listos a sufrir y morir al predicar un Salvador resucitado? ¡Doce hombres no vivirían vidas difíciles ni sucumbirían a muertes dolorosas por algo que sabían que no era verdad!

Para repetir, si se aplican a la resurrección las mismas pruebas que a cualquier otro acontecimiento histórico, y se hace sin ninguna presuposición antisobrenatural, usted saldría concluyendo que la resurrección de Jesús en realidad ocurrió. Solamente los que no quieren creerla llegarían a otra conclusión, y deben torcerle el brazo a la investigación histórica para lograrlo.

Resumen: La posición de la resurrección como historia afirma que Jesús *resucitó* de los muertos, como dijo que haría.

Repaso

La posición de la resurrección como historia afirma que Jesús _____ de los muertos, como dijo que haría.

REPASO

¡La repetición es la clave para la apropiación mental!

1. La teoría del robo afirma que los *discípulos* se robaron el cuerpo de Jesús de la tumba después de que Él murió. No es creíble porque había soldados romanos *guardando* el cuerpo.

2. La teoría del desmayo afirma que Jesús no murió en la cruz, sino que meramente cayó en un *coma* que parecía muerte, del cual despertó después de que fue puesto en la tumba fría. Esta teoría no es creíble debido a la severidad de las heridas que Jesús sufrió, lo que hace imposible de creer que alguien pudiera *sobrevivir*, y mucho menos ser capaz de realizar una actividad normal tan pronto después de las heridas.

3. La teoría de la tumba errada dice que los discípulos de Jesús fueron a la tumba errada, una tumba vacía, y *erróneamente* concluyeron que Jesús había resucitado de los muertos. Esta teoría no es creíble, porque cuando empezaron a circular los rumores de la resurrección, los judíos habrían ubicado la tumba correcta y presentado el cuerpo.

4. La posición de la resurrección como historia afirma que Jesús *resucitó* de los muertos, como dijo que haría.

AUTOEVALUACIÓN

¡Lo que usted puede aprender mañana se edifica sobre lo que aprende hoy!

1. La teoría del robo afirma que los _____ se robaron el cuerpo de Jesús de la tumba después de que Él murió. No es creíble porque había soldados romanos _____ el cuerpo.

2. La teoría del desmayo afirma que Jesús no murió en la cruz, sino que meramente cayó en un _____ que parecía muerte, del cual revivió después de que fue puesto

en la tumba fría. Esta teoría no es creíble debido a que la severidad de las heridas que Jesús sufrió hace imposible de creer que alguien pudiera _____, y mucho menos ser capaz de realizar una actividad normal tan pronto después de las heridas.

3. La teoría de la tumba errada dice que los discípulos de Jesús fueron a la tumba errada, una tumba vacía, y _____ concluyeron que Jesús había resucitado de los muertos. Esta teoría no es creíble, porque cuando empezaron a circular los rumores de la resurrección, los judíos habrían _____ la tumba correcta y presentado el cuerpo.

4. La posición de la resurrección como historia firma que Jesús _____ de los muertos, como dijo que haría.

CAPÍTULO 37

EL CARÁCTER DISTINTIVO DEL CRISTIANISMO

Muchas personas creen que todas las religiones son fundamentalmente lo mismo, de todas maneras. Son simplemente diferentes caminos al mismo dios. La vida es como trepar una montaña. Con solo llegar a la cúspide, se arguye, ¿por qué tiene que importar qué sendero toma uno para llegar allá?

De modo que se nos deja con una pregunta fundamental: ¿Son todas (o siquiera algunas de) las religiones del mundo esencialmente lo mismo? ¿O es el cristianismo distinto en maneras cruciales de las demás religiones? Examinaremos primero varias áreas en común entre diversas religiones, luego consideraremos cómo difieren. Cerraremos con principios sugeridos para proclamar la verdad en un mundo pluralista.

1. SIMILITUDES ENTRE EL CRISTIANISMO Y OTRAS RELIGIONES

Hay tres áreas similares entre todas las religiones. Primero, todas tratan de la misma necesidad humana trascendente, reconociendo que algo anda mal, y que necesitamos algo para ayudarnos o salvarnos.

Segundo, todas las religiones son igualmente sinceras. Las personas eligen la religión que siguen porque creen que es la respuesta a la necesidad humana.

Tercero, todas las religiones enseñan esencialmente el mismo código moral. Hay una similitud asombrosa entre los postulados de conducta enseñados por las principales religiones del mundo.

Resumen: El cristianismo tiene *similitudes* con otras religiones que deben reconocerse.

Repaso

El cristianismo tiene _____ con otras religiones que deben reconocerse.

2. DIFERENCIAS ENTRE EL CRISTIANISMO Y OTRAS RELIGIONES

Una perspectiva cristiana de la realidad difiere de muchas maneras específicas de las perspectivas sostenidas por los hindúes, budistas, el pensamiento de la Nueva Era, etc.

El denominador común entre la mayoría de las religiones es que alcanzar la salvación definitiva depende de las buenas obras del adherente. En contraste, la Biblia enseña que la salvación es resultado de la gracia de Dios, y que las buenas obras son la respuesta natural al amor de Él (compárese con Efesios 2.8-10).

Segundo, las varias religiones difieren grandemente en su concepto de Dios. La Biblia revela que Dios es un Dios-Creador soberano que existe en tres «personas», Dios el Padre, Dios el Hijo (Jesucristo) y Dios el Espíritu Santo.

En contraste, Buda jamás adujo deidad para sí mismo y profesaba el agnosticismo respecto a si Dios alguna vez existió. Incluso si Dios en efecto existía, de acuerdo a Buda, no podía ayudar al individuo a conseguir iluminación.

Los hindúes son panteístas, es decir, creen que todo es «Dios»; Dios y el universo son idénticos.

El islam y el judaísmo proclaman conceptos de Dios que son mucho más cercanos al concepto cristiano. Ambas religiones reconocen a Dios como persona y como independiente de su creación. Sin embargo, ambos rechazan a Cristo. El cristianismo se distingue en que Jesucristo afirmó ser Dios.

Resumen: El cristianismo tiene *diferencias* que lo hacen distinto de otras religiones.

Repaso

El cristianismo tiene _____ que lo hacen distinto de otras religiones.

3. CRISTO COMO EL ÚNICO CAMINO A DIOS

La Biblia afirma que Jesucristo es el único camino a Dios. Jesús, a diferencia de otros grandes maestros religiosos, hizo de la creencia en su identidad divina el punto focal de su enseñanza. Por ejemplo, Jesús proclamó:

> Nadie conoce al Hijo, sino el Padre, ni al Padre conoce alguno, sino el Hijo, y aquel a quien el Hijo lo quiera revelar. (Mateo 11.27)
>
> El que en él cree, no es condenado; pero el que no cree, ya ha sido condenado, porque no ha creído en el nombre del unigénito Hijo de Dios. (Juan 3.18)
>
> Esta es la obra de Dios, que creáis en el que él ha enviado. (Juan 6.29)
>
> Si no creéis que yo soy, en vuestros pecados moriréis. (Juan 8.24)
>
> Yo soy el camino, y la verdad, y la vida; nadie viene al Padre, sino por mí. (Juan 14.6)

La enseñanza clara e inequívoca de los apóstoles fue que «en ningún otro hay salvación; porque no hay otro nombre bajo el cielo, dado a los hombres, *en que podamos ser salvos*» (Hechos 4.12, énfasis añadido).

La Biblia presenta una perspectiva única de la realidad, tanto como una provisión única de Dios para nuestra reconciliación mediante la muerte sustituta de Jesucristo.

Resumen: La distinción principal del cristianismo es que *Cristo* es el único camino a Dios.

Repaso

La distinción principal del cristianismo es que _____ es el único camino a Dios.

REPASO

¡La repetición es la clave para la apropiación mental!

1. El cristianismo tiene *similitudes* con otras religiones que deben reconocerse.
2. El cristianismo tiene *diferencias* que lo hacen distinto de otras religiones.
3. La distinción principal del cristianismo es que *Cristo* es el único camino a Dios.

AUTOEVALUACIÓN

*¡Lo que usted puede aprender mañana se
edifica sobre lo que aprende hoy!*

1. El cristianismo tiene _____ con otras religiones que deben reconocerse.
2. El cristianismo tiene _____ que lo hacen distinto de otras religiones.
3. La distinción principal del cristianismo es que _____ es el único camino a Dios.

CAPÍTULO 38

DIFERENTES FORMAS
LITERARIAS EN LA BIBLIA

No se puede leer la historia y la poesía de la misma manera. La historia es concreta. La poesía es muy simbólica y figurada. Si en esta usted toma todo literalmente, destruirá el arte. Si en la historia usted toma todo figuradamente perderá la exactitud.

De modo que, en la educación, la clase de literatura que estudie, y cómo la trata marca la diferencia. En la poesía usted busca arte, simbolismo, significados ocultos, etc. En la historia, biología y física, usted busca los hechos y la precisión.

El mismo principio es cierto respecto a la Biblia. Cuando se trata de comprender un libro o pasaje bíblico en particular, el lector debe entender qué clase de literatura está leyendo. Esta caracterización de la literatura se llama su «forma literaria».

Comprenderla es vital para la interpretación apropiada. Las varias formas deben estudiarse e interpretarse en manera diferente. Anteriormente, en el capítulo 21, examinamos una de ellas, la parábola, la cual empleó Jesús. En este capítulo examinaremos otras cinco clases de escritos que aparecen en la Biblia, y analizaremos cómo se deben interpretar. Aun cuando Dios usó otras formas literarias para comunicar su mensaje, estas cinco (junto con las parábolas) son las más importantes.

1. LA FORMA DIDÁCTICA (EXPOSICIÓN)

La literatura didáctica o expositiva enseña la verdad en una manera relativamente directa. El argumento o explicación casi siempre avanza de un punto a otro en una forma lógica, altamente organizada. Debido a que el autor emplea comparativamente pocas figuras del lenguaje, el significado de un pasaje didáctico es a menudo fácil de entender. Los desafíos más difíciles se presentan al aplicar con obediencia la verdad en nuestra propia vida.

En la literatura didáctica el significado yace cerca de la superficie. Por esta razón la mayoría de los libros didácticos son buenos puntos de inicio para las personas que están apenas empezando a estudiar la Biblia. No obstante, las verdades enseñadas en ella son lo suficientemente profundas como para merecer un análisis detallado incluso de parte de los más experimentados estudiantes de la Biblia.

Ejemplos bíblicos de literatura didáctica incluyen: Las cartas de Pablo; Hebreos; Santiago; 1 y 2 Pedro; 1, 2 y 3 Juan; y Judas.

Resumen: La literatura didáctica *enseña* la verdad de una manera relativamente directa.

Repaso

La literatura didáctica _____ la verdad de una manera relativamente directa.

2. LA FORMA NARRATIVA

La literatura narrativa enfatiza las historias. Una de las razones de la perdurable popularidad de la Biblia es su abundancia de relatos conmovedores. Por ejemplo, el primer libro de la Biblia (Génesis) relata historias tales como la de Dios creando al mundo, el diluvio, la torre de Babel, cómo Dios empezó su plan para bendecir a todas las naciones por medio de la familia de Abraham, y cómo obró en las vidas de Abraham, Isaac, Jacob y José. Éxodo toma el relato de esta familia, que ahora se ha convertido en la nación judía, contando cómo Moisés los condujo a salir de la cautividad en Egipto. El libro de Josué cuenta cómo Josué guió a la siguiente generación de israelitas a salir del desierto y entrar de nuevo en la Tierra Prometida. Los libros narrativos incluyen desde Génesis hasta Esdras, los cuatro Evangelios y Hechos.

¿Cómo debemos entender las secciones narrativas de la Biblia? ¿Cuáles verdades se proponen trasmitir los relatos? ¿De qué manera son estas verdades significativas hoy?

Empiece con una lectura cuidadosa del texto, enfocando el hilo de la narración y la trama. Determine cómo progresa la historia. ¿Quiénes son los personajes, y cómo se los presenta? Estudie el efecto del escenario (geográfico, temporal o social) de la trama. Un conocimiento de las costumbres sociales prevalecientes ayudará grandemente a comprender muchos de los relatos bíblicos.

Resumen: La literatura narrativa cuenta una *historia*.

Repaso

La literatura narrativa cuenta una _____.

3. LA FORMA POÉTICA

La poesía apela a nuestras emociones y a nuestra imaginación. La tremenda atracción del libro de los Salmos brota de la profundidad y la variedad de las emociones que ellos presentan. Los libros de la Biblia principalmente poéticos son Job, Salmos, Proverbios, Eclesiastés y Cantar de los Cantares.

La poesía hebrea difiere en maneras importantes de la poesía en inglés [o en español]. Primero, la mayoría de los salmos fueron compuestos para ser cantados antes que leídos. De este modo, aun cuando no tenemos la música con la cual se cantaba, es más importante para la poesía en general que usted escuche cómo suena. Segundo, la poesía tiende a hacer rima entre los pensamientos e ideas, y no por el sonido de las palabras, como es común en mucha de la poesía en inglés [o en español].

Tercero, esté alerta del frecuente uso del lenguaje figurado. Por ejemplo, los poetas hebreos frecuentemente van al grano usando *hipérbole,* un artificio literario que emplea el lenguaje extremo o exagerado para hacer hincapié.

Cuarto, en lo posible, identifique el trasfondo histórico del salmo. Saber que David escribió el salmo 51 después que se le confrontó respecto a su pecado con Betsabé nos ayuda a comprender la profundidad de la agonía espiritual y el arrepentimiento de David.

Resumen: La literatura poética presenta poesía, y debe *interpretarse* a la luz de principios clave.

Repaso

La literatura poética presenta poesía, y debe _____ a la luz de principios clave.

4. EL PROVERBIO

Esta forma literaria distintiva afirma concisamente una verdad moral, frecuentemente reduciendo la vida a categorías de blanco y negro. Como lo hace la poesía, los proverbios usan con frecuencia el paralelismo para presentar su punto. Las metáforas y símiles son dos recursos literarios empleados con frecuencia. Aun cuando hay proverbios individuales que aparecen en otros libros de la Biblia, el libro conocido como Proverbios es el único lugar en donde los proverbios son la principal forma literaria.

Resumen: La literatura de proverbios afirma concisamente una verdad moral en forma de *refrán*.

Repaso

La literatura de proverbios afirma concisamente una verdad moral en forma de _____.

5. LAS FORMAS PROFÉTICA Y APOCALÍPTICA

Mucho de la Biblia es profético. Aun cuando a menudo pensamos en la profecía como una predicción del futuro, esto es solo parte de su concepto bíblico. La profecía no es simplemente la *predicción* del futuro; es también la *proclamación* del mensaje de Dios (sea estímulo, admonición o advertencia) al pueblo. Algunas veces Dios hacía que el profeta diera una predicción de lo que ocurriría en el futuro cercano para que la ocurrencia de tal suceso validara el resto del mensaje del profeta.

Los libros del Antiguo Testamento desde Isaías hasta Malaquías son proféticos. El libro de Apocalipsis, en el Nuevo Testamento, es el principal ejemplo de una categoría especial de literatura profética conocida como *apocalíptica*. La literatura apocalíptica se concentra en sucesos cataclísmicos que tienen que ver con el fin del mundo y el triunfo final de Dios sobre el mal. La literatura apocalíptica hace uso especialmente del simbolismo y las imágenes metafóricas. Grandes secciones de material apocalíptico aparecen en los libros de Daniel, Zacarías y Apocalipsis; otros libros tienen porciones pequeñas.

La interpretación de la literatura apocalíptica puede ser un desafío en particular. La mayoría de los cristianos tienen que apoyarse fuertemente en maestros hábiles para dominar la interpretación efectiva de la literatura profética de la Biblia.

Resumen: La literatura profética proclama la Palabra de Dios y algunas veces predice el *futuro,* a menudo en lenguaje altamente figurado y simbólico.

Repaso

La literatura profética proclama la Palabra de Dios y algunas veces predice el _____, a menudo en lenguaje altamente figurado y simbólico.

REPASO

¡La repetición es la clave para la apropiación mental!

1. La literatura didáctica *enseña* la verdad de una manera relativamente directa.
2. La literatura narrativa cuenta una *historia.*
3. La literatura poética debe *interpretarse* a la luz de principios clave.
4. La literatura de proverbios afirma concisamente una verdad moral en forma de *refrán.*
5. La literatura profética proclama la Palabra de Dios y algunas veces predice el *futuro*, a menudo en lenguaje altamente figurado y simbólico.

AUTOEVALUACIÓN

¡Lo que usted puede aprender mañana se edifica sobre lo que aprende hoy!

1. La literatura didáctica _____ la verdad de una manera relativamente directa.
2. La literatura narrativa cuenta una _____.
3. La literatura poética debe _____ a la luz de principios clave.
4. La literatura de proverbios afirma concisamente una verdad moral en forma de _____.
5. La literatura profética proclama la Palabra de Dios y algunas veces predice el _____, a menudo en lenguaje altamente figurado y simbólico.

APÉNDICE

HISTORIA DE LA BIBLIA

Era	Personaje	Lugar	Resumen histórico
Creación	*Adán*	*Edén*	Adán es creado por Dios, pero *peca* y *destruye* el *plan* original de Dios para el hombre.
Patriarcas	*Abraham*	*Canaán*	Abraham es *escogido* por Dios para ser el «padre» de un *pueblo* que *representa* a Dios ante el mundo.
Éxodo	*Moisés*	*Egipto*	Por medio de Moisés, Dios *liberta* al pueblo hebreo de la *esclavitud* en Egipto y les da la *ley*.
Conquista	Josué	*Canaán*	Josué dirige *la conquista* de la *Tierra Prometida*.
Jueces	*Sansón*	*Canaán*	Sansón y otros fueron escogidos como *jueces* para *gobernar* al pueblo por *cuatrocientos* años de rebelión.
Reino	*David*	*Israel*	David, el más grande rey en la nueva *monarquía*, es seguido por una sucesión de reyes mayormente *impíos* y Dios a la larga *juzga* a Israel por su pecado, enviándolos al exilio.
Exilio	*Daniel*	*Babilonia*	Daniel, por los siguientes setenta años, provee *liderazgo* y estimula a la *fidelidad* entre los *exiliados*.
Regreso	*Esdras*	*Jerusalén*	Esdras *dirige* al pueblo de regreso del *exilio* para reedificar a *Jerusalén*.

Era	Personaje	Lugar	Resumen histórico
Silencio	*Fariseos*	*Jerusalén*	Los fariseos y otros sepultan a los israelitas en el *legalismo* por los siguientes *cuatrocientos* años.
Evangelios	*Jesús*	*Galilea, Samaria y Judea*	Jesús viene en cumplimiento de las *profecías* del Antiguo Testamento sobre un salvador, ofreciendo *salvación* y el verdadero reino de Dios. En tanto que algunos lo aceptan, la mayoría *lo rechaza*. Es crucificado, sepultado, y resucita.
Iglesia	*Pedro*	*Jerusalén*	Pedro, poco después de la ascensión de Jesús, es usado por Dios para *establecer* la *iglesia*, el siguiente plan principal de Dios para el hombre.
Misiones	*Pablo*	*Imperio Romano*	Pablo *expande* la iglesia al Imperio *romano* durante las próximas *dos décadas*.

ARCO DE LA HISTORIA BÍBLICA

1. Creación	5. Jueces	9. Silencio
2. Patriarca	6. Reino	10. Evangelio
3. Éxodo	7. Exilio	11. Iglesia
4. Conquista	8. Regreso	12. Misiones

LAS DIEZ GRANDES DOCTRINAS DE LA BIBLIA

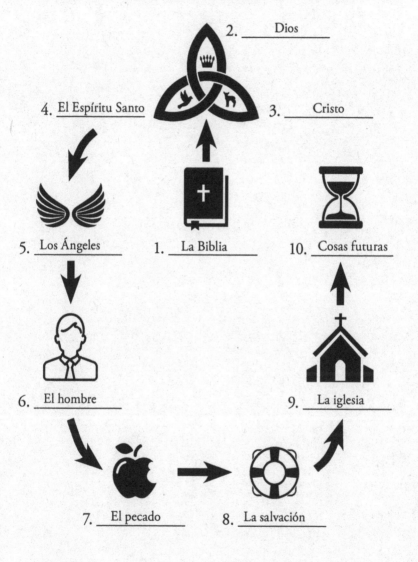

2. ___Dios___

4. ___El Espíritu Santo___

3. ___Cristo___

5. ___Los Ángeles___

1. ___La Biblia___

10. ___Cosas futuras___

6. ___El hombre___

9. ___La iglesia___

7. ___El pecado___

8. ___La salvación___

www.ingramcontent.com/pod-product-compliance
Lightning Source LLC
Jackson TN
JSHW031510261224
76025JS00015B/215